金伯利岩

董留生的钻石人生

迟宇宙 著

中国友谊出版公司

图书在版编目（CIP）数据

金伯利岩：董留生的钻石人生 / 迟宇宙著 . -- 北京：中国友谊出版公司, 2024.5
　ISBN 978-7-5057-5884-1

Ⅰ . ①金… Ⅱ . ①迟… Ⅲ . ①董留生 – 传记 Ⅳ . ① K825.38

中国国家版本馆 CIP 数据核字 (2024) 第 096071 号

书名	金伯利岩：董留生的钻石人生
作者	迟宇宙
出版	中国友谊出版公司
发行	中国友谊出版公司
经销	新华书店
印刷	晟德（天津）印刷有限公司
规格	710 毫米 × 1000 毫米　16 开 21.5 印张　274 千字
版次	2024 年 5 月第 1 版
印次	2024 年 5 月第 1 次印刷
书号	ISBN 978-7-5057-5884-1
定价	68.00 元
地址	北京市朝阳区西坝河南里 17 号楼
邮编	100028
电话	（010）64678009

金伯利钻石集团董事长 董留生

序言一

钻石恒久远

林强 上海钻石交易所总裁

我在 2000 年与董留生先生相识,那时候金伯利店面刚开到上海,而我正在筹备上海钻石交易所(简称上海钻交所)的成立。一个偶然的机会,我们坐在了一起。他很低调、随和,不容易让人产生深刻的印象。20 多年过去了,他始终还是给人这种感觉。这可能就是金伯利的气质。

我们因为偶然结识,又因为钻石相知。在担任上海钻石交易所总裁之前,我在中国工艺品进出口总公司工作了 7 年多。1997 年,机缘巧合之下,我作为对外贸易经济合作部(简称外经贸部)派出人员参加上海钻石交易所的筹备工作。说是机缘巧合,是因为建立钻石交易所属于外经贸部工作范畴,而中国工艺品进出口总公司是承担钻石进出口许可证发放职责的外经贸部直属企业。

在后面的一次次考察中,我们对钻石这个商品的定位和看法有了统一的认识。我们意识到,建立钻石交易所是为了杜绝钻石大量走私,规范钻石交易是为了更好地满足人民群众对美好生活的需求。在考察中，我们也对税收政策的开放程度和钻石交易所的管理体制问题有了认识上的突破。这些突破，对后面上海钻石交易所的成立至关重要。

2000年10月27日，上海钻石交易所有限公司成立大会如期召开。让我倍感荣幸之至和诚惶诚恐的是，我被推荐出任上海钻石交易所总经理，压力非常大。钻交所对我们中国来说毕竟是一个新生事物，在全国范围内，有大把四类交易平台开业没多久就开不下去的先例。

我在此之前与董留生相识。我们相识的媒介毫无疑问是钻石。他做的是钻石企业，我做的是钻石交易，我们之间有着天然的合作关系。更重要的是，我们对钻石这个产业的热爱，让我们能够成为伙伴，成为朋友，成为志同道合的同行者。

金伯利是钻石产业比较早的探索者。上海钻交所成立前，董留生就为筹备中的我们出谋划策，贡献了很多好主意；上海钻交所成立后，金伯利也参与了很多探讨工作。它的很多业务为我们钻交所政策的不断优化，起到了积极的推进作用。

在这个过程中，我对董留生的谦虚、低调有了深刻的认知。他是一个值得敬佩的人，这么多年来，我也从他身上学到很多，至今心存感激。

金伯利为中国钻石产业走出去做了一些很有示范效应的事情。这让我记忆很深。比如金伯利参加巴塞尔国际钟表珠宝展，这是中国钻石品牌走向世界的一个标志性事件。当初我也有幸参加过一两次，作为这个行业的参与者，在现场看到金伯利品牌受到展览方的重视和礼遇，这让我们做这一行的人觉得很振奋。

董留生在对外交往中也是卓有成效的,他跟一些国家的联系,也让我印象很深。他的交流能力和沟通能力很强,对人很真诚,所以他用人格赢得了友谊。他跟比利时的一些政要建立了良好的互动,虽然他外语很一般,但是跟人家沟通不受影响,赢得了国外朋友普遍的尊敬,也为金伯利的发展创造了一个很好的外部环境。这是他个人的魅力所在。

我参加过金伯利的一些活动,感觉到金伯利是一个家庭,非常有凝聚力。董留生是这个家庭的大家长,他也是有独到之处的。他不常露面,但"大家庭"的凝聚力可能比他天天露面还强。我感觉金伯利非常团结,整个团队,不管是什么形式的合作,都非常融洽,非常团结,是一个非常好的大家庭。

董留生出身贫寒,是典型的草根,但他谦虚好学,始终保持一颗好奇心,善于吸收新知识。每次交流的时候,他总是很谦虚地听别人讲,开口就是要跟别人学习——"你指点指点我",把自己摆在学生的位置。这是很难得的。我相信也正是这点促成了他的成功,把钻石公司做到这么一个规模。老实说,一个人的能力确实是有限的,但他善于听别人的意见,还知道感恩,很多年前人家给他出个主意他都还记得,想起来还去感谢别人。我觉得这都是非常可敬的优点。这些优点,是他能够成就一番事业的根基。

上海钻石交易所是中国钻石产业运行规则的建立者之一,也是这个产业的"守门员""护林员"。我们见证了中国钻石产业从野蛮生长到阳光健康。我们一直在陪伴这个产业健康地往前奔跑。

作为一个平台，中国钻石产业能够高速发展，不是我们本事大，而是因为中国在高速发展，市场在高速发展，我们应运而生、应运而长。金伯利也是这样。我们都受惠于一个改革开放、高速发展的中国，都受惠于中国巨大的市场和影响力。金伯利也好，上海钻交所也好，董留生也好，林强也好，我们得益于市场经济、得益于钻石产业关键的起步阶段，国家制定出了一个很好的政策。

除此之外，我们作为钻石产业的探索者，也用自己的努力推动了产业的发展。这么多年来，我们在风风雨雨中兢兢业业。我们的半生都跟钻石纠缠在了一起。某种程度上，我们的人生就是由钻石构成的。钻石是璀璨的，但作为产业的钻石又是艰辛的。

艰难困苦，玉汝于成。钻石产业每天都在面临新的挑战，面临更加个性化的需求，面临人民群众对美好生活向往度的提升。除此之外，钻石不仅仅代表财富，还代表着文化。文化需要积淀，中国钻石文化的积淀还没有完成，产业的提升度还有很大的空间。

每个产业的参与者要想成功，都要有自己的核心竞争力。中国钻石产业的核心竞争力是庞大的市场和持续增加的购买需求。金伯利的核心竞争力是什么呢？在我看来，是对钻石的专注与对钻石产品的艺术开发能力。在一些钻石企业那里，产品只是商品。在董留生眼里，产品是作品，是艺术品。商品考虑的是成本利润、投入产出比，艺术品考虑的是永恒的价值。

中国正在成为全球最大的钻石消费市场。这是我作为上海钻石交易所总裁最希望看到的事情。二十多年来，我们一步步开辟和推进这个市场，最大的体会就是要有敬业精神，要有匠心，既然做这个事情了，就要一步一步把它做好。做好需要相当长时间，有时候不知不觉就做下来了。

金伯利也是这样，一步步走到现在。最初的时候，只是河南新乡的一家门店，现在是全球知名的钻石品牌。董留生依靠的是什么？说穿了，就是一步一步走过来，每天多努力一点，多进步一点，积少成多，积沙成塔，夯实根基，成就事业。

我们常说，时势造英雄。成就一番事业，首先要看大势，乘势而起，引领潮流，与潮流共舞，才能成就真正的事业。上海钻交所和金伯利都是中国改革开放大势的作品，是钻石产业在中国崛起的作品。有了大势，有了潮流，才会有弄潮儿。

上海钻石交易所是国家在潮流中建立的灯塔，而董留生和金伯利是钻石产业的弄潮儿。于大势，我们因钻石而成为伙伴，我们会一直相互扶持着在钻石产业这条路上走下去；于私交，我们也会珍惜钻石一般的友情，彼此闪亮对方。

那句老话说："钻石恒久远，一颗永流传。"真正恒久远的不是钻石，是同行之志，是袍泽之情。我们会带着志和情，为了中国钻石产业，继续砥砺前行。这是我们的初心。

序言二

钻石与艺术是相通的

郁钧剑 中国-东盟艺术学院院长、著名男高音歌唱家

金伯利钻石集团成立30年了，出本纪念册，嘱我作序，不胜惶恐。因为我对钻石实在是"门外汉"，不敢轻率造次，便一拖再拖，竟拖了月余。期间编辑多有询问，盛情之下，只好班门弄斧。

其实我是可以写的，就以一个"门外汉"的视角来写写我与金伯利钻石集团的交往，写写艺术与钻石的文化、品质和格调上的相通，写写董留生大哥。

我与金伯利钻石相识不长，应该是集团成立20年的时候，集团通过上海电视台、中国音乐家协会的多位朋友辗转找到了我，请我去为庆典晚会唱两首军歌。说是集团的董事长董留生先生是位在北京当了18年兵的老兵，特别喜欢听我唱的军歌，多年来一直想请我去，但遗憾的是都没能请到。正值20周年，董总特别想在军歌的氛围里重温当年的军旅生涯，回眸自己在钻石领域奋斗的征途上，那一行行镌刻军人气魄与荣光的足迹。

记得辗转找到我时已临近庆典之日了,为了不辜负董总的这份军人情结,我便调整了时间,有点像是忙里偷闲般地下午四五点钟到的上海,直接赶往了庆典现场,待唱完了我在央视春晚上唱过的军歌《说句心里话》《什么也不说》和《小白杨》后,于当晚八点又赶往机场回到了北京。记得临走时,董总专程到后台与我握了握手,表示了感谢,也就一两分钟。

不料几天后我接到了董总的电话,说他到北京了,专程来感谢我,要请我喝酒。我有点大吃一惊,感动之余我应邀去了。那会我和董总还都能喝点儿,那晚喝得很尽兴,战友情赤子心尽在其中。

从此,我们便成了莫逆之交。

之后,金伯利钻石集团大凡有文化活动都会叫上我,让我帮他们组织策划。我便"利用"了我的人脉,请了许多好朋友,如殷秀梅、杨澜、张也、吕继宏、李丹阳、方琼、吕薇、刘和刚、王庆爽、么红、张英席、陈永峰、吕宏伟、毋攀、于海洋、武帅、郭爽、骆文博等参加"北京太庙金伯利之夜""上海浦东电视塔金伯利之夜"以及每年的"金伯利年会"。然而更多"得利"的是我们的"民族声乐",多年来我们先后在北京、上海、成都等地举办过多届"民族男高音——金伯利之夜演唱会",多届"民族男高音论坛"和"民族声乐高研班",都曾得到过金伯利钻石集团的全程赞助。2017年中国—东盟艺术学院成立,董总还慈悲为怀,捐赠了500万元,成立了"郁钧剑教育基金"。

董总对文学艺术的仁慈,不仅仅表现在对我们"民族声乐"的厚爱上,大凡文化活动,只要是遇到我的请求,他都会欣然应允。那年我在中央电视台做倪萍主持的寻人栏目《等着我》的评说嘉宾,对董总说起那些失散孩子、亲人的人家苦啊,从小没有父母的他听后潸然落泪,立马给剧组捐助了50万元。那年在上海我请来了我敬重的秦怡、吕其明、俞丽拿等老一辈艺术家一聚,是董总来为我买的单。席间他听说吕其明先生要开音乐会缺资金,当场慷慨解囊赞助了20万元。刘和刚年轻有为,有努力有志向,成立了"东北民族艺术促进会",董总知道后同样给予了大力赞助。至于他所做的为家乡铺路、建学校所做的等等公益事业更是数不胜数,而且我都有目睹。每每想起这些我都会油然生起一番番崇敬。

我如今斗胆敢写此序,还有一个原因就是我在文前所说,钻石与艺术,在文化、品质和格调上是相通的。我们常把艺术的顶级状态称为钻石,比如说,在西方文艺当中,芭蕾舞被称为舞蹈皇冠上的钻石,合唱被称为声乐皇冠上的钻石,由此可见其状态的高贵与璀璨。也由此可见,金伯利钻石不仅仅是一种商品,一门产业,也不仅仅是一种奢侈品、装饰品,而更是一种美的凝结,优雅的情调,是一门艺术。

也因此我要说,比我长四岁的董留生大哥不仅仅是一名商人、企业家,更是一位鉴赏家、艺术家。金伯利钻石集团能够为时代提供文化价值,是文化的自觉、自信、自强,以及颇具特色的钻石文化在中国最好最佳的体现。

是以为序,不胜汗颜。

序言三

半生如石

董留生　上海金伯利钻石集团董事长

年纪大了，就喜欢回想往事。回想得多，就容易感慨——我这大半生，有过甘苦，有过悲欣；曾经穷困，如今也算富有；经历过不幸，如今也拥抱着幸福……这样的人生，到底值不值得？

比起改革开放的大时代来，个人的经历只是潮流中的一滴水；对照起个人的一生来，每一段经历又都算是跌宕起伏。就像钻石，每一颗钻石，不论大小、色泽，都是独一无二的。它们不只是数字，而且是一个个独立的、鲜活的个体。

我是一个时代造就的个体，有悲苦而幸福的童年，少年当兵，转业后几番创业，艰难困苦，玉汝于成，终于建立了一番事业。这是时代赐予的磨砺，也是时代所赠予的礼物，同时也算是我个人努力和际遇的呈现。从整体上看，是改革开放赋予了我们成就一番事业的机会，而我们幸运地抓住了机会。

回顾我的大半生，其实就像一块石头。起初是一块普通的石头，随着潮流翻滚，懵懵懂懂，被潮流卷着往前走；后来在潮流中看到了水流的本质，努力适应潮流，不被潮流沉淀到水底，开始各种创业尝试；再后来，洞悉了一些潮流的秘密，努力成长为一名"弄潮儿"。

什么是"弄潮儿"？古诗词里说："弄潮儿向涛头立，手把红旗旗不湿。"弄潮儿就是要在浪花里搏击、在涛头屹立的人。说穿了，对应的就是人们对企业家常用的两个词：冒险精神、奋斗精神。一块石头，如果不冒险、不奋斗，就会沉到水底；敢于冒险、勇于奋斗，屹立涛头，就有可能伴随潮流一起奔涌向前。

我很幸运，在正确的时间创建了金伯利，建立了一番事业。潮流百转千回，潮起潮落、浪涨浪跌，个人命运与时代命运纠缠在一起，也是起起伏伏，但金伯利始终没有被潮流抛弃，一直努力地"向涛头立"。

我这大半生如同一块石头，创建了金伯利后才开始闪亮，逐渐成为一颗钻石。创建金伯利，对于我的人生而言，就如同人们发现了金伯利岩，发现了"尤里卡"，发现了可以作为潮流的钻石母岩。金伯利岩是现代钻石产业的起点，金伯利是我事业的起点。一切都恍若命中注定。

我这大半生，有坚强也曾经历脆弱，有光亮也曾经历黑暗，但我的性格顽固得如同一块石头，坚硬，习惯了自我磨砺，喜欢自行抛光和镶嵌。我的大半人生由钻石构成，而我更像是一块钻石原石，被时代、时间和自我打磨成了今天的样子,镶嵌在金伯利的血脉记忆中。

我这大半生如同一块石头,一块钻石原石。我努力在潮流中奔腾,珍惜更美好的钻石,品味更美好的酒,期待更美好的世界。

也许世界就是一块石头,我们都拥有自己的世界。《道德经》中说:"珞珞如石。"也许这"石",就是我的世界,就是构成我事业、生命和情感结构的钻石吧。

最重要的是,我希望每个人都能拥有自己的世界,成为自己的"钻石"。当你发现自己的"钻石"时,你的内心就会变得比宝石更璀璨。

目 录
contents

001　序言一　钻石恒久远

007　序言二　钻石与艺术是相通的

011　序言三　半生如石

001　引　子　失窃的"钻石胡子"

009　第一章　钻石恒久远

031　第二章　出尉氏记

061　第三章　从新乡到郑州

099　第四章　崛起

171　第五章　王者荣耀

235　第六章　征途

289　第七章　一个好人

309　结　语　"钻石胡子"归来

传说（2013）

引子
失窃的"钻石胡子"

你巨大的叶子覆盖古人的胡须,光荣的三圣人献来的红宝石和金子。

——叶芝

多年之后,他甚至忘记了那些名字和细节。他只记得,电话铃响起的时候,他正在沉思。

那时候他时常会陷入沉思,回想起自己走过的半生。前面是一条漫长的路,他拼了命地往前走。一路上他遇到了好多人,有亲人有爱人,有兄弟有敌人,有恩人有仇人……更多的是陌生人,匆匆交汇,一个错身,就变成了模糊的身影……

这一生像什么?有时候他会琢磨。有首英文歌叫 *Like a Rolling Stone*,像一块滚石。

或者,更像是一块滚动的钻石。

电话铃声打断了他的沉思。

一个老外的电话。多年以后,他甚至记不得对方的名字。

"董先生，对不起，'钻石胡子'丢了……"

他心中一惊，却依旧保持镇定。"钻石胡子"可是他们的得意之作，是他们的门面，在珠宝展上失窃，可不是件小事情。

"怎么丢的？"他问。

"被人偷了……"那老外满心忐忑地答道。对于参展作品的失窃，他作为主办方代表，其责任不可推卸。

那位老外是HRD的一位高管。HRD全称比利时钻石高阶层议会，总部位于安特卫普，是官方承认的比利时钻石商贸行业代表，也是世界最权威的钻石珠宝鉴定机构之一。光环加持之下，只要是HRD出现的珠宝展，都可谓顶级展会。

2010年11月，迪拜国际珠宝展，HRD准备大放光彩。那位HRD高管邀请HRD AWARDS 2009"我最XX的童话故事"最佳设计作品参展。"钻石胡子"是其极为欣赏的作品。他希望"钻石胡子"能够在迪拜大放异彩。

"钻石胡子"出自上海金伯利钻石集团公司设计总监郑志影之手，董留生是金伯利董事长，也是"钻石胡子"的实际持有者。

"钻石胡子"丢了，无论作为邀请者还是作为朋友，那位HRD高管都感到自己无法跟董留生交代。

"偷就偷了呗。"董留生说。老祖宗说过："往者不可谏，来者犹可追。"这么多年来所经历的一切，已经让他学会了不为已经发生的不愉快而烦恼。"钻石胡子"丢了，那就丢了吧。烦恼，可不能把"钻石胡子"追回来。

那位HRD高管顿了一会儿，说道："保险公司把钱赔了。"

董留生心说："我们投了那么低的保，保险公司能赔多少钱？"

"不要了，好兄弟，你拿去买酒喝吧。"

董留生后来听说，保险公司赔付了几万美元，金伯利没要，赔付款就留在了HRD。对于他来说，赔偿金没那么重要，重要的是钻石，以及"钻石胡子"。

金钱和钻石都是诚实的，它们能体现出一个人的性格。

行为的背后是动机。尽管那时候的金伯利已经成了中国钻石产业巨头，但它尚未赢得靠前的国际地位。窃贼不会因为"金伯利"而偷盗，这不合常规。它只能因为"钻石胡子"。

没有人知道"钻石胡子"是怎么失窃的，它迄今依旧是桩悬案。董留生除了接到失窃的电话外，也并未获得更多的有效信息。多年以后，他甚至对此都很难展示出足够的讨论兴致。在他的猜测中，可能是窃贼对中国文化或者胡子情有独钟，抑或是其单纯描述了"钻石胡子"的价值。总而言之，这只是一桩偶然事件。

某种程度上，"钻石胡子"并非不愉快的经验，而是一次绝佳的机遇，甚或可以成为公司及参与者生命中令人满意的谈资与回忆。

顶级珠宝展通常都有顶级安保，戒备森严之下，珠宝作品失窃并不容易，而失窃可谓是天赐的宣传良机。"钻石胡子"失窃，某种程度上给金伯利打开了一扇门。

很多人或公司会恰如其分地推开这扇门，给自己找到一个通往无限可能性的出口。这是最低成本的"成功"，就如同战争时平民无意间变成了英雄。

金伯利完全可以借助这样的机会，向整个中国和世界炫耀金伯利的非凡能力，以获得大显身手的更好机会——多好啊，我们的作品，成了国际珠宝大盗的目标。

把握住这样的机会，在商业史上不乏成功案例，有些还变成了经典的营销手段。

奇怪的是，董留生轻轻地把"门"关上了。他没再沉迷于"钻石胡子"提供的可能性中，而是开始了新的旅程。

他知道，通过偶然获得的"成功"并不牢靠，也无法赢得长久的尊重。他需要的是作品、产品，更好的作品与更好的产品。一个"钻石胡子"固然能为金伯利带来关注，但它并不永恒。在商业世界里，永恒的是品牌，以及持续出现的作品。他曾经在很多次谈话中都表示过，经营一家钻石企业，最终能够被人记住的，不是财富而是作品。

"过去的就过去了，纠结于此毫无意义。丢了一个'钻石胡子'，我们再做出更多的好作品就是了。"他说。

因为失窃于迪拜，在金伯利的历史上，"钻石胡子"即或称不上是"最佳作品"，也一定是最传奇的作品。它是郑志影的作品，似乎也是郑天赋与羁旅的隐喻。

"幸运的是，有些人总是能够在最开始，就找到那只属于自己的指路牌，几乎不用费力，跟随心意与天赋，被某一个路口的风景吸引，然后长久驻足，一眼，就是一生。郑志影就是其中之一。"在对于郑志影的无数评价当中，这段论述最能代表其天赋与气质。

在以"钻石胡子"入围 HRD AWARDS 2009 "我最 XX 的童话故事"钻石设计大赛最佳设计作品之前，郑志影已经拿过 HRD 的大奖。这让他当时成为中国唯一一位连续两届获得该项赛事大奖的珠宝设计师。

2007 年 HRD 比利时国际钻石首饰设计大赛上，郑志影的作品

"SOPRANO（女高音）"进入决赛并最终获奖。这场以"The Night of Opera"——"歌剧之夜"为主题的大赛共征集了来自于44个国家的1092件作品，"女高音"钻石项链以其儒雅的东方神韵成了最后入围的38件作品之一。

"女高音"的设计灵感来自歌剧中最亮眼的明星——女高音艺术家的纯净、甜美、明亮的音色，以及穿透黑夜的高亢力度，如同钻石穿透黑夜，耀人眼目。无论是女高音的音质或是力度都如钻石般先声夺人。

金伯利的相关介绍称，作品以经典的圆形切割钻石，结合抽象的花卉形态与纯粹的色彩来表现；圆形钻镶嵌于花朵中，闪耀着光与影的恒久魅力，撩人心扉。钻石展现了歌剧的魅力，并切合"歌剧之夜"的辉煌华丽氛围。

2009年，在安特卫普，郑志影带来了"钻石胡子"。

"钻石胡子"的设计灵感来自京剧脸谱。京剧中有很多形象深入人心，"大胡子"莫过关羽。

关羽或抚髯夜读《春秋》，或驾一叶扁舟，长吟"这也不是江水，二十年流不尽的英雄血！"……种种悲壮形象，深刻在中国人的文化记忆里。

在关于"钻石胡子"的叙事中，设计与制作的过程并不轻松——

为了能更好地完成这件作品，金伯利钻石特别为设计师配备了专业的精工与技师，专门负责"钻石胡子"的制作。设计师追求完美的性格决定了他不会忽略每一个细节，仅仅为了一个"胡子"的髯口，郑先生就跑遍了上海寻找，最终找到一款适合的京剧胡子。但艺术毕竟是高于生活的，为了让艺术品上的"髯口"更加流畅优美，设计师又对其进行了改良，成为我们今天看到的既适合佩戴又有粗细变化、光影叠加效果的艺术品。

在作品的主体造型部分，更是倾注了郑先生大量的心血，因为垂下来的链子本身是很平面的，如何增加整个作品的立体感就集中在主体的设计技巧上。由于在平面的设计稿件上很难展示凹凸感，为了更准确地向技工传达制作效果，郑先生亲自用泥土做了造型，立体地呈现了作品的制作要领，能成功塑形，也全赖设计师拥有深厚的雕塑功底。泥土的塑形让结构上的凹凸感和三维曲面一目了然，技师们可以完全领会设计师的意图，从而更加贴合设计师的创意。

"钻石胡子"最终从来自40个国家654位设计师的1089件作品中脱颖而出，入围最佳设计作品。这是郑志影设计天赋的充分展示，也是金伯利设计实力的外放。它的获奖，意味着郑志影成为世界级的珠宝设计师，也意味着金伯利开始向"世界级"迈步。

在董留生漫长的人生路途当中，"钻石胡子"失窃只是一个小小的插曲。它因为一个偶然而出现，为董留生和金伯利留下了一道深刻的印痕，然后迅速地被新的旅程替代。

但对于中国钻石产业来说，这桩失窃案毋宁是一个象征——中国公司、中国设计师的作品在国际顶级珠宝展上被珠宝大盗惦记上了——剧情虽然光怪陆离，却是对金伯利的反向认可。

尽管董留生毫不犹豫地关上了那扇"门"，但无论如何，金伯利的这一小步，却成为中国钻石产业的一大步。

只要人类的本性不变，那大多数人就会沉湎在往事当中。但对于董留生来说，人生不是用来缅怀的，而是用来经历的。

很多年前，当他选择走出村庄的那天，走出尉氏，走出河南，走出中国，这些就成为他漫长旅途的一个个目标。在某些情况下，他会为其中一个目标停留比较长的时间，但终究不会永久停留。他这一生，只是想走得更远一些。

"胡子"终究只是"胡子"，它不是一个目标，甚至连一个重要的插曲都算不上。他会在不经意间剃须，然后在不经意间等待新的胡子长出来。

在董留生漫长的旅途中，有没有"胡子"无关紧要，双脚才是丈量未来的利器。

钻石胡子（2009）

第一章
钻石恒久远

他山之石，可以攻玉。

——《诗经·小雅·鹤鸣》

董留生最让人吃惊的地方不是他的达观，而是他能够迅速地从不愉快的往事中抽身而出，向着前面的目标行进。他这大半生中曾经有过很多个目标，有的半路终止，余下的皆被他逐一实现。

唯有一个，他迄今仍在奋争——

为中国钻石产业赢得世界尊重。

大部分中国人对于钻石的兴趣，是通过一句广告词产生的。

"钻石恒久远，一颗永流传。"

这是世界最大钻石供应商戴比尔斯从1947年就开始使用的经典广告语 A diamond is forever。1993年，它被译为"钻石恒久远，一颗永流传"，出现在中国中央电视台上，从此开始深刻地影响到中国，短短十年时间便使中国从"钻石文化"的荒漠变成绿洲。中央电视台的纪录片《钻石的奥秘》，甚至推介语都这样说——

俗话说："钻石恒久远，一颗永流传。"

董留生1952年出生于河南省尉氏县。他少年时代与大多数中国人一样，对于钻石是模糊的。他们那代人所有关于钻石的记忆都来自书本、电影或者传说。

在文学作品中，人们往往以钻石形容美好和高贵，譬如：人们会说"意大利是欧洲的皇冠，而威尼斯则是皇冠上的钻石"；或者说"文艺复兴是欧洲历史的皇冠，达·芬奇则是皇冠上的钻石"；或者像法国作家拉布吕耶尔的那句名言——"除了能明辨是非的灵魂之外，世界上最宝贵的就是钻石"；诸如此类。这样的描述和评价，说明人们由衷地认可钻石之美。

事实上，钻石在中国有着漫长的历史，但钻石对于中国人却是陌生的。零散的历史记载中，中国最早的钻石不是产自中国，而是由佛教徒从印度传入的。

晋《起居注》记载："咸宁三年，敦煌上送金刚，生金中，百淘不消，可以切玉，出天竺。""咸宁"是晋武帝司马炎的年号，"咸宁三年"是公元277年。"天竺"即今天的印度，而印度则是世界上最早发现金刚石的国家。

在此之后，中国史书《魏书》《南书》《北史》中也曾提及波斯拥有金刚石。

历史资料显示，中国本土最早的钻石来自山东郯城。据《郯城县志》记载，明朝末年，郯城马陵山区发现金刚石，此后的清朝道光年间和清末都有金刚石发现的记载，从而揭开了中国生产金刚石的历史。

金刚石的历史很长，但作为饰品的钻石在中国的历史却很短。明清时期，少量的钻石饰品就通过贸易进入中国。鸦片战争后，广州、上海、天津等沿海城市先后开埠，西风东渐，钻石首饰逐渐进入中国人视野。

在20世纪二三十年代，钻石首饰逐渐开始在北平（北京）、上海、青岛这些城市流行，被时尚女性追捧，在张爱玲、张恨水的笔下，在《良友》等杂志的记录里，都有女性佩戴钻石首饰的描述。

李安执导的电影《色戒》当中，王佳芝和富太太们一起打牌的时候，大家都在讨论自己先生给自己买了什么钻石。后来，王佳芝收到了易先生超大的鸽子蛋粉钻戒指。这枚钻戒，就是"色戒"的"戒"。

1949年，伴随着旧时代终结，新时代开始，钻石似乎从人们的生活中销声匿迹了。在与贫穷与羸弱斗争的年代里，人们更需要粮食、机器与布匹，是人定胜天的气魄和以粮为纲的念想。华丽的钻石是无用而遥不可及的。

而此时的钻石，在美国和欧洲，正沿着戴比尔斯的广告语，A diamond is forever，开始席卷整个西方世界。钻石作为"宝石之王"，其地位已经牢不可破。

从化学的角度来看，钻石其实没什么特别的。钻石的唯一元素就是碳，是这个世界上最不缺的元素。

2011年访华的南非时任副总统彼得勒斯·卡莱马·莫特兰蒂曾在中国中央电视台批评道："钻石只是人们虚荣心的产物，它只是碳而已，价格上涨并不是钻石会枯竭，而是人为造成的供不应求的局面。"

莫特兰蒂的批评代表了相当一部分人的情绪，这些人当中，以政客和知识分子为主。他们对戴比尔斯推动的"钻石文化"深恶痛绝，认为钻石就是一个骗局。他们更痛恨塞拉利昂的"血钻"，尽管戴比尔斯并未直接犯错，但它被认为是"血钻"的获益者。

"血钻"的故事后来被拍摄成了电影。莱昂纳多·迪卡普里奥、詹妮弗·康纳利等主演奉献了催人泪下的143分钟。故事的背景是20世纪90年代处于内战时期的塞拉利昂。主人公丹尼·阿彻尔是一个来自津巴布韦的前雇佣兵，他同时是钻石走私者；所罗门·梵迪是当地的一位渔民；麦迪·鲍文是一位试图揭开钻石交易黑幕的美国女记者。就是这样拥有不同的历史背景和生活环境本不该有任何交集的三个人，他们的命运却被一颗罕见的粉钻石紧密联结在一起。"而在非洲，这样一颗钻石的确可以改变一个人的生活……或是终止那个人的生活。"

《血钻》影响了很多人。曾经是中国首富的王健林看了《血钻》后，他感慨人们平时佩戴的钻石有三分之一是"带血的"——非洲很多钻石矿的工作条件很差、报酬很低，工人要是不死命开采，有时甚至会被虐杀。他被震撼了，继而内省："为了追求超额利润，他们完全不顾工人的死活！""如果企业只追求利润最大化，就会产生一系列社会问题。"

某种程度上，彼得勒斯·卡莱马·莫特兰蒂的观点没有任何问题。钻石的确只是"碳"而已。《钻石的历史》一书描述说：

虽然宇宙中充盈着钻石微粒、地球上也不乏富含钻石的岩层资源，但是通过开矿的方式开采出来的钻石往往在数量上难以支持钻矿的成本。从河流中采集的钻石和毛矿工们从河边矿砂中淘出的矿石不过是全世界钻石产量中的九牛一毛。富含钻石的河流仅仅是钻石的次级来源。产自河流的钻石实际是来源于深不可测的地球内部。随着火山爆发等岩层活动，深层的钻石被带到了地表。

钻石的主要来源是一种被称作岩筒的独特火山地貌。岩筒中充满了质地柔软疏松的灰绿色角砾云母橄榄岩，这种岩石又名金伯利岩，最早被发现于南非的金伯利地区，故得此名。在所有已知的金伯利岩筒中，最大一处的地表面积为361英亩[1]。大多数岩筒的地表面积要小得多。顾名思义，岩"筒"宛如一根狭长的胡萝卜。此类岩筒的筒壁的角度十分陡峭，大约有85度，于是整个岩筒从上到下逐渐收缩成狭窄的沟渠，直捣100英里[2]开外地层深处的钻石老窝。

---

[1] 1英亩 ≈ 4046.8564平方米
[2] 1英里 ≈ 1.6093千米

我们的地球拥有一颗金属的内核和薄薄的硬壳。在地核和地壳之间充盈着约2000英里厚的柔软岩层，学名地幔。在上层地幔中，温度高达1000摄氏度，压力攀升到50千帕，碳元素在如此条件下以钻石的状态存在。在某个特定的层中充满了钻石，这个层被称为"钻石稳定层"，只有当温度和压力完全达到这个层的水平的时候，碳原子才被挤压成层状分布，一层一层的碳原子叠加起来，逐渐形成钻石。

钻石和所有的晶体一样，是一层一层长起来的。钻石的每个层面实际上就是数以百万计的原子手拉手地排列出来的。碳原子独特的电学结构使每一个原子都能与其他原子紧密地结合起来。碳原子的外表能够容纳10个电子，但每个原子的外表却只有6个电子。在钻石当中，每个碳原子与周围的4个碳原子分别共享1个电子，以此满足10个电子的容量。碳原子们通过共享电子的形式牢牢地结合起来，而这种共享电子的结合方式具有化学界已知的最强的结合力。钻石的结构可谓"刚强不屈"，古希腊人把这个性质定义为adamas，后来从这个词中派生出了"钻石（diamond)"和"金刚石（adamantiney）"。

能够产生金伯利火山或岩筒的地壳运动发生于上层地幔的深处（一般意义上的火山，诸如圣海伦斯火山，是从更接近地表的岩层中逐渐形成的，因为此处的地壳比较薄弱，容易爆发）。在金伯利火山或岩筒的喷发活动中，气态的岩浆一路向上钻探，一旦遇到比较薄弱的岩层，它就以时速10英里的冲击力喷薄而出。如果岩浆在喷发途中恰巧从含有钻石的岩层中钻过，就会把该层的岩石和钻石一同带出来，最终沉积到金伯利岩筒之中。在地质学家的眼中，金伯利岩对钻石进行了"采样收集"。钻石并非金伯利岩浆的产物，金伯利岩好比是一部拉载钻石从地幔来到地表的电梯。

大多数岩筒从地幔中向上钻行的时候并没有通过钻石稳定层，只是从众多贫瘠的岩层中匆匆而过。即便是那些侥幸通过了钻石稳定层的岩筒也很难把钻石带到地表，因为地幔中的钻石的脆弱程度非比寻常，它们对于周围环境的变化十分敏感。地幔的温度和压力与其深度成正比，如果金伯利岩浆上升的速度过于缓慢，其中裹挟的钻石很可能逐渐在低温低压的环境下退化成碳元素的自然形态——石墨。所以说，上升的岩浆必须迅速通过对钻石造成威胁的地层才能使其中的钻石完好地保存下来。从地幔到地壳，钻石必须经历的种种劫难使裹挟着钻石的岩筒成了稀罕之物，在已知的6000多个岩筒中，只有几十个是含钻石的矿脉。

在金伯利岩筒趋近地表的时候，周围岩层的压力逐渐降低。岩筒中的气体好比香槟酒里的气泡一样，随着瓶塞被打开的瞬间极度膨胀。金伯利岩浆在旅途的最后阶段以不下每小时100英里的速度向地表进行冲刺，最终喷薄而出。金伯利火山喷发的时候会生成一个充满岩浆和石块的旋涡，这样的结构被称为火山筒，是典型含钻矿脉的形状。各种各样的物质借着火山喷发时的巨大能量像喷泉一般涌出地面，其中包括石块、熔岩和数10亿的矿物微粒，有的时候还会有钻石出没于其中。如果这些东西乖乖地躺在那儿等人发现的话，恐怕任谁都能跑出去大捞特捞了。但钻石矿脉可不是那么好找的。

从地质学上的时间概念考虑，火山筒的地表特征在喷发之后转瞬即逝。柔软的金伯利岩很容易瓦解，大小石块纷纷落回到火山口中，一层又一层地沉积起来，最终被周围的土壤和晶体残渣包裹起来。这种持续了几百万年之久的风化作用仿佛是天上的神灵之手，只是轻轻掠过，便抚平了火山喷发留在地面上的创痕。我们很可能从火山筒上走过，却对它的存在浑然不知。然而金伯利岩浆在喷发途中采撷的含钻矿石中特有的矿物质则是它存在的铁证。这些矿物质没有受到风化作用的影响，人们逐渐掌握了探测这些矿物质的技术，并认识到了该矿物质的重要性，于是钻石行业才得以脱胎换骨。

含有钻石的火山筒能够喷发出大量的矿物质。除了钻石之外，喷发物中还包括翠绿色的含铬透辉石和大量的石榴石。这些石榴石五彩斑斓，从最娇嫩的粉色到最深沉的紫色，可谓一应俱全，其中还夹杂着少数橙色、黄色和绿色的品种，以上提到的矿物质在组成结构上和钻石可算是近亲。因为它们能够引领我们找到钻石，所以被冠以"钻石指示剂"的美名，业内人士则简称它们"指示剂"。因为指示剂不像钻石那样难找，所以人们便通过搜寻指示剂的迂回战术给钻石定位。在数量上，指示剂比钻石要大得多。（《钻石的历史》，美，马修·哈特，中信出版社，2006年9月）

有时候，整个钻石的历史可以用两个地名来概括，戈尔康达与金伯利。在钻石进入人们生活的3000年当中，戈尔康达影响了前面2800多年，金伯利则代表了现在和未来。

公元前8世纪，人们在克里希纳河淘金时发现了金刚石。这些石头美丽、洁净、坚硬、罕见，被印度淘金者视为宝石。在古印度文献里，对钻石的坚硬、晶体特性和折射性，都有非常详尽的记载。

最早提及钻石的文献是《政事论》，它描述说："在矿井里,河水中……以及其他许多地方，都有这样的沉积物。钻石的颜色就好像猫眼睛的颜色，像发亮的天狼星的颜色，像奶牛的尿液或胆汁的颜色，像明矾的颜色，也像其他珍贵宝石的颜色。体积大，质量重，坚硬耐热，形状匀称，能够在盘碟上划出刮痕，能够闪烁发光——这样的钻石是最上等的钻石。边角破损，形状不匀称，单边成曲形的钻石具有的价值要低一些。"

于是，钻石的历史开始了。

印度人把金刚石加工成钻石，使之成为王室与宗教的宠儿。史料记载，世界上最早佩戴钻石饰品的就是印度的国王和寺庙神像。古印度也为后世留下了许多名钻，如"大莫卧儿"(787克拉[①])、"皮特"(410克拉)、"尼扎姆"(440克拉)，使克里希纳河的钻石名噪世界。

这里就是全球最著名的戈尔康达钻石矿区。戈尔康达矿区位于戈达瓦里河与克里希纳河之间的峡谷内。在古希腊的传说中，这里山路狭窄难行，谷中铺满了钻石，由凶猛的毒蛇和成群的巨象日夜守卫。因此，采钻人将羊宰杀撕成碎块，丢下山谷，秃鹫便会循着血腥俯冲到谷中，衔起沾满钻石的肉块。等在山顶的采钻人大声呼喝，吓走秃鹫，取得钻石，再将肉块留给鹰兽。

这个传说的来源很可能是亚历山大大帝。古罗马博物学家普林尼曾经在《自然史》中讲述过这个故事。类似的故事也出现在了《天方夜谭》中的传奇水手辛巴达身上，他第二次探险远航的故事也围绕这座布满钻石山谷的传说而展开。后来的传奇旅行家马可·波罗在描述世界各地奇迹的时候也曾提及这个山谷。

尽管人们对戈尔康达钻石矿区的描述光怪陆离、恐怖惊人，但至少有一点是确定的。这里的确充满了钻石。恐怖惊人的故事，或许可以阻挡掠夺者的脚步，让矿区变得更加安全。

在公元前4世纪，印度已开始了全球钻石交易，这或许与亚历山大

[①] 1克拉=0.2克

的东征有关。在此之前，也有一些巴比伦商人前往印度购买钻石。"在被打磨光滑之后，这些宝石也许就值得被镶嵌在那传说中由埃塞俄比亚人进贡给亚历山大大帝的钻石宝座上了。"（《钻石传奇》，美，利奥·P.肯道尔，北京大学出版社，2006年9月）

尽管亚历山大帝国昙花一现，但其鼎盛时期，疆域跨越欧洲、非洲、亚洲，甚至延伸到了印度次大陆西北部的小部分，以及帕米尔高原西部的部分地区。当时的文明之中，未被其染指的，只有中国。

亚历山大大帝及其继任者对于印度的觊觎，或许正与钻石相关。尽管并未真正征服印度，但辽阔的帝国疆域带来了便利的交通，也带来了贸易机会。印度钻石最终走出了印度次大陆，走到两河流域，走到了地中海。

在接下来的几百年里，印度钻石沿着"钻石之路"，走到了喜欢享受与炫耀的罗马人的生活中。印度的"钻石之路"与中国的"丝绸之路"一样出名。它们出现的时间相差无几，目的地也相同——罗马。

条条大路通罗马。

中国有两条"丝绸之路"，一条陆路，一条海路；印度也有两条"钻石之路"，一条陆路，一条海路。

经由"钻石之路"来到罗马的印度钻石，影响到了罗马帝国的风尚，罗马人对钻石着了迷。他们喜欢将钻石镶嵌到戒指上作为装饰，用美好的诗句来描绘钻石，将钻石比喻为月亮的裂片、流星的碎片，以及神灵的眼泪，古罗马博物学家普林尼甚至说："钻石不仅是所有宝石中最有价值的，而且是这个世界所有事物中最有价值的。"

沿着"钻石之路"，戈尔康达名震欧洲。公元12世纪，戈尔康达古堡开始在一座花岗岩山上修建，后来甚至成为一个王朝的首都。在它的鼎盛时期，这座巨大的花岗岩要塞内部包括一座皇家宫殿、金库、大量贵族豪宅以及交易钻石的市场。

来自世界各地的珠宝商游走在戈尔康达古堡，其中也包括法国著名的珠宝商和旅行家吉恩·巴蒂斯特·达文尼。达文尼在他的日志中详细记载了戈尔康达的情况。他在1676—1677年出版的《六段旅程》中，生动详细地描述了他在这里看到的精美钻石。

达文尼最有名的故事是他从印度获得了"希望蓝钻"，这是世界上最贵重的钻石之一，但所有"希望蓝钻"的拥有者都未得善终，希望变成了厄运。

因为钻石，戈尔康达成为世界最有名的名词之一。这个名词甚至还促成了美国天普大学的诞生。

罗素·H.康韦尔是美国有名的牧师和演说家。他在一次内战战友团聚会上发表了"钻石之地"的演讲。他的演讲十分成功。自此以后，他的"钻石之地"演讲办了超过5000场，风靡了整个美国。康韦尔从演讲中获得了几百万美元的收入，他用这笔钱建立了天普大学。天普大学如今是费城三大名校之一。

康韦尔在他著名的演讲中讲了一个关于戈尔康达的故事——

老向导告诉我，从前离印度河不远住着一个年老的波斯人，名叫阿里·哈菲德。阿里·哈菲德拥有一个很大的农场，其中有果园、谷地和花园。他靠吃利息也能挣到钱，维持自己富足的生活，这是一个富有的人，他也因富有而感觉满足。

一天，有个年高德劭的佛教僧人拜访了这个波斯农夫，这个僧人算得上东方的一位贤明之士。他在炉火旁坐下，为这个年老的农夫解说这

第一章 钻石恒久远

个世界是如何形成的。他说创始之初这个世界只是一团浓雾，佛把手伸入雾中，开始时慢慢转动，然后速度越来越快，最后把浓雾旋转成一个实心火球。火球旋转着在宇宙中穿梭，一路燃烧着穿过其他浓雾，在这个过程中外部的湿气开始浓缩，最后以大雨的形式浇灌在这个火球酷热的表面上，火球的外部因而冷却。而内部的火焰喷发而出，很快形成了我们这个美妙世界里的一座座巨峰大山、山谷、平原和大草原。假如内在的熔岩喷出后很快冷却，它就变成了花岗石；假如冷却的速度慢一些就变成了铜，再慢一些就变成了银，再慢一些就变成了金，而最慢的就变成了美妙的钻石。

老僧人说道："钻石是阳光凝结后掉下的物质。"这句话还是很有道理的，从科学的角度讲，钻石的确来自太阳上的碳素沉积物。老僧人对阿里·哈菲德说，如果他有一粒拇指般大的钻石就可以买下整个县，如果有一矿山钻石就可以凭这巨大财富让自己的孩子个个登上宝座。

阿里·哈菲德听了关于钻石的情况后，立刻明白了钻石的价值，于是这一天睡觉时，他第一次觉得自己是贫穷的，虽然他实际上并没失去什么。之所以感到贫穷是因为他不满足，而之所以不满足是因为他害怕自己贫穷。于是他说："我想要弄一矿山钻石。"他为此彻夜难眠了。

次日一大早他就去找僧人。顺便说一句，凭着经验我知道僧人一大早被弄醒是非常生气的。阿里·哈菲德把老僧人从梦中用力摇醒，问道：

"请你告诉我，在哪里能找到钻石？"

"钻石？你要钻石干啥？"

"唉，我想变得非常非常富有。"

"嗯，那么，去寻找它们吧。你只需去寻找，就会得到它们。"

"可我不知道去哪里寻找。"

"哦，如果你能找到一条穿过白色沙滩和高山的河流，你就会在那些沙滩里找到钻石的。"

阿里·哈菲德有点不相信："我觉得根本没有这样的河流。"

可是僧人却非常肯定地告诉他："嗯，有的，有很多。你只需去寻找，然后就会找到它们。"

阿里·哈菲德说："我愿意去。"

于是他卖掉农场，带上钱，把家人托付给一个邻居，寻找钻石去了。他从月亮山脉（鲁文佐里山脉位于东非高原，有时被叫作"月亮山脉"）出发（我认为这很正确），进入巴勒斯坦，又流浪到欧洲，最后他把所有钱花光了，变得衣衫褴褛，穷困潦倒。他站在西班牙巴塞罗那海湾岸边，忽然看到一股巨浪卷入赫拉克勒斯之墩中间，这个贫穷痛苦、备受折磨、奄奄一息的人抵挡不住那股极大诱惑，纵身跳入翻滚的浪潮中，终结了自己的痛苦，并且从此再没出现。

老向导讲完这个极其悲哀的故事后，拉住我骑着的骆驼，回去把另一只骆驼上的行李固定好，我则趁机思考他讲的故事。我问自己："为啥他只把这个故事讲给'特殊朋友'听？"这个故事没有开头、没有过程，也没有结局，似乎什么也没有。主人公一开始就死了，我还从未听过这样的故事呢，这是我读到的第一个这样的故事。只听到故事的一章，主人公就死了。

结果老向导回来后拿起骆驼的缰绳，继续讲故事的第二章，就好像根本没有中断过。他说买下阿里·哈菲德农场的那个男人，在某一天把骆驼牵到花园去饮水，就在骆驼把鼻子伸入园中的浅溪里时，那个男人注意到小溪的白沙滩里闪现出一种奇异的、耀眼的光。好奇之下，他捡起一块石头，那块石头反射出五彩缤纷的光。这块石头如此迷人，驱使他把它装进口袋里带回家，并且放到火炉的壁炉架上作为装饰品，这以后就把它全忘了。

几天后那位老僧人又来走访阿里·哈菲德农场，他一打开客厅的门，就看见壁炉架上闪耀着光的那块石头，急忙冲上去，大声叫道："这不是一块钻石吗？阿里·哈菲德回来没有？""哦，没有，阿里·哈菲德还没有回来，那也不是钻石。那不过是我在花园里发现的一块石头。""可是，"老僧人肯定地说，"我一看见它就知道它是钻石。看看那闪耀的光吧，我能肯定这是一块钻石！"

接着他们一起冲进那个老花园，用手刨开白沙子。瞧呀！又出现了一些更美丽、更贵重的宝石。于是，向导对我说（朋友们，历史上确有其事）："他们发现了整个人类历史上一流的戈尔康达金刚石矿，它甚至胜过了金伯利矿。英国王冠和俄国沙皇权杖上最大的宝石用的世上巨大的科依诺尔钻石和奥洛夫钻石，即来自于此矿。"

1866年，在南非开普敦殖民区的奥兰治河边，15岁的农民之子伊拉斯谟·雅各布斯在偶然中发现了一颗钻石。这是非洲第一颗经过鉴定的钻石原石——尤利卡钻石，重达21克拉。

1869年，重达83.5克拉的钻石原石——"南非之星"被一位少年牧民发现。一位珠宝商以500只羊、10头牛和1匹马的价格从少年手中买走了这颗钻石，然后以1万英镑的价格转手卖掉了它。当它从钻石原石变成"南非之星"后，价格变成了2.5万英镑。

在"南非之星"还是钻石原石的时候，英国的殖民地大臣理查德·萨西爵士把它带到开普敦的议会大厅。他激动地告诉人们："先生们，这块钻石乃是未来南非腾飞的基石。"

萨西的判断没错。这次偶然的发现震惊了世界，引发了第一次淘钻热潮。西方世界的海员与矿主们疯狂地往开普敦涌来，到1870年，在奥兰治河寻找金刚石的人已经超过了5万，其中有一位叫塞西尔·罗德斯的英国小伙子。

那一年，人们首次发现了含金刚石的金伯利岩岩筒"亚赫斯丰坦"岩筒和"杜托依茨潘"岩筒。1871年在金伯利镇附近又发现了世界著名的"金伯利""戴比尔斯"和"伯特丰坦"三个岩筒，并由此产生了"金伯利岩"的命名。

在1870年以前，世界各国发现的金刚石都产自砂矿，金伯利岩的发现，改变了历史——金伯利矿在之后的百年中都是全球最大的钻石矿，南非也成为全球钻石的主产区。

伴随着淘钻客的涌入，金伯利小镇的规模开始膨胀起来，1878年开始建成为一座城市。

10年后，1888年3月12日，戴比尔斯联合矿业有限公司成立，塞西尔·罗德斯被任命为创始董事长。一个全新的钻石时代开始了。这个时代属于戴比尔斯，更属于金伯利。

钻石究竟是怎样成为"世界万物中最珍贵的存在"？安托瓦内特·马特林斯在《钻石》一书中给出了她的答案：

关于钻石神秘功能的传说流传了许多个世纪。在印度，钻石最早在几千年前就已经被发现，其最大价值在于被认为有强大的能量和魔力，而非其耀眼的美。钻石被认为能保护佩戴者免于蛇、火、毒药、疾病、小偷以及各种邪恶力量的侵害。

钻石作为十二宫中白羊宫对应的宝石，白羊座的象征，被古代的占星者坚信对在火星底下出生的人具有强大的力量，他们认为钻石能提供勇气和心灵的力量、婚姻中持续的爱，以及能避开巫术、毒物及梦魇。

每一种文化都因为钻石的特殊性质而对其视若珍宝，赞许颇多。古罗马人相信钻石佩戴在接触左臂皮肤的位置能帮助他们在战争中保持勇气和胆量，并使他们战胜敌人。有一段古文是这样写的："把钻石戴在左边的人会变得强壮和有男人魅力，这会使他在事故中免于对四肢的伤害，但是钻石一旦为没有自制力的人和醉鬼所佩戴，就会失去功力。"古代罗马人对于钻石的另一种使用就是把钻石嵌入钢铁中作为吉祥物以抵御精神疾病。

钻石被认为有许多魔幻的力量。有时它被认为是无所畏惧和不可战胜的象征，钻石的特性会赋予佩戴者卓越的力量、勇气和胆量。同时钻石也被坚信能驱除恶魔和黑夜的鬼神。

在公元1500年左右，钻石被看作能增强丈夫对妻子的爱的护身符。在犹太法典中，被大祭司佩戴在身上的宝石（根据描述很可能是钻石）被用于鉴别被控诉的人是否有罪，如果被控诉者有罪，这块宝石会变得黯淡，如果这个人是无辜的，这块宝石会比以前更耀眼。

除了无色的钻石亚种外，彩虹的各种颜色在钻石中都能找到。印度教徒是这样把钻石分成四个等级：婆罗门钻石（无色的）能给人带来力量、友谊、财富和好运；刹帝利钻石(棕色/香槟色)能延缓衰老；吠舍钻石(浅绿色)能带来成功；首陀罗钻石(灰黑色,有着抛光后刀锋的光晕)能带来各种好运。红色和金黄色的钻石则仅仅被当作皇家的宝石,为国王所独有。

钻石被认为与好多东西有联系,从引起梦游到产生不可战胜感和销魂感,甚至性能力的强弱也都与钻石扯上关系。关于钻石还有个棘手的问题,那就是钻石必须是被"天然"发现的才能有那么多神奇的功能,如果是通过购买获得的,那么钻石的这些功力就会失去。然而,如果钻石是作为定情物或者友谊的证物,它的效能又会回来,这是钻石作为订婚戒指的另一个好理由。(《钻石》,美,安托瓦内特·马特林斯,中国友谊出版公司)

欧洲人视钻石为珍宝,又给佩戴钻石赋予宗教色彩。这是罗马人留下的"优良传统"。罗马人喜欢所有的宝石,尤其喜欢钻石这种"宝石之王"。

法国人完美地继承了罗马人的优良传统。公元13世纪,法国国王路易九世颁布法令,称只有国王才能佩戴钻石,女人不许佩戴。200年后,法国王室成员多次佩戴钻石饰品在宫廷亮相,令钻石在欧洲女性心中变得更有魅力。

1477年,奥地利国王马克西来连一世与法国玛丽公主定亲前,接到公主的一封来信,要求定亲之日公主必须戴一枚镶有钻石的戒指。这是世界上第一枚婚戒。从此,钻石戒指成为情侣们表达爱情的至高信物。

在相当长的时间内,钻石更多是权力的象征。钻石被镶嵌在国王权杖或王冠上，代表着皇室的威严。

"桑西"钻和"摄政王"钻是法国王室御宝，"奥尔洛夫"被叶卡捷琳娜镶嵌在了皇家权杖的两只雄鹰之下。拿破仑把"摄政王"镶嵌在了自己的剑柄上，他自己则浑身缀满钻石。吉尔塔伊·奈森描述说："在杰罗姆王子和符腾堡公主的婚礼上，拿破仑戴着一条价值 188221 法郎的华丽的挂链，上面镶着一颗荣誉军团的钻石星章；他的帽子上还镶嵌着一件价值是前者两倍的珠宝。在这件珠宝的中心，一颗超过 25 克拉的钻石在闪闪发光……是花了 18 万法郎买的。"

法国将钻石抬升到了前所未有的高度。名画《拿破仑加冕礼》中，贵夫人们戴着各种各样的镶钻首饰，几乎要压过皇帝的风头。但拿破仑不断充实自己的钻石库，并且将钻石作为礼物送给自己的皇后与情妇们。

"即使在拿破仑战争那样兵荒马乱的时期，钻石在其他的欧洲宫廷中也仍旧保持着重要的地位。在英国，不仅仅在宫廷中，而且在新兴的富有的中产阶级中间，从工业革命中萌发出的财富进一步点燃了人们对于宝石的需求欲望。钻石已不再是贵族们独自享有的特权了。"（利奥·P.肯道尔，《钻石传奇》）

工业革命、现代文明，使钻石从宫廷走到民间，从宗教走向文化。曾经对于普通人来说是虚构东西的钻石，开始变成了真实的生活。

我们知道，金刚石根据用途，分为工业金刚石和宝石金刚石。钻石就是宝石金刚石。

根据现代矿业资料描述，宝石金刚石用以打磨成各种裸钻，镶嵌成钻石戒指、钻石手链、钻石吊坠、钻石耳环等，故宝石级金刚石有其特殊要求：首先是颜色，灰色、褐色、黑色等不能成为宝石级金刚石，合格的宝石级金刚石其颜色从白色到淡黄色由好到差分成若干等级；其次是净度，没有包裹体、杂质、裂纹的为最好，净度合格由好到坏也分成不同的等级；再次是质量或大小，颗粒太小了不能加工成装饰品，故一般宝石级金刚石不能小于2毫米。满足上述条件就可成为宝石金刚石，可以加工成各种钻石饰品。

马特林斯在《钻石》一书中则直接描述，根据重要性，决定钻石价值的依次是：切工和比例（Cutting and proportioning）、颜色（Color）、净度（Clarity）、克拉重量（Carat weight）。这就是钻石的4C标准。

从美观的角度上看，最重要的是切工和比例。

切工和比例之所以重要，是因为"它直接影响钻石的格调和美"，而钻石之所以成为"宝石之王"，与切割技术密不可分。

钻石从印度传入欧洲后，钻石切割技术得到了飞速发展。1455年荷兰人发明用金刚石细粉研磨金刚石表面的方法，为钻石打磨提供了有效的技术。不久之后，威尼斯成为欧洲最早的钻石切割中心，但于15世纪晚期被比利时的安特卫普所取代。

1777年，英国发明家和仪器制造家——詹斯拉姆斯登用一颗金刚石车削刀制作了一台发动机精密螺旋。

1919年，波兰数学家马歇尔·托尔科夫斯基按照全反射原理，"推出了他认为最佳的圆钻切磨面角组合，这种面角组合能使得光线从冠部进入钻石后在不同面角之间反射后再从冠部射出，在拥有最佳火彩效果的同时拥有强烈的闪耀度"。他把钻石辉煌灿烂的光学性质发挥到极致，马特林斯评价说，"托尔科夫斯基切工奠定了现代美国理想切工的基础"。托尔科夫斯基后来还出版了《钻石设计》(*Diamond Design*)一书，是钻石切割行业的经典之作。

由于钻石加工技术的发展，使得欧洲人特别是犹太人在世界钻石业独领风骚。犹太人相信"一切皆有可能"，因此任何顾客的任何需求都可以得到满足。以色列钻石协会主席阿维帕兹曾说："比起我们的创造性和灵活性，连天空也显得有限。"

20世纪90年代，钻石重新回到中国大陆。

1992年，中国大陆出现第一个钻石专柜。

1993年，戴比尔斯的"钻石恒久远，一颗永流传"席卷而来，开始征服中国消费者的心智。

那一年，在北京的山水宾馆(原地质招待所)三楼，一个叫王仲会的年轻人与一个叫杨忠林的中年人住在招待所的三人间里。年轻人半夜醒来去厕所，回来躺在床上嘴里不停地念叨英文钻石Diamond，被吵醒的杨忠林劝他："快睡觉吧，做啥梦呢，戴梦得，戴梦得的……"年轻人突然坐了起来："就叫戴梦得。"不久之后，"北京戴梦得宝石公司"挂牌营业。

1993年，羊肉胡同地质矿产部南门收发室和地质博物馆的过道间搭建起了一个30多平方米临街的门面，门头挂上了"戴梦得"招牌，这就是戴梦得公司的第一家钻石直营店，羊肉胡同30号。是中国第一家有自己名字的钻石直营店，它的首任店长毕立君，如今是中国珠宝玉石首饰行业协会副会长、秘书长。

发生在1993年的这两桩偶然事件，深刻地影响到了中国钻石产业，也改变了董留生的命运。他时常会想起那时候的自己，想起每天为未来奔走、冒险的往事，想起自己突然拥抱了一个机会，改变了中国钻石产业。

这是他一生中最珍贵的机会。

时至今日，中国的钻石产业已经超越日本，成为全球第二大的钻石消费国。2020年开始的新型冠状病毒肺炎疫情席卷了整个世界，而中国钻石市场最早复苏。很多家机构都相信，中国和美国市场的强劲复苏，推动了全球钻石贸易的发展，并迅速带动了上游国家(南非、博茨瓦纳等)和中游国家(印度为主)的钻石出口。中国有望在2025年前赶超美国，成为全球第一大钻石消费国。

这是董留生要实现的一个目标，他一直在等着这一天。

第二章
出尉氏记

没人喜欢未经琢磨的钻石，而一旦经过琢磨并加以镶嵌之后，钻石便生出光彩来。美德便是精神的钻石，但让它熠熠生辉的则是良好的礼仪。

起初，董留生只是一颗原石。

1920年，松下幸之助为公司设计了一个商标，在一个宽边钻石型里包裹了一枚向右的箭矢与字母"M"，这是松下首个商标。这位日本的"经营之神"后来在"人类是钻石的原石"演讲中说："我一直认为人类就像钻石原石一样。钻石原石经过打磨才会光芒四射。而且因打磨及切割的方法的不同，会放射不同的光芒，璀璨夺目。"

2012年6月29日，尉氏县在广电局演播厅隆重表彰了"十大杰出人物"——"为表彰先进，树立典型，在全县掀起'学先进，树新风，创一流'活动高潮，用榜样的力量推动尉氏经济社会的大跨越、大发展，该县精神文明建设指导委员会、县委宣传部决定，授予董留生等10名同志为尉氏县'十大杰出人物'荣誉称号。尉氏县委书记范付中为获奖者颁发了荣誉证书。"

当地新闻对于董留生的报道说——

董留生先生是上海金伯利钻石有限公司的创始人、董事长，该公司成立于1995年，2000年上海钻石交易所成立，金伯利钻石成为首批26家会员单位之一；2000年金伯利钻石总部迁往上海。经过17年不懈追求和努力，现已发展成集钻石设计、切磨、镶嵌、配送、零售为一体的集团化、专业化钻石公司，并在全国范围内建成了以钻石直营店为主要销售形式、各项设施完善、服务优质的营销网络。

坚韧历练，始铸辉煌！董留生先生的成功，缘于他一直以来的不懈追求和努力，从白手起家、艰苦创业，到构筑这个庞大的金伯利钻石王国，并在中国的钻石行业内成功打下了一片江山。"钻石大王"是家乡人给他的称号，更是家乡人对他的肯定和支持。所以，在事业不断发展的同时，董留生先生始终心系家乡父老、注重公益事业建设、修路造桥、捐资助学，用爱心来回馈社会。慈善事业是一种有益于社会发展的公益事业，金伯利钻石董事长董留生先生始终怀着满腔赤诚，积极投身于各种利国利民的慈善事业。

2006年在河南开封投资兴建两所金伯利希望小学，并在多所学校设立金伯利贫困学生奖学金。

2008年汶川地震，董先生发起"心手相连，让爱传递"抗震救灾活动，在最短时间内捐款120万元，紧急送往灾区。

2009年9月，由董留生先生捐资1400万元兴建的金伯利希望中学在河南省尉氏县破土动工。

2009年12月，董留生先生组织公司参加慈善拍卖，"金伯利钻石"被《申江服务导报》授予"2009年度最佳慈善品牌称号"。

2010年，金伯利钻石成为上海世博会比利时欧盟馆官方钻石合作伙伴。金伯利钻石全程赞助比利时馆的"发送手机短信，赢取钻饰大奖"慈善活动，在为世博会增添光彩的同时，该活动平台的所有收入全部用于中比慈善项目的筹备工作。

2010年10月，云南遭遇百年不遇的旱情，云南金伯利钻石向云南红十字会捐赠物资达10万元，使当地的困难户和残疾人户的缺粮状况暂时得到了缓解。

2011年1月，比利时首相莱特姆代表比利时国王向金伯利董事长董留生先生颁发了代表比利时皇室最高荣誉的"利奥波德骑士勋章"。该勋章设立至今已有100多年历史，象征着皇室的高贵尊荣，和授勋者至高无上的荣誉，目前仅有三位华人获此殊荣。这是金伯利钻石的荣耀，更是董先生作为一名长久以来为中比两国贸易做出杰出贡献的华人的荣耀。

2011年7月，由董留生先生捐资1400万元兴建的河南省尉氏县南曹乡金伯利希望中学落成典礼，在一片欢腾声中隆重举行。校方还为董留生先生颁发了"终身名誉校长"聘书，以赞扬董先生一直以来为家乡教育事业做出的贡献。十年树木，百年树人。孩子的成长关乎社会的未来，关系民族的希望。办人民教育功在千秋，倡受业育人利泽后世。相信会有更多的孩子在河南南曹乡金伯利希望中学中成才，走出尉氏、走向世界。

董留生属龙，1952年7月10日出生于河南省尉氏县南曹乡凉马董村。

尉氏县位于豫东平原，隶属于开封。尉氏古称"尉州"，历史久远，春秋时为郑国别狱，为狱官郑大夫尉氏采食之邑，故名尉氏，沿袭至今。尉氏县于秦始皇三年置县，《汉书》称："郑大夫尉氏之邑，故遂以为邑。"

董留生对凉马董村充满了复杂的情感，一方面那里埋葬着他不愉快的童年，另一方面那里也潜藏着他的美好记忆。

董留生的童年过得并不美好。他是遗腹子，父亲在他出生前一个月过世了，母亲在他2岁时改嫁。从此过后，他便与爷爷奶奶相依为命。

"没有爹，妈妈在他2岁时改嫁了，又出生在中国比较困难的年代，靠着爷爷奶奶生活。后来因为穷，爷爷奶奶也管不了他的生活。"蒋燕燕说。蒋燕燕是金伯利的元老，她时常听董留生讲述自己的过往。对于董留生的过去，有时候她感觉比董自己还清晰。

1972年，爷爷去世了。奶奶高寿，一直活到了91岁，看到了董留生的成长，看到了他从一颗原石一步步崛起成为一颗璀璨的钻石。

蒋燕燕曾经回忆说："他还是有求生欲的，从小就是这样。他讲小时候有亲戚到奶奶家里拜访。家里住的是土坯房，炒鸡蛋吃，奶奶炒了一盘给娘家的亲戚吃，他在家看着，就抠那个墙，最后把那个墙抠通了。他想表达确实过得很苦。他说看到有饿死在路边的人，再加上没有父母在身边，肯定欺负他的人也特别多，所以他内心是有求生欲的。"

尽管董留生的整个童年都在挣扎求存，但总有一些美好留了下来。强烈的求生欲，再加上那些微弱但强硬的"美好"，董留生从残酷当中活了下来。

三年困难时期，吃不饱饭很普遍，河南尤其严重。家家户户都一样，董留生这么一个小不点儿，能在饥饿中活下来，是一个奇迹。蒋燕燕说，他是属于非常典型的生命力比较旺盛的人。

据董回忆，爷爷奶奶、叔叔婶婶是一家人，都照顾他。村子里的人也可怜他，经常会帮他一把，有吃的会给他一点儿。

"我是吃百家饭长大的。"

他后来发迹，为家乡修路架桥，不停地回馈凉马董村，有一部分报恩的情绪，也有一部分悲悯——他时常用悲观的视角去审视自己的童年。他常感慨那个悲惨的年代。

"还好，那个时候没有饿死。"

只有真正经历过饥饿的人才知道温饱的可贵，只有经历过动乱的人才知道安稳的美好。中国有句古话，"宁为太平犬，莫作乱离人"，说的正是这种情状。

董留生童年的时候，并不确切理解这种情状。那时候乱离是常态，不断重复的艰难生活让人很难体会到真正的温饱与安稳。等到他后来走出尉氏，看到更大的世界和更广阔的天空后，他才意识到，什么是真正的太平——那是人不会为饥饿忧心，不会体味衣不蔽体，不会看到"路倒儿"，不会经历各种各样的巨大痛苦。

如果有可能，董留生不愿经历自己的童年。如果有可能，他想只保留童年中的那些单纯的美好。

1968年4月1日，从灾荒和贫困中活下来的董留生离开了家乡。他参军了，16岁出门远行。

本来他没这个机会，16岁太小了，但他遇到了一个贵人，正是前来招兵的那个人。

招兵的时候，董留生也去了，因为年龄小，想报名但没资格。他就在那儿转悠，帮人拎拎水壶。

招兵的人看这小孩儿瘦瘦小小，一副营养不良的样子，心中生出了怜悯。他见董留生又乖巧机灵，就破例招了他当兵。"给他带出去了。""河南要饭的很多，人家能让他这么着也算是可以了。"

这样的经历，难免让人产生命运感。他的战友王领先说："你想一下，他爸爸走了，妈妈年纪轻轻的，一个人带他都不见得活得下来，所以改嫁了，可以理解。当时他不理解，觉得自己可怜，可能就会恨，后来理解了，就过去了。话说回来，如果是他妈妈带着，不见得让他当兵，人家不觉得他可怜，不会带他走。村里好多人比他条件好的，都想当兵走。有的时候真的是很幸运的，这是他的运气。

"他那会儿小，不够参军年龄。如果不是情况特殊，遇到了'贵人'带他出来，他可能就参不了军了。即使最终能参军，也得是几年后了。"

多年以后,董留生发迹。他四处寻找改变自己命运的"贵人",想报恩,还给恩人买了车。他开始思考自己走过的大半生。一些人曾在他生命的节点中让他的人生发生了重大改变。他去寻找那些人,感恩他们的有心或无意之举。

蒋燕燕说:"当兵对他当时来说是很好的出路,至少有吃,有住,还有发展。其他农村的孩子没有父母谁能够帮他?没有人帮他。当然,也是因为他自己做了那些事情,帮人家提水壶了,所以才改变了自己的人生。所以老板记这个恩,感谢他。"

1968年,董留生走出了尉氏,到了山西长治。那一年他16岁,贫穷、倔强,对未来充满渴望。那时候他连内衣内裤都没有,直接穿着棉衣。训练过后,身上出血,卫生队的卫生员给他擦血,一边擦一边心疼地掉眼泪。

1968年的那批兵里,就属董留生年纪小。他是最小的"小兵",一开始分去了炊事班。王领先是女兵,当了通讯员。

王领先说,当时他们是在野战医院。医院分两个所,共300多人,一个所100多人。

"当时比起那些野战部队,我们条件算好的了,起码我们住的是营房,睡的是床板,铺的是草垫子。你们有没有见过一个木板四条腿,放一个草垫子,每人发一条三尺宽的小褥子,一个床单往上面一铺就完了?那个时候很艰苦,不过我们当时也没觉得苦。你问董留生,他也不会觉得苦。"

董留生的确不会觉得苦。这样的部队生

董留生军装照

活与野战部队相比,已属优渥。与自己在凉马董村的生活相比,更是天差地别。他享受这样的生活,坦然接受命运的馈赠。有时候他会感慨命运,那真是个奇怪的东西。

董留生当了 1 年炊事员后,就成了炊事班上司。

"上司是什么呢?就是刚开始去了炊事班都是炊事员,老兵挑出好的来当上司,但他不是班长。上司比班长有实权,管采购,买粮食、买菜,就是做这些保障供应的,属于后勤。"

从那时候开始,董留生一步步"提干",开启了自己的晋升之路。从普通士兵到干部,是无数农村兵梦寐以求的事,在董留生这儿悄然地发生了。

它毫无疑问是命运的馈赠、上苍的眷顾。在一个偶然的时间节点上,董留生抓住了命运的线索。

多年后,王领先又一次说起了命运:"在 1973 年以前要说有这个运气可能还行,过后就不成了。为什么呢?因为那批兵不知道干啥,都是自己成长,谁能抓住机会,谁就成长起来了。"

"如果不在医院而是在野战部队,他提不了干,因为他文化不高,没有家庭背景,不好提。我们说实话,赶上在野战医院还是不错的。"

接下来董留生的提干速度,像是坐了火箭。他从炊事班上司到化验室当化验员,还在妇产科做过接生。

王领先回忆:"接生的时候,他说他手大,压肚子往下推,手往下一拽。他老讲这个情节。"

"提干之后就到化验室做化验员,他还是蛮聪明的,还得过一次科技奖,因为搞了个创新。那个时候医院里表彰他。他在医院里当时也算是风云人物。"

董留生能够连续提干,固然是命运的眷顾,也少不了自己的努力。他从最贫穷的农村过来,吃得苦耐得劳,像《士兵突击》里的许三多一样,晓得牢牢抓住每一根"救命稻草"。

"在过去到谁家去都是差不多的,因为比谁也富不到哪儿去,穷也穷不到哪儿去。他肯干,肯吃苦,所以老被评为'五好战士'。相当于现在的劳动模范、先进分子。那会他能干,又小,'五好战士'是有一个标准的,你必须得肯吃苦、能干,在大家的口碑中说谁谁挺能干的,挺好的,就是这样。"王领先说。

那时候已经没人喊他小孩儿了,大家都喊他"小董"。"小董"有个外号,叫"董流弹"——王领先解释说,这"说明他有时候也犯浑"。

"小董"还有个外号,叫"董博士"。

"当时化验室的人都是提着一个小篮子,取大便小便,他在化验室做这个,从科室病房里拿出来,再到化验室进行化验。现在也是要送的,就是做这个,起的外号叫'董博士'。"

董留生终究不是一个安分的人,否则他就不会给战友们留下那么多的回忆。他年轻、脑瓜子灵活、好动、贪玩,对未来充满想象。

在很多人的记忆中,董留生当兵的时候自己还鼓捣出一辆摩托车来。那时候社会上已经开始流行铃木摩托了,董留生也眼馋,但他没那么多钱。他那时候也没什么家庭负担,就把津贴都买了摩托车零部件,再跟部队司机要点儿小东西,自己慢慢地攒出来一辆摩托车

王领先说:"他很聪明,闲不住。他可爱捣鼓这个、捣鼓那个了。虽然他文化低,但是他聪明、敢干,胆子也大。"

小摩托开着挺"拉风",但组装的过程却没那么"拉风"。所有的线路都是董留生自己连接、焊接。董留生记着,有一次刹车线他给接反了,试车的时候给狠狠摔了一跤,腿给摔折了。

"弄点钱就折腾呗,估计是这样。一直不闲着。"这是王领先对他的评价。折腾、不闲着,就仿若是董留生一生的写照。

有一次,野战医院里的一个离心机坏了,医疗器械维修室的人都说修不好,董留生跑去说,我能修好。他跟主任说:"我要能修好了你给点儿什么奖励?"主任说:"给你放一个礼拜假。"

董留生早就发现,离心机只是有个小零件坏了。他把那零件一拆,跑到城里的修理部,拿着工具一边比画一边打磨,回头把修好的零件往离心机上一安,机器能用了。

主任兑现了奖励,董留生背着包就跑出去玩了一个礼拜。

当董留生开始风光起来,他成了"明日之星"。奶奶也会从老家跑来看他。一切都很美好,直到有一次他陷入了"死亡危机"。

24岁那年,董留生突然被诊断出了患有肺癌。肺癌是要命的病,现在是,在医疗水平还很落后的1976年更是绝症。当时部队很多专家都给董留生诊断过,都说是肺癌。只有天津的一个结核病专家,看了片子后说,这个不像。

不管像不像,董留生就是被诊断出了"肺癌"。没有别的办法,他只能一边治疗一边静养,然后,选择做手术摘除肺,或者等待死亡降临。

"那时候医生让我卧床,我也不听他的。我每天早上跑步,长跑。我们医院在山里,我每天爬山,拿了战士雨衣往地上一铺、一躺,觉得

20多岁挺好的，往上跑。"董留生说，"他们觉得我不听他们的，输液以后我就跑。"

这是董留生最后的倔强。他得了肺癌。他不甘心，却又无可奈何，只能在奔跑中宣泄自己的生命。

那时候有一个1968年的女兵，保定人，当时那年的兵就剩下他俩了。一些人撺掇说，要不你俩成一家吧？董留生起初只是把人家当关系好的战友，经人一撺掇，突然意识到，这个女孩儿在他生病期间曾经照顾过他，给他通炉子、打水什么的。有一次女孩儿问他："你想吃什么？"董留生说："想吃饺子。"女孩儿就去给董留生搞饺子去。

董留生心中满是温暖，可他知道自己活不长了。"死就死了"，他不想拖累别人，他心说，"我死了就剩下你自己，有孩子怎么弄啊。"

有一天，女孩儿突然嫁人了，嫁给了海军的一个人，董留生却不开心起来。女孩儿结婚的那天，他给人家放哀乐。他什么都明白。他知道这样不好，但他忍不住。与其说他在向女孩儿表达怨恚，不如说他在用这种自暴自弃的方式向命运陈述不公。

他希望活下去，但希望有尊严地活下去。医生建议他动手术，把肺给切除了。他不干。"当时如果做手术，自己就会变成残废军人。"董留生说。他不想带着"残废"活在这个世界上。

一连几年，董留生就这么顽强地活着，治疗，长跑，重复着每天的生活。所有人都伤感地等待他死亡的消息，并且通过粗略观察后评估他的死亡日期。但他一直就这么活着，依旧是那个"董流弹"和"董博士"。

董留生活下来了，没有人确切知道，他是否真的得了肺癌，或者他是否真正战胜了肺癌。他病好了，康复了。

几年后，董留生去医院检查。医生惊讶地说："你的病好了？"董留生说:"都好了几年了。"医生说:"挺好的,什么(症状)都没有了。"

病好了,女孩儿嫁人了。

这就是命运。

青春时期充满了各种遗憾,涉及生死以及爱情尤其如此。

蒋燕燕说,曾经有一个姑娘暗恋过董留生。那时候董留生已经成为野战医院里的风云人物,他在检验科里有个徒弟,是个女孩儿。他那时候快结婚了,女孩子跑去给他打扫婚房……

他后来才知道,那个女孩儿暗恋他。"战友聚会才提起来,他回想一下确实是这回事。"蒋燕燕说。

在王领先的记忆中,董留生在部队里也有一个暗恋对象。那时候董留生已经调防到了承德。他暗恋人家,据说后来表白没有成功。王领先听说那个女孩儿很保守,听说要搞对象、拉手,立马就翻脸闹掰了。

这些都是年轻时最美好的回忆,喜欢和被喜欢,爱和被爱。当岁月慢慢被磨砺成碎片之后,这些美好的东西就会成为记忆中的钻石,在来路上熠熠闪光。

这样的部队生活,董留生过了整整18年。18年后,1984年,董留生告别了部队,开始自己作为一个普通人的生活。

部队固然让他成长为农村兵梦寐以求的干部,但他向往更大更自由的天空。

"那时候不想受人约束,光想自由,渴望自由,在部队老受人约束着。后来我就提转业。我转业时谈话很简单,找过去了,说批了。"

一个组织干事帮董留生把转业报告递交了上去,上面后来批准了他的转业。"批了。我说走吧,走吧。没啥要求?没有。我背着包就走了,干了 18 年就这么简单几个对话,我站起来就走了。我想转业,不想在那干了,就想投奔一个自由,到地方有自由。"

"我看他们签字挺好,大笔一挥,多少钱没了。我想,我啥时候能活到那种程度,现在真干到这种程度了。你说梦想,反正就是想投奔自由,现在真有自由了,就是想干什么就干什么,不想受人约束了。"

这一次分别,董留生没有哭。上一次分别的时候,他已经哭过了。那是在 1968 年,他刚参军不久,新兵们完成了训练,开始各奔东西。训练结束,董留生哭了,他知道这些人分开后,这辈子可能都见不着了。

他们在天津塘沽分的手,董留生坐车走了,战友们留在那儿送他。很多年后,没几个人会记得那场送别,但董留生记得。他一生中为数不多的流泪,"发自内心的哭",当中有一次就留在了那儿。

同样军人出身的郁钧剑特别理解董留生的这种情感,他相信军人是不一样的,一看就知道。这种情感,没当过兵的人不太容易理解和了解。

郁钧剑是著名歌唱家,也是董留生的好友。他说:"一个人他当兵三年的时候,尤其是在边疆,他们之间就是生死相依,朝夕相处,完全一点儿都不含糊。你说建立在这种基础上的友谊怎么能够淡忘?而且不管是现实有没有,所有的故事传承下来都是生命跟生命连在一起,经常地雷响了,班长把战士扑在底下。这都是故事,但是你经历了当兵的历程以后,你会感觉这个故事是真的。如果你没当过兵可能觉得故事是假的,或者不太相信,当你在军营里确实经历过同吃一锅饭,同睡一个炕——你没有隐私,战友之间没有隐私的,妈妈来一封信大家拆着看,老婆来一封信大家拆着看,没有隐私——你就会相信生命是连在一起的。"

1986年，年轻的郁钧剑在老山前线慰问演出时，唱过一首歌，叫《驼铃》——

送战友，踏征程。

默默无语两眼泪，耳边响起驼铃声。

路漫漫，雾茫茫。

革命生涯常分手，一样分别两样情。

战友啊战友，亲爱的弟兄。

当心夜半北风寒，一路多保重。

送战友，踏征程。

任重道远多艰辛，洒下一路驼铃声。

山叠嶂，水纵横。

战友啊战友，亲爱的弟兄。

待到春风传佳讯，我们再相逢。

战友啊战友，亲爱的弟兄。

待到春风传佳讯，我们再相逢。

……

"同学之间还有男女同学，情感是可以调剂的，没有生命危险，没有苦吃，当兵是随时在吃苦。现在可能生活条件好了，董哥当年在部队的时候就是大锅饭，你吃饭都得讲技巧，第一碗先盛半碗，第二碗再盛满，否则你第一碗盛满了，等要盛时第二碗就没有了，你就只吃了一碗，全是这种节奏，这种关系在里面，所以它跟同学关系完全不一样。"

当董留生渐入壮年，回首前尘，回忆那些美好时光的时候，他会清晰地记得那宝贵而短暂的一瞬，那些宝贵而短暂的情谊。曾经懵懂而鲁莽的旅程，当它结束之后，由于散发着青春的气息，难免被翻来覆去地回忆、陈述，也难免在这个过程中破损不堪。

到了1984年，董留生决意离开部队，去寻找"自由生活"的时候，最初那种懵懂和鲁莽的气息已经不见了，取而代之的是成年人的决绝，以及"不闲着""爱折腾"的天性。

至于为什么会拥有这种天性，像那些美好岁月中的无数个问题一样，这个问题董留生也没找到答案。

1984年，董留生开启了新的"不闲着"的生活。

那一年，被称为"中国公司化元年"，海尔、联想、万科……很多名噪一时的企业都是在那一年诞生的，很多名噪一时的风云人物都是在那一年出场的。

董留生在那一年悄然出场。那不是属于他的年代，想在商业的战场上搅动风云，他还需要十来年的磨砺。

1984年，董留生结束了自己的第一次"出尉氏"故事，回到了家乡。他想干点儿自己能自由主导的事情，做自己的事业。

那时候能自己主导自己命运的事情，就是创业。他的第一次创业尝试，是养奶牛。这段往事，在董留生的记忆中是模糊的，但在他的堂弟董留长的回忆中，却是清晰的。

"我上学三四年级时，他转业回来办企业。刚开始养奶牛，养了十几头奶牛。当时应该是1984年，那是第一次创业，买了奶牛。那时候还不太流行喝牛奶,当时牛奶是什么东西,小地方上的人也不大清楚。干了几年后,由于当时在农村还不太流行喝牛奶,最后销路也不好。"

第一次创业几年后夭折了。董留生也意识到,牛奶那时候没有成为农村的潮流,逆潮流而动的创业注定不会成功。他给自己上了第一堂商业课,赢取了第一桩商场失败,也获得了人生中的第一场商业教训。

潮流让董留生意识到,在农村就要干跟农村相关的事情。他想到了养鸡。无论在城市还是农村,鸡和鸡蛋都是生活必需品,是人们都离不开的东西。养鸡是值得一干的事业。

"在部队的时候就在琢磨干什么,买了几本书看了,觉得养鸡挺好的,可以养。"

董留生借了钱、贷了款在尉氏建了养鸡场。养鸡场规模不小,养了1万只鸡。董留生还在养鸡场里种了很多梨树,鸡粪可以给梨树提供养料。

董留生的养鸡场很快就小有名气,他也一时间成了脱贫致富的标杆人物,县里把他当成了典型来塑造。

有一次,县里邀请董留生去做报告,介绍养鸡经验。他上午去做了报告,意气风发地讲述自己作为"鸡司令"的故事,下午回来后,他变成了"光杆鸡司令"。

禽流感(鸡瘟)来了。一场灭顶之灾访问了董留生的养鸡场,他的鸡"一下子都死完了"。董留生崩溃了,彻底绝望了。养奶牛失败,奶牛可以卖掉。鸡死于鸡瘟,除了债务,除了要处理死鸡的麻烦,就什么都没有了。

多年以后,董留生回忆这段往事,说起了那些梨树。"鸡都死了,种的梨树长大了,长粗了……"

有时候他会怀念那些鸡。"其实能走到今天真要感谢那些鸡,没有那些鸡走不到今天,所以说人心一定要好。"

董留生感慨人心，是因为他在开办养鸡场时与人结了仇怨。几十年过去，风停了，仇怨结束了。

对于董留生来说，很少有东西能够影响其半生时间。人生有几个半生啊？他也知道仇怨并非正面的情绪，但当年的经历，毫无疑问深刻地刺激了他，也桎梏了他。仇怨结束的时候，他放下了桎梏，也放过了自己。

死亡在养鸡失败后缠绕过董留生一段时间，就像肺癌曾经在1976年缠绕过董留生一样。

养鸡失败之后，董留生手里还有从银行贷到的2000元。他准备出去转转，散散心。他从河南出发，经湖北，一路沿长江而上。到了三峡的时候，他突然心灰意冷，想把手中的2000元挥霍掉，"再也不回来了，在那儿死了算了"。

很多年后，董留生时常会给人们讲起这段往事，吃饭的时候讲，会客的时候讲。他以前还抽烟，一抽烟也会讲起这段往事。它就像是一道火痕，深深地烙印在董留生的心中。

决定"在那儿死了算了"后，董留生给自己买了头等舱的游轮票，四个人一个房间，另外3个人，一个是科技所的，一个政府官员，还有一个小老板。大家一路同行，客套寒暄，慢慢熟络了起来。

当时大家都抽烟，小老板抽的是"三五"，科技所的人抽的是"红梅"，当时都算不错的烟。人家给他敬烟，他回答说："对不起，我不会抽烟。"他不是不会抽烟，而是他的烟太差，不好意思拿出来回敬别人。

船过三峡，那个政府官员帮忙给他安排了一个招待所住下。董留生就是在那时候想通了。他不想死了。他想活着。他才30多岁，可以从头再来，不应该结束自己年轻的生命。

董留生从来没讲过他是如何想通的，也没有人知道他到底经过了怎样的辗转反侧。我们所知道的，所有版本共通的，就是他一夜醒悟，重获新生。

在人们的猜想中，或许是大家一起抽烟聊人生给了他启发，也或许是三峡的壮阔让他重新萌生了意气，又或许是曲折的江流磨砺了他的心境……没有人知道真相，或许也包括董留生自己。

蒋燕燕喜欢听董留生讲往事，她也善于总结陈词。她说："这是人生最低谷的阶段。他经历过这种大波浪，他能够再起来。养鸡失败那会儿没有钱，他经历过那个过程，最后又重新起来了。"

对于董留生来说，这或许是命运的一场试炼。蒋燕燕总结过，那段时间是董留生人生的最低谷。他自当兵出尉氏后，虽然坎坷，但一路向前，在部队风生水起，是年轻的小军官，"自己经常说抽好烟，喝茅台的，因为他不安于现状，所以才从部队退伍出来创业"。

"创业的过程中又经历那么大的人生的起起落落。他自己能够化解某种情绪，接着能够想到一个新的点子，把这个危机摆平。"

蒋燕燕还说："所以我经常跟别人讲，没有经历过负债，很多人是属于在这个阶段，就像跟你讲的，他得癌症这个事情，他自己会排解，不会用特别悲观的角度，人刚知道这个的时候一定是很悲观的，自己消化这个情绪，并且让自己重新振作起来，这是他身上很大的特质。包括在后期经营金伯利的过程中也会遇到很多问题的，没有哪个企业发展到这么大能够一帆风顺的。当他遇到困难的时候，他性格中的坚韧一面会体现出来，最终让他能够得到比较好的结果，总能够把这个事过去。他自己总结的时候会说他自己运气比较好，你看我这个人运气比较好，我在特殊的时候遇到困难总能够把这个危机度过去。但是我觉得他其实是依赖于年轻的时候养成的某种特性，在最困难的时候总能够有一个触底的反弹。这就是他特别的地方。"

死亡或许真的是最好的试炼。中国人讲，"除死无大事。"在经过了死亡的考验之后，董留生的心境变得平和、踏实起来。

总之在"死亡缠绕"过后，那个意气风发的董留生又回来了。那个对未来充满期待，一门心思要主导自己命运的年轻人，又重新回到了尉氏。他要从头再来，把生命的狂风一股劲儿地刮下去。

董留生继续"不闲着"。他放下了一件事后，天然地拾起了另一件事。这一次，命运给了他试练后的奖励。

1991年，苏联解体。苏联重工业发达，但轻工业却乏善可陈。这就导致了解体后的那些原苏盟共和国内，工业物资没有去处，生活物资极度匮乏。很多中国商人在那时候看到了机会，开始了自己的"国际倒爷"人生。

其中最有名的一个，是南德的牟其中。1992年，牟其中用500车皮商品换来4架"图-154"飞机。

当时苏联已经解体，为了获取资金，一些加盟共和国准备卖掉苏联的一批"图-154"，然而却找不到买家。牟其中听说后，觉得这是一个赚大钱的机会。他先是组织了一批人员去了解情况，然后以中国商人身份与对方进行洽谈。洽谈过程中，牟其中发现那边非常缺乏生活物资，于是提出以货物换取"图-154"的方案。对方听到这个方案之后，居然非常感兴趣。双方一拍即合。

买飞机这事已经谈好了，然而牟其中还得将飞机卖出去才行。他回国后找到了"四川航空"。川航那时候正准备将原来的老型号飞机换成大飞机，首选项是波音，只是波音要价太高，2亿元一架。牟其中给川航的报价是6000万元一架，只有波音价格的三成。川航与牟其中签了购买协议，还支付了定金，牟其中用定金购买了500车皮物资，把4架"图-154"给换了回来。

这是一个特殊年代的特殊故事，"空手套白狼"。这样的故事在当时属于一个商业奇迹，今天亦是如此。抓住命运的线索，这样的事情，总是令人神往。

这一次，董留生也抓住了命运的线索。与牟其中一样，他也遇到了机遇，不过他没看到飞机，那玩意儿太大，他搞不起，他看到的是硼酸。

以前董留生在部队做检验员，自己搞化验，就开始学习化学知识，了解化工，甚至到了精通的地步。艺多不压身，部队学到的这些东西，日常生活中固然用不上，但机会到来时却能够提供开启机遇的钥匙。

那时候市面上流转着一些从苏联过来的一些化肥，董留生一看分子式，就知道这些化肥的成分，就能了解这些化肥的纯度。一些达到分析纯、化学纯的硼酸被苏联人当成了化肥卖到了中国。

董留生觉得这是他的机会。这的确是他的机会，独属于他的机会——他懂化工、经商、天生胆大敏感，这些素质综合到一起，才能被这样的机会垂青。

他迅速批量收购来自苏联的"化肥"。市面上已经知道这些硼酸不是"化肥"了，价格也不低，但董留生知道如何让这些硼酸更具价值。分装，只要是分子式达到化学纯的硼酸，就立马进行检测和分装。

董留生说，他的"第一桶金"赚了十几万。当时他收购的"化肥"5000元一吨，分装后卖14元一瓶，500克一瓶，折合28元一千克，一吨就是2.8万元。

当时就是这样赚钱的，慢慢地开始做生意。赚到第一桶金后就在河南新乡开了化工厂。

他还申请注册了一个商标,分装后贴上自己的商标,"一贴就赚钱了"。

化工厂的生意做了1年多,很快就干不下去了。苏联解体后,大量"国际倒爷"涌入俄罗斯等地,"化肥"很快被卖光了,就算没卖光,也会有其他更有钱、有门路的人把"化肥"囤积在手中。赚了1年硼酸钱,是时候换一条路走走了。

这可能是董留生一生中赚钱最快的一年。他后来创立金伯利,使金伯利成为国内最炙手可热的钻石公司,但就赚钱速率来说,依旧比不上做硼酸的那一年。

那是他生命中的"黄金之年",也是在那一年,董留生又一次完成了"出尉氏",用一家化工厂在新乡扎下了自己的商业根基。

关闭了化工厂之后,董留生准备在新乡搞个歌舞厅。

他之所以产生这个念头,是因为一次广州之行。那时候广州是开放前沿,极度繁华。

"在广州一个什么酒店的歌厅,60元一张票进去看了,回去就自己弄了,当时弄了空调,大夏天进去就不想出来,出来外面热,都进去了。"董留生说。

他觉得这种收门票的方式挺好,而且一瓶水能卖七八元,很赚钱。新乡正在发展,人们也需要这样一个场所。

董留生也需要一个这样的场所招待朋友。他待人热情,还喜欢喝酒。喝酒是他在部队练出的"本领"。军人大都爱喝酒,郁钧剑说过,军人对酒自古以来就一个字——喝。

"其实在喝酒的问题上,这是一个很典型的一种形态,看这个人实诚不实诚，有没有当兵的历史也有关系，一般当过兵的人都能喝几口。我跟董哥有几个相似的地方，其中一个就是喝酒。"

董留生的KTV在1992年开办，门票18元。李保强回忆说："我们那会已经出去当兵了，已经在部队了。第一年回来时候，还去里边唱了两首，可能第二年回来就没了吧。""老板开的KTV那时候也很辉煌，当时在新乡是第一家歌舞厅吧，可能老板当时也年轻，思想还是很前卫的。"

他的朋友郁钧剑说，董留生曾经跟他讲过自己开KTV的经历。"他这完全就是生意经，因为他不会唱歌，也不一定喜欢，但是他那段时间看中这个卡拉OK赚钱，所以他生意才能做大，肯定是这样。"

董留生的KTV没能够做大，只干了1年就关停了，都是赊账惹的祸。一开始的时候，大家跑到这儿来消费，都是买票、现金消费。

慢慢地一些场面人物来了。有些人讲规矩，有些人爱赊账，而且经常性赊账，烟成条成条地拿，打个欠条就走了。没过多久，董留生手上光欠条就累积了8万多。

董留生晓得这种陋习对于一家KTV的伤害，也知道自己无力改变这一切。面对一堆欠条，他说："我也不打算要了，一下子撕了。"

同时撕掉的还有他的KTV，1年左右，他又一次遭受创业挫折。这次创业，留给他的，除了学会了《送战友》和《十八相送》两首歌之外，还养成了一个习惯——无论在哪儿吃饭，一定要当场给钱，绝不赊账。

有钱不给反而赊账，这是一种恶习，也是商业交易中的陋习。既然自己无力去改变这种陋习，那至少可以远离陋习，不被陋习侵袭，做一个纯粹的生意人。

董留生又重新回到了潮流本身，农村。河南是农业大省，对农机的需求非常大。他想开一家农机公司，既能够顺应潮流赚钱，也能够帮助到那些农民。

董留生的农机公司规模不小。董留长回忆说："农机交易市场占地面积挺大，在新乡市红旗区那里，销售农用汽车、拖拉机、三轮车。"

"那时候中国刚开始有农用汽车这些东西，拖拉机这些倒是早就有了，新乡一拖、洛阳一拖这些。"

生意看起来很好，红红火火。

但农机公司虽然是刚需，挣的却是辛苦钱。董留生记得，他干农机公司时，对其影响最大的时刻就是看人数钱的时候。

有一次他看到一个买拖拉机的人往厕所里跑。董留生问他为什么去厕所，他说钱都在裤衩里装着。他把钱掏出来，有5元的、1元的、5毛的，还有1毛的、2毛的，几十元从裤子里面拿出来，后面掏出来的也有新的100元的。

这些从农村赶来购买农机的人，能够为了5元跟你磨上半天。他不能苛责他们，这是最淳朴的农民。很多年前，跟他们一样的凉马董村人，用一口口饭，撑住了董留生饥馑的童年。

这些人深知生活不易，他们希望省下每一元，他们希望把省下来的钱用到田地里，用到孩子身上，用到一切能带来希望的事物上。

从商业的角度，董留生不太想干农机公司，从情感的角度，他想为农民多做点儿事。然而这终究是两难的。

金伯利创立后，农机公司持续经营了一段时间。那段时间里，董留生去郑州参加展会，通常会参加两个会，一个是农机公司会，一个就是珠宝展览会。董留生参加珠宝展会的时候，看到那些珠宝公司都是西装革履的。等他参加农机公司展会时，发现一个个都灰头土脸的。他心说，这是两个层次的人，没办法融合到一起。这也是两个截然不同的生意，也没办法同时兼顾。他做出了选择，回到新乡后就把农机公司关了。

1995年，董留生偶然认识了几个人，都是戴梦得公司的。戴梦得成立于1993年，是一家以钻石为主的珠宝公司，对中国钻石产业崛起起到了不可替代的作用。

在认识他们之后，董留生又是偶然的机会，参与了中国地质矿产部组织的一次考察。那是他人生中第一次出国。

他们一行十几个人，先飞英国伦敦，后飞法国，最后从法国到比利时，再绕道荷兰。多年后，董留生带着金伯利员工出游时，还会讲一个故事——

在比利时有喷泉的一个广场上，别人都去游玩，他自己没心思玩耍，他就坐在那里思考：心想着一定要做成一件事情。虽然这是他第一次来比利时，但是他意志坚定。一个男人思考着人生，思考着有所作为。

所有城市当中，董留生对安特卫普印象最为深刻，因为那座城市号称"钻石之都"。确切地说，安特卫普是欧洲第二大港口、时装中心、钻石中心，那条著名的钻石街令整个世界为之癫狂。100多年来，它一直是世界上原钻最主要的流向地。

《名牌》杂志在一篇关于安特卫普的文章中写道：

安特卫普的钻石产业与其成为北海重要港口同步兴起。1483年，达·伽马发现直接通往印度的海上通道，欧洲海上贸易中心由威尼斯－布鲁日轴心转为里斯本－安特卫普轴心。从印度来的各种贵重货物，包括钻石，都经里斯本运到安特卫普，再卖往欧洲大陆其他国家。安特卫普的钻石贸易和钻石切割业逐步兴起。16世纪是安特卫普的黄金时代，当时世界贸易的40%都经过这里，钻石产业也达到鼎盛，安特卫普钻石工匠的切割技术享誉欧洲。当时，崇尚艺术的法王弗朗索瓦一世看不上巴黎工匠的手艺，都是从安特卫普定购钻石

一百年风云流转。安特卫普卡尔文教派对新教徒的宗教迫害，使其贸易中心地位在17世纪被阿姆斯特丹取代，钻石工匠和商人也逃往阿姆斯特丹。

到了18世纪，当时唯一的钻石出产地印度资源耗尽，新发现的巴西钻石很快告罄，全世界的钻石业几乎凋敝，钻石工厂关闭，工匠另谋生计。

不知道是出于商人的直觉还是机缘巧合，1865年，荷兰和法国商人在安特卫普开了一家钻石切割工厂。整整一年后，"发现"（编者注：即尤里卡，Eureka，意为发现）在南非被少年捡到。南非储量丰富、质量上乘的钻石挽救了全世界的钻石产业。工匠数量多、技术好的安特卫普很快再度崛起。此时，东欧的犹太移民大量涌向安特卫普。犹太人一向与钻石有缘分，最早发明以钻石切割钻石技术的就是犹太人范·贝尔肯。新犹太移民也加入钻石行业。

初始，贸易商们聚集在咖啡馆里交易，后来自发成立了"安特卫普钻石俱乐部"，在火车站对面买下一幢5层高的房子作为交易所，这便是今天著名的安特卫普钻石区的基石。

安特卫普中央火车站外，是这个城市铺租最贵的商业街，珠宝店鳞次栉比，构成钻石区的外围。店铺的背后是钻石区的核心，三条相连呈S形，总长度不过500多米的街道。六七层高的楼房幢幢相连，外观很普通低调，有的甚至很陈旧。这个方圆不足一千米的街区，集中了1800家

钻石公司，世界上80%的原钻离开矿山的第一站便是这里。经过分拣，1克拉以上的钻石留在安特卫普切割，1克拉以下的钻石被发往中国、印度等国的切割抛光工厂。抛光后的钻石再次回到安特卫普，被专家检验定级，等待买主。

工作日里，犹太人、印度人、黑人、白人钻石商穿梭在街区里，往来于钻石公司、银行、保险公司、钻石公署、交易所之间。年轻一代的钻石商多喜欢在办公室交易，因为钻石在办公室的存量多，交易更快捷方便。而老一代则愿意到钻石交易厅去。交易厅为会员制，只有注册会员才能进入。

安特卫普有4个钻石交易所。每个交易所的大厅面积相当，约有1000平方米，巨大的窗户全在北面，因为北向的光线最为稳定，便于肉眼查看钻石品质。紧靠窗户是一排排材质普通的桌椅，感觉很像图书馆阅览厅。一间餐饮部，提供饮料、简单的餐食。交易厅是谈生意的地方，也是社交场所。有老一代的钻石商甚至整日坐在交易厅，喝咖啡、看报纸、聊天，当然也谈生意。钻石就在他们的口袋里，生意随时都能谈。他们永不退休，直到再也走不进交易厅。他们不带现金，也不带合同，双方若是达成买卖协议，相互握手，不管母语为何，都会以希伯来语说声Mazel（好运），交易就算尘埃落定。合同、付款都是后续工作。哪怕刚出手的钻石转手就被卖了高价，也不可反悔。

交易厅南墙上有一块巨大的告示板，买家会把求购的钻石品质、形状、克拉数等信息贴上面，自然有卖家找上门来。告示板还有一栏贴的是失物招领和寻物启事，手表、外套等各种失物都有，最多的是钻石。交易厅每个角落都可能有遗失的钻石。拾到的人，要么贴个失物招领告示，要么看失物招领寻找失主，没有人会私藏。一次苟且的行为被揭发，就会被逐出安特的交易厅，同时交易厅联合会会向世界其他24间交易厅发出通告，其人就被永远摒于全世界的正当钻石生意圈外了。

……

安特卫普的钻石贸易公司和切割工厂，无论是犹太人的，还是20世纪70年代后逐渐移民而来的印度人的，传统上都是小型家族企业，父传子，子传孙，雇员很少，只专注于或是切割或是买卖。钻石品质鉴定认证、与政府的沟通协调和对外推广都交由"安特卫普世界钻石中心"负责。(《钻石之城：安特卫普的前生今世》，《名牌》，2009年11月)

安特卫普的钻石街号称是世界上最安全的步行街区——"街区的起始两端有钢柱路障，只有特别许可的车辆方可进入。3条街区上布满的监视器监控着每个角落，警察24小时巡逻。除了批量抵达的钻石由全副武装的特别卫队押送外，日常交易，钻石商们把钻石带在身上，在区内穿行，少则口袋里有几颗，多则放在随身的旅行箱、公文包、手袋里。晚上，钻石则被放回钻石中心地下的保险库。"

"保险库有红外热感应器、雷达、磁场、地震感应器等10重保护。单是3吨重的大门，就有6层防护，密码锁有1亿种可能的组合。保险库内是钢筋水泥的墙壁，安装着移动、热感、光线感应器。每个保险箱由钢和铜做成，需要钥匙和近2万种组合可能的密码才能打开。这个世界上财富最集中的保险库被认为是固若金汤、坚不可摧。"(内容摘自《名牌》杂志)

1995年，董留生前往"钻石之都"朝圣的时候，"安全神话"还未打破。8年后，2003年2月17日，星期一，早上，进地库的警卫被惊呆了——

"保险库的警报系统未有任何异样，而保险库大门敞开，100多个保险柜被撬，保险库内一片狼藉。价值1亿美元的钻石不翼而飞。案发后被捕的意大利人诺塔·巴图鲁一直否认与窃案有关，虽然警察一直参不透他们是如何得手的，但诸多间接证据把他和另外3名同伙送进了监狱。"（内容摘自《名牌》杂志）

诺塔·巴图鲁入狱后，接受了一位美国记者的访问。他向记者讲述了被警察称为"天才般单刀直入"的作案过程，情节比好莱坞大片《十三罗汉》精彩："窃案是犹太商人精心策划的阴谋，提前取走钻石，骗取巨额保险。而他和同伙上了犹太人的套，只偷到价值2000万的钻石。比利时警察根本不相信这个阴谋版本的故事，虽然失窃的钻石始终杳无踪迹，但警方认为诺塔巴图鲁一定把钻石私藏在某个地方。"

诺塔·巴图鲁的"钻石大盗"团队一共五个人，除了他和他的发小"闪电"之外，还有犹太商人提供的3个人——擅长解除各种警报系统的专家，绰号"天才"；擅长撬锁、电工、机械师兼司机的大个子专家，绰号"怪兽"；顶级钥匙专家，绰号"钥匙王"，据说世界上没有他不能复制的钥匙。他们组成了一个五人的全球顶尖偷盗团伙，摧毁了钻石街的"安全神话"。

诺塔·巴图鲁的故事会随时代流传下去，人们总会对"钻石大盗"的故事津津乐道，好莱坞也总是会提供最新版本的"钻石大盗"的影片。

多年后，董留生对"钻石大盗"的故事依旧不感兴趣，即或自己的"钻石胡子"失窃，他也是淡然处之。他热衷的是作品，而不是戏剧故事。他希望自己能够生活在作品当中，被作品记述下去。这是后话。

尽管此前的董留生也算是见过大世面的人，但1995年的这一趟欧洲之行，还是令其大开眼界。他的世界发生了巨变，目光所及之处，不再是新乡，而是更远的远处；心之向往，不再是小打小闹、土里刨食，而是闪亮璀璨之物。

那一次考察回国后,董留生决定开自己的钻石店。起初他想加盟戴梦得,他认识的那几个人正好是区域市场的负责人,都答应了。后来合作过程中,他们产生了一些分歧,董留生便决定做自己的品牌。

"他说这个事情(分歧)没法解决,我说不解决我不跟你干。他说你想怎么干?我说我真没有想。他说我给你想。所以是他们给我想的这条路,做了金伯利。"

当时他想给自己的钻石店起个响亮的名字,戴梦得那边有个朋友就给了他个建议:金伯利。他当时不知道金伯利这三个字意味着什么,起名字的人也没跟他解释。董留生觉得这个名字不错,戴梦得少了一家加盟店,而金伯利却诞生了。

戴梦得的朋友也够义气,为董留生设计了一条路,附赠了一个名字,扶上马,送一程。

这或许是董留生以诚待人所赢得的褒奖。郁钧剑曾经说,董留生这人以诚待人,一切都在脸上,他对你满意能看出来,他对你不满意也能看得出来。

后来董留生深入到了钻石产业,知道戴梦得是钻石英文的音译,也知道了"金伯利岩",他才明白了金伯利三个字的珍贵。

一切都仿若命中注定。

第三章
从新乡到郑州

人类就像钻石原石一样。

——松下幸之助

松下幸之助在"人类是钻石的原石"演讲中说:"我一直认为人类就像钻石原石一样。钻石原石经过打磨才会光芒四射。而且因打磨及切割的方法的不同,会放射不同的光芒,璀璨夺目。"

在松下看来,人类自出生起便具备了灵性,但不同的雕琢会使人呈现出不同的状态。每个人都拥有自己的光辉,有的绚烂,有的微弱,这是各自的道路,各自的命运。所谓"打磨及切割的方法",不过人生际遇及各自体悟而已。

对于董留生来说,出尉氏的时候,他那条漫长的人生路就已经注定不再平凡。身后是背影,前面是未知。那时候的他看不清命运,也没有路牌在他身边,他只看到一个模糊的方向。他拼了命地往前走,像一块滚动的钻石。

1995年,董留生出尉氏,至新乡。

新乡地处豫北,南临黄河,与郑州、开封隔河相望。在古老的历史当中,那里曾经发生过牧野之战、张良刺秦和陈桥兵变。这都是些改变了当时中国的事件,如今变成了故事。在不同的叙事中,它们有着不同的起因与细节,但它们终归变成了故事。

在全新的叙事当中,1995年的新乡是中国家电产业的重镇,1994年股份制改造而成的新飞集团正在崛起,成为冉冉升起的明星,代表着新乡的希望。它在时代的洪流中遽然而兴,又倏忽而衰。与新飞一样遽然而兴又倏忽而衰的企业很多,时间对企业家和企业来说是残酷的,对所有人都是残酷的。

人们无法预测未来,也看不到掀起波澜的机缘。整个中国都被热望笼罩,电子信息产业正在完成超越,联想超越了IBM(国际商业机器公司),长虹超越了松下和东芝,华为在崛起,海尔已经"日清日高"……

一切都变得更值得期待。

美国学者法瑞克·扎卡利亚说:"中国的崛起不再是一个预言。它已是一个事实。"

对于董留生来说,新乡正如其名,是一个新的故乡。其间因果关系,犹如宿命一般。

很多年后,董留生都会清晰地记起那一天。

1995年5月18日,董留生在新乡开设的金伯利钻石门店正式开业。那是董留生钻石人生的开启之日,是他一生中最关键的时刻。从那一天开始,他找到了一生的事业,也找到了生命的方向。他开始拼了命地往前走,像一块滚动的钻石。

正是春光最为明媚的时节,北方的树枝已经枝繁叶茂,田地里麦穗开始摇摆,大街上熙熙攘攘,人们奔走在时间里,驻足在命运中。

金伯利门店位置并非市中心,略有点儿偏僻。按照传统观念,它本非是商业上的好选项。但董留生洞悉一个事实:"钻石不同于百货,它需要的不是仓促的脚步,而是信赖产生的永久性。"

5月18日那天,作为外来者的董留生向整个新乡展示了他的商业嗅觉和营销天赋——

六辆吉普车开到了现场,女驾驶员掌握着方向盘,女模特们站在车上,手里提着手袋。地方官员来到现场剪彩,当地的广播电视媒体搞起了现场直播。很多人从外地赶来祝贺。《系统宝石学》作者张蓓莉教授也专程赶到新乡,对这家代表中国钻石产业新希望的"幼苗"表示祝贺。

中国钻石产业方兴未艾,新乡可谓"处女地",开辟新乡就意味着开垦了整个河南，意味着中国钻石产业未来能够用一场"中原大战"完成战略崛起。

"当时整个新乡市，可能不到40件钻石，但是公司刚开业，一下就有几百件钻石。门店选在了位置不是很热闹的地方，但是做的宣传还是挺轰动的。这说明老板的思维很跳跃，胆子也够大。"李保强说。

李保强自称是董留生的"小弟"——曾经跟随过董留生的人都喜欢称他为"大哥"或者"老板"。

李保强1972年生于河南农村，当时农村就两条路，要么读书，要么当兵。他初中没读完，已经料定自己不是读书的料了，于是就想去当兵。当兵走手续，做体检，董留生都帮助了他。

1990年，李保强坐火车来到北京，当了坦克兵，服役于38军坦克6师，3年后转业回到河南。回顾他的军旅生涯，他的感受是在部队每天抱着枪站岗、看弹药铺，没啥技术含量，与其"英雄梦"大相径庭。

他想干点儿有技术含量的事。那时候董留生正在新乡做农机生意，他从此就跟着"大哥"混了。

当金伯利第一家门店在新乡开业时，李保强就当起了保安，后来大家也称他为CEO的保安。他说，自己工作就是白天跟着老板"当保镖、拎包"，晚上看守店面。

李保强回忆，那时候金伯利新乡门店只有不足100平方米的面积。前面是店面，后面是办公室，中间有个过道。营业员、财务、保安加起来就十一二个人，今天看来，就是一个普通小店面，没有人能想到它会变成"金伯利"。

李保强负责钻石的安保工作。他和另外的保安们一起，睡在公司的沙发上。当时中国还没有出台《中华人民共和国枪支管理法》，他还随身携带了一把小口径手枪，睡觉时就放床头，"有点小神秘"。

钻石太昂贵了，不能在店铺里过夜，只能放在银行的保险柜里。李保强带着那些保安们早上从银行的保险柜里拿货，晚上再送回去，就像银行运钞一样。兴许是香港的警匪片看多了，那种押运的感觉，让李保强他们又是紧张又是兴奋。

尽管钻石是个新鲜玩意儿，但生意比预想得要好，如火如荼。"钻石恒久远，一颗永流传"，已经在中国中央电视台流传了2年，富起来的中国人渴望用钻石来印证爱情。

新乡人也不例外。

"店里没有货了，营业员脖子上挂着项链，顾客就说我想要这个。货没有了，你脖子上的这个给我就行，那生意确实好，超乎想象。"李保强说。

在他人的回忆中，董留生在新乡店开业时可谓"带货专家""金牌销售"。他不会跟消费者讲产品质量，也不讲价格，而是讲钻石文化。

他讲钻石的历史，讲"金伯利"的由来，也讲钻石在人们生活中的意义；他讲钻石对于文明推进的影响，讲金伯利岩的传奇故事，也讲那些著名钻石的故事。人们在他的描述中沉浸，在沉浸中打开了钱包。

这种特别的销售技巧，曾经帮助他一天卖掉三个卡钻（超过1克拉钻）——尽管他的钻石文化知识如同当时中国的钻饰行业一样，刚刚起步。"他就是这样一个奇特的人。"李保强说。

对于今天已经功成名就的董留生来说，新乡店是一份怀念不已的美好记忆。20多年过去了，新乡店开店的一切却又恍如昨日。很多事情在岁月中变得模糊、逐渐消散和湮灭，而在新乡店的两桩故事，一直深藏在他内心。

有一次，一个客人找上门来，说是钻石质量有问题。董留生拿过来一看，原来是戒托爪子没有卡住钻面。这是那时候普遍的工艺问题，当时的戒指爪子都有点儿偏短，有时候卡不牢戒面，容易造成脱落。

尽管不是钻石质量的问题，董留生还先是安抚住客人，然后接着说："如果有人说这是我们的钻石问题，我赔你 10 个。"

他拿着戒指转了一圈，谁也不敢说钻石有问题。

董留生说："你这爪子怎么剪这么短？这么短怎么能抓得牢？"

客人说："要不你给我安一个？"

董留生道："可以，我可以只收你一个成本价。"

顾客同意了，他成功地将一桩纠纷变成了一桩新的生意，但也使他意识到，提升镶嵌工艺迫在眉睫。

还有一次，一位女顾客买了个 9 分钻，坏掉了后就来投诉，说是质量有问题。董留生跟女顾客反复沟通后，对方道歉了——是她不小心磕碰到了戒指，磕坏了钻石。董留生其实早就知道，那一定是顾客自己磕碰造成的，因为钻石保养里提到，钻石虽硬，但要避免遭遇重击。但是董留生还是耐心地跟她沟通。

多年以后，董留生还会一直给他的员工讲述这个故事——他要他的员工学会理解，工薪阶层赚钱不容易，省吃俭用买戒指，磕碰坏了会很难过。

他也要他的员工们恪守诚信，"不管几千元或者多少钱买你的东西，你不能骗人"。当然，也不能被人骗。

诚信，是董留生与消费者打交道的最大体会。

金伯利钻石的第一批营业员

新乡店开业几个月后，董留生尝到了甜头，就思考着能不能扩张。但他还是有些犹豫，据李保强回忆，"郑州跟新乡还是不一样，郑州比新乡大，他（一开始）不敢去做，但是他最终决定做，尽管前期赔钱，实际上那个时候他已经想要做连锁，加盟，要做大。"

"在河南做了六七家直营店后，就开始做加盟。"从新乡到郑州，从郑州到河南，金伯利的影响力在本省开始扩大，后来慢慢"渗透"到其他省份。

在新乡，李保强是保安，到了郑州，李保强"转型"成为市场人员。随着金伯利的扩张，李保强后来成为金伯利钻石新乡切磨厂的厂长，然后又成为金伯利的加盟商。他也是跟着金伯利老板董留生先苦后甜，最终发家致富的典型之一。这是后话。

2000年，笑称自己是"公司第一个大学生"的于建春加入金伯利。

于建春生于1978年，毕业于长春地质学院（1996年12月更名为长春科技大学，2000年合并入吉林大学）珠宝专业。他毕业后入职金伯利，是董留生亲自带过的员工之一。3年后，他成为金伯利的加盟商，干到现在。

于建春回忆说，他当时去郑州报道时，金伯利依旧前边是店面，后边是办公室的布局。

"两个办公室小小的，一小间一小间，老板的办公室可能就是一张办公桌。""有个财务室，有个市场部，有个企划部，那个时候公司还处于起步初期，门店也没多少，店面基本上都分布在山东、河南，有40多家门店。"

不过，根据金伯利官方数据，在1999年年底，金伯利钻石直营店已经开到第100家。

"他刚开始新乡第一家店，然后觉得新乡这个地方太小了，去郑州，然后在郑州开了几家店，有的店效益好一点儿，有的也不好，再往后边慢慢一点点地发展。老板作为大哥，跟很多人处兄弟，处着处着最后做成事业了，到现在成就了很多人。"于建春说。

那时候的董留生，工作非常繁忙。董留生的儿子董搏（现任金伯利集团总裁）回忆说，父亲在郑州时，他在新乡。父亲就在郑州工作，周末才会开车回到新乡。中国很多企业家因为创业而暂时搁置了亲情，事业家庭不能两顾，董留生也不例外。

金伯利博物馆里呈现的一段历史，也佐证着董搏的记忆：为了跑市场，金伯利的员工开着一辆桑塔纳，1年跑了30多万千米，1年开坏一辆桑塔纳。事实上，这30多万千米大多是董留生与当时的总经理一起跑出来的。在事业的拓展期，董留生始终冲在最前面，他喜欢这种感觉。当过兵的人，都喜欢冲锋的感觉。

在董留生的记忆中，当时有一位消费者拿来一块马来玉，问他能不能镶钻。董留生就好奇，问马来玉的来历。对方说，广东的老板送的，值6000元。董留生觉得，这位消费者被骗了，这块玉也就值3元。

这样的经历使董留生深刻意识到，诚信对于钻石珠宝这个行业到底有多重要——诚信是钻石珠宝行业的命根子，也是整个商业的命根子。

美国的"经营之神"杰克·韦尔奇曾经说过："商业的本质就是信任，其所指既是交易各方之间对于商业行为、商业文明本身的信任，亦指交易各方彼此因信任而建立的信用。"

董留生钻石事业的初期，也曾被骗，还是被外国人骗。

金伯利的钻石都采购自比利时。

比利时西北部城市安特卫普拥有全球知名的钻石交易所。安特卫普每年的钻石交易达到数十亿美元。据统计，世界上每10颗未切割的钻石中就有8颗被送到这里进行加工，全球80%的钻石原石和50%的成品钻石都流经安特卫普。

我们前面说过，1995年，董留生就到过比利时。那时候，他因机缘巧合参与了中国地质矿产部组织的一次考察。十几个人，先飞英国伦敦，后飞法国，最后从法国到比利时，再绕道荷兰。

在那里，董留生参观了安特卫普的钻石街，坐在有喷泉的广场上思考人生，确定了他一生的事业。

金伯利成立后，董留生带着堂弟董留长到比利时采购钻石。

董留长也当过兵，后来就跟着金伯利一起成长。与李保强一样，他最开始也是当保安，接着在国内大学进修了一段时间外语，接受了一个月的"一对一"珠宝鉴定培训，又到比利时继续接受钻石鉴定培训，最终留在比利时，分管金伯利在当地的业务。

异国他乡，需要一段时间去适应。语言不通，也没朋友。西餐吃不惯，中餐就一两家，价格还特别贵。两人就在酒店，早上吃面包咸菜，要么用电磁炉煮个粥。往后他们来比利时，学聪明了，带着一大箱的方便面。

那条钻石街道一共500多米，有3个成品钻交易厅，3个钻石原石交易厅，交易大厅里摆放了十几张桌子，生意红火。犹太人参与了比利时钻石交易市场的建立，并且成为市场里的一支主导力量，其次便是印度人。

"比利时的钻石商人对中国人有歧视，特别是做生意的犹太人。那时候钻石属于奢侈品，感觉那些犹太人对我们很不友好，比如见面握手什么的他都不理你，有时候你跟他要个什么东西他就爱搭不理的，这就是刚开始的时候。"董留长说。

"犹太人都不正眼看中国人，就是歧视。还有些人给你看的货也没有什么好货，如果你稍微不注意，稍微分神，一包货赔很多钱。"

在比利时购买钻石，货都是一包一包买，业内叫统货。

一包10分一等货，里边有从8分到12分等级的货。但是这包货，不可能每1粒钻石都去鉴别审查，因此就是挑几粒看一下。但是有些人就在货里掺大量品质不好的钻石。更有甚者，你确定购买了一包货，在打包的时候，对方还把货物故意调包，换一半的烂货进去。

钻石交易所不神秘，它就像一个农贸市场，远不如钻戒商场里那么珠光宝气。国际上的钻石交易规矩就是谈定价格，成交。但故意对货物掺假，几乎是自断前程。

钻石圈子极度讲究信用，纽约的钻石交易所就有规定，违反交易所规则的人，其个人照片会在交易所里公示，不诚信的人，会被终身禁止参与钻石生意。

金伯利成立之初，一年去两三次比利时，每次采购的花费是200万~300万美元，1年也就是1000万美元左右。董留长分析说，那时候国内市场刚开放没多久，对钻石的认识还很模糊，有中国人突然去了比利时采购钻石，对方可能就轻视你。当然，这也可能跟信用有关。中国人初来乍到，即便用现金交易，但对方对购买者的身份不了解，因此也就多了一份戒备之心。

于建春作为老员工，也曾处理过比利时的业务。谈到比利时早期的故事时心生感慨："你回头想想，九几年老板去的时候，那是求爷爷告奶奶地让对方拿货给他看一看。现在完全天翻地覆，我觉得这些是老板吃苦受累得来的。"

1997年，金伯利与比利时钻石高阶层议会达成"品质鉴定协议"，成为中国首家与HRD达成友好合作的钻石品牌。

多年后，比利时的钻石商人都认得了董留生，比利时首相莱特姆代表比利时国王还为董留生颁发了代表比利时皇室最高荣誉的"利奥波德骑士勋章"。曾经被忽视的那个人，曾经被忽视的那家公司，成了钻石交易所的明星。

1998年，董留生将金伯利的一家工厂开到了广东深圳。他租了一间厂房，最开始就招聘了十几个工人。工厂主要是做钻石镶嵌加工，工人们会做执模工作，这项工作的重点是对首饰铸件进行修整，以达到造型优美与表面的平整。

后来，工厂的规模越来越大，直到今日，金伯利的办公重点区域，除了上海，就是深圳。金伯利的年会，有时候也会选择在深圳。

于建春在郑州待了20多天后就来到了深圳。在那里，他窥探出中国珠宝产业的运作路径。"最开始做钻石的时候，整个行业基本上都是以香港为背景，香港那边有人把钻石带到深圳，然后找深圳的代工厂把裸钻镶嵌好，接着就卖掉。当时绝大多数的人都是这么干的。"

而董留生不仅到比利时去采购最好的钻石，还在深圳自建工厂。他一边学习，一边为工厂添置设备，亲自摸索生产，琢磨工厂运营。

此时，董留生已将金伯利的骨架搭建完毕。比利时实现钻石供应，深圳实现工厂钻石的镶嵌加工，生产完毕运送到郑州的配货部，配货部再根据全国各地经销商的需求，分发到全国各地。

深圳工厂的工人们时不时地会看到拉着行李箱，行色匆匆的董留生隔三岔五地来到深圳。

此时的深圳已经开始展露"世界工场"的实力，它在嘈杂不堪中快速崛起，没有人能阻挡得了。"时间就是金钱，效率就是生命"的标语刻入人心。疯长的GDP与拔地而起的高楼让人心生悸动。外乡人组成的春运返乡返工大迁徙被当作史上最宏大的迁徙运动而进入媒体新闻议题。大人物与小人物们都在奋斗与拼搏之中，他们在找寻生存的空间，偶尔也会因事业、爱情的困扰，在某个深夜，思考着生活与生命的意义。

从某种意义上来说，广东省是中国珠宝产业的发源地。知名的港资珠宝品牌周大福、周生生最早都发源于广东。

1929年，广东顺德人周至元开了家"周大福金铺"，抗日战争期间广州沦陷，店铺迁到澳门后，并在香港开设了分店。周生生的起家大致类似，其创始人也是广东顺德人，也姓周，他于1934年在广州开了一家周生生金铺，因时局动荡，将门店迁往香港。

战火纷飞的年代里，广东的珠宝商纷纷迁移到香港，借助香港的区域位置以及经济腾飞，成长壮大。

据论文《珠三角地区首饰产业的现状调查与发展探讨》记述：

"香港首饰制造业发源于第二次世界大战之后。战前香港的珠宝业与广州内地的没多大差异。中华人民共和国成立后，国内各地大城市都有原来从事珠宝首饰业的商人南迁聚集到香港并继续营业，将原来局限于广东地区的行业模式扩大，珠宝业由此而迅速发展。

"20世纪70年代，香港逐步走向国际化。旅游业带动了香港珠宝首饰业的发展。珠宝厂商们开始注意利用参加海外展览会和定期到海外访客推销方式来推广业务，更重要的是通过参加展览会，增加了对国际珠宝潮流的认识，引进先进的生产设备和管理方式，大大增强了珠宝首饰出口的能力，使香港的珠宝业登上国际舞台，成了海外买家的宠儿。自80年代以后，香港成为世界最重要珠宝制造中心之一。

"这种繁荣现象一直维持至90年代初，当世界经济开始衰退，尤其美、日、西欧、中东等主要市场出现萎缩，而且同时香港珠宝业面临泰国等国的强劲竞争，再加上近年香港劳工短缺、工资上涨、地价高昂，成本的不断增加令香港珠宝制造业面临困境。1992年香港珠宝出口首次出现6%的负增长。"

那时候香港珠宝商人急需寻找出路。他们的目光转向了中国大陆。其实早在80年代，一位香港钻石商人就曾说过一句话："我们中国有十几亿人，十分之一的人买个10分的钻石，整个市场就大得不得了。"

香港百利贸易有限公司早期从事裸钻批发，后来从事钻石打磨业务。

公司的创始人姚文雄在接受采访时说："香港的钻石打磨技术最早由犹太人和俄罗斯人带来的。"20世纪70年代，香港的钻石加工业务发展起来，但是后期就愈发吃力。姚文雄后来在中国大陆唯一的钻石进出口交易平台上海钻石交易所创办的关键节点，伸出了援手。

他说："众所周知，后来香港的经济逐渐从发展加工业转型为发展金融业以及其他服务业。产业转型导致香港的生产成本越来越高，慢慢地，香港不再是合适的加工业基地了。70年代末，祖国内地开始改革开放。内地劳动力比较多，工资水平比较低，各方面生产成本都比香港低很多。钻石加工业是劳动密集型产业，需要大量的土地和劳动力，而内地在这些方面都很符合需求。于是，香港的钻石加工企业几乎都搬到内地去了。到80年代末，香港已经没有上规模的钻石打磨工厂了。1990年以后，香港只剩下零零星星的车间打磨一些比较大颗的钻石和提供一些修钻的服务。可以说，香港的钻石打磨业几乎消失殆尽。

"1983年，我在家乡广东汕头开设了钻石打磨工厂。当时，汕头的生活条件还比较差，工人每月平均工资48元人民币，比香港工人工资低很多。我们选择在家乡开工厂还有一个目的，那就是帮助家乡人增加就业，帮助家乡发展。我们应该是第一批去汕头开厂的香港人。一开始，我们面临很多问题，后来跟政府各相关部门建立了良好的关系，有了一个好的开端。经过多年发展，我们工厂的工人数量达到1000人左右。可以说，生意做得不错。

"1989年，我们公司在上海开设钻石打磨工厂。我们在上海的第一家工厂位于张桥，就是老杨高路那边，工厂工人最多的时候曾达到1000人左右。这家工厂开办了22年，直到2011年关闭。从1978年'广交会'开始，我们公司就跟北京、上海的一些工艺品公司建立了联系。我们与这些工艺品公司之间的合作交流很多，经常一起去印度、比利时、以色列和美国采购钻石，一起参观当地的钻石交易所和钻石工厂。"（《璀璨：上海钻石交易所发展亲历者说》，上海人民出版社，2020年10月）

当时姚文雄在广东开设的工厂只能做补偿贸易，还不能做来料加工。因为钻石是一类商品，必须要有许可证，外资无法做。一直到2002年前后，中国才允许外资企业做钻石加工。

看到越来越多的香港钻石加工厂转入内地，2000年，姚文雄组织几家钻石加工公司发起成立了"钻石加工商会"，希望通过这个平台，吸引更多的外商进行投资。

改革开放释放出巨大的市场活力，港商们开始在大陆设立加工基地。这些基地大部分以来料加工形式存在，通过香港转入海外市场。深圳便成为珠宝加工基地的典型。

深圳成为经济特区后，因毗邻香港，区位优势明显，深港边境的贸易迅速兴起。大批港资珠宝商人来此地投资设厂。

1981年，深圳拥有了第一家"三来一补"的珠宝企业，3年后，增加至7家。所谓的"三来一补"，就是"来料加工""来件装配""来样加工"和"补偿贸易"的简称。深圳罗湖区的水贝，是深圳珠宝最早的起点。它靠近罗湖口岸，很多来自香港企业的加工订单都落到了深圳，众多工厂也进驻水贝。当时企业的规模小，实力弱，制造工艺简单，产品还是以黄金饰品为主。如今的水贝，已然成了深圳乃至中国的珠宝中心。

当时中国实行黄金管制，每年分配到深圳的黄金也就几吨，难以满足企业的需求。史料记载，1998年，中国人民银行深圳中心支行开始实行"黄金寄售"业务，黄金开始不断流向深圳，这成为深圳珠宝产业发展的关键转折点。另外一个转折点，是2001年4月黄金"统购统销"的计划管理体制取消。

深圳珠宝品类开始多样化，铂金以及镶嵌品成为时髦的珠宝门类。董留生就在此时，将他的钻石加工厂设立在深圳。统计数据显示，截至2004年，深圳有珠宝企业900多家，其中首饰制造企业400多家，有11余万人从事首饰加工制造，2005年生产加工黄金珠宝首饰超过1亿件，年产值在400亿元以上，生产能力占国内珠宝市场70%以上。

中国的钻石产业始于20世纪20年代末的上海。

据悉，是白俄罗斯的犹太裔钻石商将钻石打磨技术引入中国并投资开设合资工厂。工厂规模较小。随着技术的逐步积累，一些私营的小作坊开始出现，这些作坊主营业务是修理那些在使用途中被损坏的旧钻。

中华人民共和国成立后，中国大陆的珠宝行业曾沉寂过很长一段时间。

上海的首饰加工行业基本上停掉，只有钻饰修理和工业钻的加工业务。在1958年之前，私营作坊参与公私合营，组建了只有几十人的上海磨钻厂。到1966年之后，磨钻厂改为钻石工具厂，利用钻石做生产工具以及工业用途。

上海的钻石商们有一部分迁到香港继续做钻石生意。

1972年之后，国家考虑到外汇政策。6年后的1978年，钻石工具厂改组为上海钻石厂。中国也在那一年年末开始了改革开放。在当时，上海钻石厂进出口和加工有两条线管理，一条线负责钻石进出口，一条线负责生产、加工。

1982年，改革开放的第四年，经国务院批准恢复了黄金首饰的内销权，经济发达的沿海城市开设了黄金首饰零售店，随后在全国掀起了黄金热，每年数十吨黄金销量供不应求，价格持续上涨。高敬在《中国材料进展》刊发的论文《中国将成为全球最大的黄金珠宝首饰市场》中称，1989年全国矿产金量84.3吨，而首饰消耗为125吨。1982年，中国黄金珠宝市场销量不到10亿元，到1991年达到240亿元，年增长率超过35%。

此时的钻石行业依然受到管制。钻石外贸受外汇、进出口权等多种限制。

在80年代，钻石还属于国家规定的一类进出口商品。中国工艺品进出口总公司是负责全国统一经营钻石业务的外贸总公司。进出口贸易的权限都是在国营的外贸公司手里。

当时中国钻石行业的格局是：由中国工艺品进出口总公司牵头，山东省工艺品进出口公司、广东省工艺品进出口公司、上海市工艺品进出口公司对这个行业进行管制。全国只有这4家公司可以进出口钻石。因为这4家公司都在外贸体系里，只有在这个体系内才可以从事外贸活动。当时上海的钻石厂就由上海市工艺品进出口公司负责。

中国工艺品进出口总公司1966年成立，是国有大型商贸企业，是对外经济贸易部(后为中华人民共和国商务部)直属的出口企业。〔2007年，中国工艺品进出口总公司与中国工艺美术（集团）重组为中国工艺集团有限公司，成为国务院国资委直接管理的中央企业。2017年经国务院批准，中国工艺集团整体并入中国保利集团公司，成为其全资子公司。〕

中国工艺品进出口总公司经营的主要业务是工艺品，钻石等珠宝首饰也是其业务范围。

它的主营业务其实是抽纱制品的出口。就是把日常生活品进行艺术加工，通过抽、拉、挑、补、绣、编、结织各种工艺做成床罩、窗帘、钢琴罩等。不过到 90 年代，欧洲人的消费习惯变化后，抽纱制品市场日渐衰落。这直接影响了公司的出口额。公司召开员工会议进行讨论后，确定了"抓抽纱保饭碗，抓珠宝求发展"的发展战略。

一来，可以借助珠宝市场的发展潜力；二来，钻石加工类似劳动密集型产业，在当时的中国适合落地。

中国工艺品进出口总公司带头，几家地方工艺品总公司开始全力引进外资，创办钻石加工厂。到 90 年代，中国大陆拥有 59 家钻石加工厂，除上海钻石厂的历史追溯至中华人民共和国成立前，其余的钻石加工厂都是改革开放后成立。当时上海还在浦东有个"钻石城"，区域内有好几家钻石厂。这些工厂主要以来料加工的形式进口钻石原石，加工后之后再出口。(《璀璨：上海钻石交易所发展亲历者说》，上海人民出版社，2020 年 10 月)

在金伯利成立的 1995 年前后，国家政策松动，取消了钻石一类进出口商品的政策，允许企业开放经营。中国的钻石消费市场逐步形成，珠宝首饰进入市场，黄金首饰一统天下的市场局面开始松动。

《中国商界》杂志发表了一篇题为《1997 年，中国珠宝首饰市场大观》的文章。文章写道：

"创名牌成为中国珠宝界的新鲜事。1993 年中国珠宝企业蜂拥而起，工农商学兵，各行各业都在争办珠宝企业(店)，乃至出现珠宝店比米店还多的怪现象，低水平的重复建设，盲目投资，导致市场混乱。中国珠宝办的企业精英再也容忍不了这样的现实：外国名牌纷纷闯入，法国的柯莱雅，美国的韦文氏，香港的周生生和谢瑞麟，还有国际著名的戴比尔斯钻石机构……中国人把颇具世界珠宝商眼馋的巨大消费市场拱手让给了外国品牌，于是在国际大都市的北京首次出现了名牌'鑫龙'，'戴梦得''金房子'也相继而上，全国各地纷纷仿效，出现了一批信得过的珠宝名牌，以此也保护了消费者的合法权益。"

"徜徉在天津繁华的市区，你会看到珠宝店里醒目的告示：购买500元以上珠宝饰品，送蓝宝石一枚；采访天津市首饰厂，你会为闲置的价值几十万元的意大利首饰设备痛心不已；参观珠宝展销会，你会看到'全国最低价，四折大优惠'的广告。这一切说明了市场经济的法则残酷无情，顺应了市场的需要，企业则昌盛、兴旺；违反了市场规则，企业则倒闭、破产。目前全国珠宝店2万多家，从业人员达30万人。据专家分析在市场竞争条件下，全国珠宝厂商约有三分之一盈利，三分之一持平，三分之一倒闭。"

港资珠宝品牌周生生和周大福等，此时进入内地市场，开设了专柜。

1998年，周大福于北京建国门贵友商场开设内地第一家直营店，并于同年在广东顺德成立中国营运管理中心，负责管理内地业务。周大福的传奇掌门人郑裕彤，生在抗日战争期间的贫寒家庭。他到澳门，从打工学徒做起，娶了老板的女儿，在岳父的帮助下，实现从上门女婿到千亿富豪的逆袭。

郑裕彤掌管周大福后，在1960年进行转型，从单纯的黄金转向以钻石为主的珠宝首饰生意，几年后，他收购了南非一家拥有钻石石胚牌照的公司。

而成立于1888年的全球最大钻石开采公司戴比尔斯此时也进入了中国。这家掌握全球超半数宝石级钻石的钻矿开采巨头在全球设立钻石推广中心，不断举办大型宣传活动。据称，1994年它在中国的宣传推广费就达到340万美元,它的"钻石恒久远,一颗永留传",拉开了中国人对钻石的认知启蒙之旅。

因为戴比尔斯是钻石行业的上游企业,它向下游的钻石品牌零售商们出售钻石原石。所以它在中国做广告,既为了自己,也是代表着整体钻石行业进行营销。

它以结婚钻戒为切入点,在中央电视台和地方的电视台以及杂志报纸上刊登广告,向消费者传达钻石的情感意义,提高消费者对钻石的整体需求。1997年,中国出台了钻石分级标准,戴尔比斯则开始在中国进行行业培训。他对中国主要城市的珠宝商进行钻石基本知识和销售技巧的培训。戴比尔斯还举办国际钻饰设计大赛,中国的设计师们借此一展拳脚。

在一份1997年戴比尔斯与中国珠宝类杂志联合举办的《钻石知识与销售技巧大奖赛赛题》。它的试题内容,更像是中国钻石行业萌芽期的一份有趣的史料。

其中的几个试题如下:

弄清顾客购买力的第一步是:
A. 观察顾客的服饰、打扮、性别、年龄等
B. 询问顾客的收入情况
C 询问顾客的职业
D. 询问顾客购买钻石首饰的预算情况

如果你已感觉到这位顾客可能只是来逛逛,不像真的来买钻石,你会:
A. 以傲慢的表情盯着顾客
B. 主动与顾客打招呼:"过来看一看""来试试这枚戒指"

C. 以诚恳的目光看顾客,并适时问候顾客:"您好!欢迎光临!"如果顾客有兴趣,向顾客适当介绍钻石知识

D. 以傲慢的目光看着顾客

顾客在看到两颗大小相近的钻石时常会问:"为什么大小一样,而价格却相差这么多呢?"你怎么回答:

A. 让他自己去看钻石品质方面的小册子

B. 借助钻石4C小册子、国家钻石分级标准,对钻石的车工、色泽、净度向顾客进行说明,并解释两者的不同特点

C. 告诉顾客:"这是厂家定的价,我们管销售的人不清楚。"

D. 让顾客找经理解释价格的差异

在推广形象工程的同时,戴比尔斯还划分出了中国的细分客户群。戴比尔斯将中国钻石市场细分为"结婚钻戒""女性钻饰"和"男士钻饰"三大类别。

钻石坚硬的物质特征,被赋予了爱情坚如磐石、纯洁闪耀的意义。结婚钻戒营销大获成功,结婚就要买钻戒的概念深入人心,各主要城市的结婚钻戒拥有率连年上升,个别较发达的南方城市,钻戒的拥有率已接近日本等发达国家。结婚时赠送结婚钻戒成为流行,直到现在。

而结婚钻戒的营销举措,也是早期金伯利的策略。

女性钻饰的营销策略以"钻石表达女性自信"为卖点,将这些善于接受新事物的现代女性的特征与钻石时尚的特征相互联系,鼓励女性们花钱为自己购买钻石。该种营销发展至今,女性钻饰首饰销售也成为中国钻石营销里的主要力量。

而男士钻饰以"钻石代表男人事业的成功"为诉求,但由于时机尚未成熟,市场未达到预想的效果,推广近两年后撤出。

金伯利成立的年代,中国钻石首饰的销量增速极快。

《中国商贸》杂志在2000年的一篇名为《钻饰市场,晴空万里》的报道中称,1993年,钻石首饰销售额达到4.08亿美元,1998年达到10亿美元。到1999年,中国钻石首饰实现销售额升为世界第八,成为国际上最重要的钻饰市场之一。

中国人越来越喜欢钻石,这是金伯利成长的潮流,而董留生紧紧抓住了潮流,屹立于潮头。

2000年,戴比尔斯调查了中国25个城市的11600多名女性消费者。在北上广三城,1996年,钻石首饰的拥有率为6%,1998年增长为11%。

东部沿海城市出现了一股钻石热,典型城市就是上海,其市场增长在中国最快,销量占据中国市场的10%,有200多家经营珠宝钻石的商家。上海家庭月收入超过1600元的女性当中,有21%的人拥有钻石首饰,有三分之一的新人选用钻戒作为婚戒。

有研究数据表明,一国或一个地区人均GDP超过800美元后,黄金首饰消费总量的比例下降,钻石饰品比例开始攀升。自1994年起,中国沿海地区很多城市的人均GDP超过了800美元,而北上广等城市的人均GDP接近以及超过了3000美元。

中国钻石消费市场高速发展。

市场蓬勃之时,中国的钻石加工作为钻石产业链的一个环节,也得到加强。

改革开放后，珠宝港商进入中国，欧洲、以色列等钻石商也纷纷来到中国开办工厂，经过20年的发展，以及中国工艺品进出口总公司对钻石业务的投入，中国的钻石加工形成了广东、山东、上海三个加工中心。广东以内资或外资的投资形式建厂，山东、上海则是国营与合资并存，产品出口到国外。

产品是外方的，比利时、以色列等人才做管理与技术指导，中国的公司就负责加工，工人们每天都要磨钻石，赚取加工费。从1995年起，在中小钻规格上，国际钻石市场已经认可中国做工，称之为"中国工"。"中国工"已被世界钻石界认为是"好工""优工"。

今日的我们可以站在全球钻石产业链的角度，来观察20世纪90年代的中国钻石行业。唯有如此，我们才能更好地了解2000年之后包括金伯利在内的钻石珠宝企业的成长脉络，以及国家就钻石行业的重大的税收以及管理的变化。

钻石产业跟其他珠宝行业类似，大致分为三个环节——

上游是原石的开采与供应，以及钻石原石的开采挖掘、销售。

中游是钻石原石的切磨与贸易，成品钻的销售与贸易。

下游是钻石首饰的设计与零售。

宋建丹在论文《世界钻石行业时空格局演变的地理学透视》分析了这三个环节——

上游涉及钻石的来源。钻石的别称叫金刚石，是在漫长的地质运动中，碳原子重新排列组合结晶而成的自然界最硬的物质。金刚石的母岩为金伯利岩，但并不是所有的金伯利岩岩体都含金刚石。

金刚石分为宝石级金刚石以及工业用金刚石，世界上80%的金刚石用于工业，20%用于宝石行业，经过加工和切磨成为戒指上的钻石。

金刚石最早发源于印度。17世纪之前，印度是独一无二的金刚石产地。之后钻石产量急剧下降。1730年，巴西发现金刚石矿，产量远超印度，之后的一个世纪里，巴西的钻石称霸全球。但到1880年之后，巴西钻石的产量也出现骤减。

接着，就轮到澳大利亚、俄罗斯以及非洲的多个国家。2015年的一份数据显示，钻石原石市场前八大生产国分别是：俄罗斯、博茨瓦纳、刚果民主共和国、澳大利亚、加拿大、津巴布韦、安哥拉、南非。共计占全球产量的97%。

原有产地枯竭以及新产地的发现促使了钻石资源的开采区域变迁。

中华人民共和国成立后，中国在金刚石资源勘探上取得了进展，50年代在湖南的沅江领域发现了金刚石矿，60年代在山东蒙阴发现了金伯利岩型金刚石原生矿，1992年在辽宁瓦房店岚崮山地区发现了3个新的含金刚石金伯利岩岩体。但是这些矿床资源，可以用作工业，但并不适合宝石消费行业。换句话说，中国消费市场的钻石，全部都来自国外。

钻石原石的开采是钻石行业价值链的第一环节，为下游提供原料，是钻石行业发展的基础。钻石原石的生产商基本被国际四大巨头集团所垄断，这些巨头分别是埃罗莎（ALROSA）、戴比尔斯、力拓（Rio Tinto）、佩特拉（Petra Diamonds）。在钻石行业产业链三个环节，钻石原石的开采最挣钱，其利润率最高达20%。

中游主要涉及的是钻石的加工以及贸易。

加工，则是将开采的钻石原石进行轧印、劈理、切割、打磨、抛光等多种处理，是钻石行业的重要生产环节，钻石加工业属于劳动密集型产业，需要大量的人力，且对劳动力的技能水平有较高要求，同时设备以及技术的改良都会对工艺水平产生很大的影响。钻石加工是一项精细且复杂的工程，大致包括如下步骤：画线标记、分割原石、成形、起瓣、抛光。

14世纪之前，只有印度出产钻石原石，古印度工匠发明了研磨抛光钻石的技艺，钻石通过陆路运往欧洲。14世纪，钻石切磨技术从印度流传至欧洲威尼斯，至此拉开了欧洲钻石加工业的序幕。

15世纪晚期，比利时的安特卫普发展成钻石加工中心，在长达两个世纪的时间里占据世界钻石之都的宝座。17世纪荷兰阿姆斯特丹的钻石加工业崭露头角，到19世纪甚至超过安特卫普。二战之后，欧洲的钻石加工业一度低迷，国际钻石加工业重新洗牌，逐渐形成比利时安特卫普、以色列特拉维夫、美国纽约、印度孟买四大加工中心。

总的来讲，钻石的切磨加工主要集中在两类地区：一是钻石的贸易中心，如比利时、以色列、美国；二是钻石矿业中心，如俄罗斯、南非。

这些钻石贸易加工中心又各有特色。

比利时的安特卫普，钻石加工历史悠久，从15世纪晚期开始成为世界钻石加工贸易中心，素有"世界钻石之都"的美誉。比利时19世纪占领了盛产钻石的非洲刚果，拥有丰富的钻石原石资源。工匠加工技艺精湛，"安特卫普切工"是标准钻石切工的代名词，备受推崇，享誉世界。安特卫普位于斯凯尔特河下游，是欧洲第二大港口、世界第四大港口，港口的区位优势是安特卫普成为世界钻石中心的重要条件。此外安特卫普还是比利时第二大经济中心，产业基础雄厚、社会金融发达。

以色列的特拉维夫，得益于犹太人的钻石情节。犹太人拥有悠久的钻石贸易、家族经营传承历史，以色列建国后，散落世界各地的犹太钻石商人将技术与贸易带回以色列。

美国纽约在二战后崛起。二战期间，来自欧洲的钻石行业从业者将钻石加工厂建立在曼哈顿商业区，后发展成享誉世界的纽约钻石区曼哈顿第 47 大街，云集了全世界知名的大珠宝商，借助美国强大的消费力，钻石需求巨大。

印度孟买得益于丰富而廉价的劳动力，有大量的钻石原石加工厂和切磨工人，几乎垄断了小钻的加工。它是港口城市，交通便利，澳大利亚阿盖尔矿出产的小颗粒钻石原石源源不断地涌入印度，货源充足。

这四大生产中心也离不开本国政策以及税收的支持。

钻石加工属于劳动密集型产业，因而廉价且丰富的劳动力对其有很大的吸引力，19 世纪德国的伊达尔－奥伯施泰因就是比利时和荷兰的钻石公司看中德国相对廉价的劳动力投资兴办而发展起来的钻石加工基地。此外印度苏拉特、泰国曼谷的钻石加工行业的兴盛也与丰富廉价的劳动力有很大关系。

钻石颗粒小易于携带、运输方便，可以让其摆脱原产地的制约，分布在不出产钻石的国家和地区。尤其是在战乱时期，可以作为硬通货。钻石加工业对工匠的技艺水平有较高要求，钻石从业者的水平对钻石加工业的发展有很大的影响。

17 世纪荷兰成为海上霸主，一度垄断了钻石交易，阿姆斯特丹超过安特卫普成为世界钻石加工中心，但安特卫普的工匠凭借精湛的工艺夺得优势。钻石加工工匠的移民带动了钻石加工行业的全球扩散。二战期间，欧洲的钻石原石供应紧张，很多切磨工匠从欧洲移民到美国、巴西、古巴等国，就地兴办钻石切磨厂，带动了当地钻石行业的发展。

而在 20 世纪 90 年代的中国，中国的劳动力成本优势以及改革开放红利，使得中国的钻石加工行业开始兴起。

而这四大钻石加工中心，同时也是四大钻石贸易交易中心。上海钻交所成立之前，就曾对四大贸易中心进行了考察，重点考察的对象便是比利时的安特卫普钻石交易中心。

像金伯利等钻石企业，都是通过比利时安特卫普钻石交易中心去购买钻石。当然也有例外情况。90年代，港资的周大福成为戴比尔斯的看货商（相当于批发商），它可以直接从控制钻石开采的上游巨头手中购买钻石原石，获得稳定的钻石原石供应。

再说下游。钻石行业的下游主要就是钻饰产品的设计以及销售，它包括纷繁复杂而又打动人心的设计，也包括科学的市场营销体系。

整个90年代，中国市场上的钻石公司有三类，呈现三足鼎立的局势。

第一类是以中国珠宝首饰进出口公司、上海珠宝首饰进出口公司等一大批颇具实力的体制内珠宝公司。它们是珠宝行业的老大。第二类是中外合资企业，它们资金足，技术先进。第三类就以金伯利为代表的私营企业，它们野心勃勃，充满朝气。

当时的珠宝设计较为粗放。朱文俊曾任金伯利的钻石设计总监兼首席设计师，她在90年代就进入珠宝设计行业。她说："早些年，国内的珠宝产品卖得差不多，港资品牌在设计上稍微好一点。"

《艺术与设计》杂志在一篇题为《深圳珠宝设计40年》的文章中，引用一位设计师的话说："当时中国珠宝设计初期从来料加工转入内销以后，开始的时候是有一点'野蛮生长'，但蓬勃有生气，基本上是一种供不应求的状况，因为几十年被压抑的需求突然激活，当时人家根本不管你有什么货，拎着现金放在桌子上等货都等不到。"

1997年，唐绪祥在一篇名为《建立珠宝首饰设计教学体系的思考》的文章写道：

"目前，我们国家的珠宝首饰行业普遍处于一种被动的生产方式和经营方式中，企业设计部门缺少经过专业训练的设计人员，珠宝首饰的生产大多是在模仿或者是直接买回国外的模具进行拷贝生产，既缺乏主动性，又缺少民族文化特色。

"中国珠宝首饰行业从20世纪50年代合作化开始，直到60年代，才有一批毕业于工艺美术院校的学生分配到首饰厂搞首饰设计。但是由于我们国家在教育体制上存在问题，这些工艺美术院校的学生并没有经过首饰设计的专门训练不仅不懂首饰的设计规律，而且也不懂首饰的制作工艺。所以60年代的中国珠宝首饰行业还是没有形成一支良好的设计队伍。接着是十年'文化大革命'，珠宝首饰行业又受到了遏制。一直到80年代中期，随着改革开放，人民生活水平的提高，佩戴首饰引发的'黄金热'席卷了全国。

"人们抢购黄金饰品，认为饰品是黄金就可以保值。这一时期的黄金饰品设计单调，做工粗糙但由于市场需求量大，从生产的角度推动了首饰业的发展，促使不少首饰厂引进外资，引进国外设备技术。此外大批低中档香港珠宝首饰从不同的渠道进入国内市场。其造型样式也给消费者带来了清新的感觉。我们知道香港是一个国际商贸市场，它的商品都具有一定的国际特色，并反映出最快的国际商情和最新的流行趋势。所以这时进入国内市场的香港首饰把'黄金热'中的内地消费品位从传统的首饰造型式样中一下就带进了现代风格的首饰消费中。过去的马鞍戒、吉字戒以及鸡心坠子等已满足不了人们的需要，大家开始讲究镶钻镶石，开始选择和佩戴造型美观的低K金现代风格的首饰。在这种新潮流的冲击下，到了90年代初，国内的首饰厂又由生产的顶峰再次跌入低谷，很多首饰厂倒闭或转厂。这里虽然有体制上和管理上的种种原因，但一个非常重要的原因就是工厂没有懂现代首饰设计和企业管理的人才。工厂无法适应现代市场的需要，满足不了现代人的审美情趣，造成了目前我国珠宝首饰行业被动不景气的局面。"

在营销方面，中国珠宝行业也是刚起步。

戴尔比斯在中国钻石消费尚未形成之时，立足中国市场做起营销。而中国的品牌们则是摸着石头过河。在较为发达的城市里，珠宝行业就像中国的家电行业一样，发起了价格战。

《中国珠宝黄金》在1999年发表文章，分析了江苏市场：

"目前，珠宝首饰市场出现了不景气的现象，20世纪90年代初期与中期的珠宝首饰市场的旺盛购买力和高额利润已风光不再。究其原因，除经济大环境的影响外行业本身的问题不容忽视，其主要原因之一是市场过于饱和，供大于求。近几年来，由于被高利润所吸引涌入珠宝行业者甚众，珠宝店四处开花，展销会此起彼伏。由于一拥而上盲目发展、重复建设、生产过剩，导致低水平竞争，价格战四起，企业分化加剧。据专家分析，1998年江苏珠宝首饰销售额虽然增长了20%左右，但新进入的资金增加了50%以上。销售明显分流，全行业资金回收率大幅下降，销售利润锐减。70%以上的企业感到生意难做，近半数企业，尤其中小企业步履艰难。"

而具体到钻石行业也是如此。

《中国黄金珠宝》2003年一篇题为《市场营销启动中国钻石市场》的文章分析道，中国钻石营销，缺乏专业的营销人员，很多企业的营销策划流于表面，或浅尝辄止，不能真正打动消费者。"缺乏有效的市场营销手段，市场竞争主要集中在钻石的品质和零售价格方面的竞争，例如强调钻石的净度级别、颜色级别……而价格的真正打折空间也非常有限。"

就像中国的其他行业一样，中国的钻石行业是在高涨蓬勃的市场中，一点点学习与积累。他们在一片空白但又前景广阔的行业与市场里，一步步踩坑、试错、总结、上路，他们需要锻炼内功，借鉴、总结国外的经验并将知识要点内化，灵活地运用在中国市场中，稍有不慎，便可能一败涂地，从市场中出局。

跟其他行业一样，这是中国钻石珠宝商人的必经之路，也是董留生的必经之路。

钻石行业的上中下游，算是钻石产业系统的核心层。而它的发展，还离不开外部辅助层的发展：行业协会、高校、产业研究孵化机构等相关配套支持。好的辅助层，可以提供人才、搭建平台，促使行业的兴盛、规范。

中国的珠宝教育从20世纪80年代末起步。据申柯娅2000年的论文《中国珠宝首饰行业10年发展评述》所讲：

"1989年，桂林工学院(现为桂林理工大学)招收珠宝专业本科生，这开创了我国现代意义上的珠宝教育。到了90年代，中国地质大学(武汉)、中国地质大学(北京)、同济大学、上海交通大学等院校开设了珠宝专业。接受采访的金伯利员工，很多人毕业于这些高校。他们在金伯利扩张时期加入了公司。"

证书制度也开始流行。1988年，中国地质大学(武汉)率先引进了英国宝石协会的FGA证书教学和考试，这是我国大陆最先引进的宝石学证书教育，为行业输送专业的珠宝理论以及珠宝鉴定人才。接着，其他类似的教育以及证书制度也在中国落地。

中国的珠宝教育参考了国外的经验。中国人走出国门，对世界各地的珠宝首饰行业和科研教学机构进行考察并引入了珠宝的教育和常规的珠宝检测设备。此后，在个别城市开展了短期珠宝鉴定培训班，为珠宝业输送技术、管理人才，充分地为我国珠宝业的发展，奉献了力量。

国家珠宝检测玉石质量检测中心值得一提。该检测中心是唯一一个由中编办批准的检测中心。它后来成为中华人民共和国国土资源部珠宝玉石首饰管理中心，是一家厅局级单位。数据显示，到目前为止，中国市场约有30%的珠宝玉石都在此处检测，每年签发大概4000多万张证书。

中华人民共和国成立后，中国组织成立了地质矿产部（简称地矿部。地矿部1998年被撤销，跟其他部门共同组成了中华人民共和国国土资源部）。地矿部由国务院直属管理。到20世纪80年代，地质行业人员达到40万人。由于财政紧张，地质行业便进行了内部改革。

因为改革原因，地矿部下属的中国地质博物馆的基础研究在90年代陷入停顿。博物馆宝石矿物研究室主任张蓓莉就谋求出路。主任认为既然研究室有珠宝鉴定优势，可以向社会开放收费珠宝鉴定服务，收取的资金可以用作科研经费。

1992年，地矿部便成立了珠宝检测中心。经过中心工作人员的努力，2年后，国家质量技术监督局对实验室进行监督认证后，授予实验室"国家珠宝玉石质量监督检验中心"牌照。接着，它开始制定钻石分级、鉴定工作。

业务之初，就帮一些私人收藏的珠宝进行鉴定，收入微薄。等到金伯利等珠宝钻石企业，如雨后春笋般冒出后，很多珠宝企业在产品上柜前都拿到检测中心进行检验。检测中心的业务量激增，人手紧张，天天加班。检测中心还开展业务培训班，对钻石企业的工作人员进行培训，传授相关钻石鉴定、分级知识。

钻石分级理论来自国外。在20世纪40年代，美国宝石学院（GIA）首次提出了4C分级体系，分别是钻石颜色、净度、切工及克拉重量。之后各国的有关机构也都建立了分级体系。当时世界上权威的检测机构有安特卫普的国际宝石学院、美国宝石学院、比利时钻石高阶层议会。这些机构依据其各自实验室的评判标准对钻石进行等级划分，评价标准有着细微差别。

值得一提的是，早在1997年3月，金伯利便跟比利时钻石高阶层议会达成国内首家"品质鉴定协议"，为中国消费者带来了"金伯利钻石是高品质钻石"的信心保障。

也正在1997年，珠宝行业迎来一次大规范。

当年7月1日，三项国家标准出台，试图解决中国珠宝市场的乱象。这三部标准分别是：《珠宝玉石名称》《珠宝玉石鉴定》《钻石分级》。

中国珠宝首饰市场飞速发展，但也暴露出许多问题，其中主要是称谓混乱，货价不真，以假乱真，以次充好尤为突出。如玻璃充水晶、人工优化宝石称天然宝石、绿玻璃说成祖母绿等，五花八门，应有尽有，市场亟待一个统一的国家级标准，与国际市场接轨。

三个国家标准发挥着规范珠宝市场的重要作用。

《珠宝玉石名称标准》根据我国国情制定了珠宝玉石的类别、定义、定名规则及表示方法，附录中列举的珠宝基本名称及经过优化处理的珠宝玉石名称的确定原则以及常用珠宝优化处理类别填补了国内珠宝业有关名称标准的空白，达到国际水平。

《珠宝玉石鉴定标准》包括鉴定方法和鉴定标准两方面，对鉴定中相关的名词术语作了相应的规定，给出了 106 种珠宝玉石的技术参数及鉴定要点，尤其对目前国内外关注的各种优化处理宝石的鉴定做了详细规定。

《钻石分级标准》吸取了国外同类规则优点的同时，考虑我国目前的实际情况，从颜色、净度、切工及重量四个方面规定了钻石的品质等级标准，规定了正确进行钻石分级的操作主要条件，同时定义了钻石分级所涉及的有关术语、符号等。该标准后来也根据市场变化，进行了微调。

中国的钻石标准的分级，主要的执行者还是地矿部旗下的珠宝检测中心。

1993 年，比利石钻石高阶层议会要在中国举办钻石分级培训班。珠宝检测中心的主任张蓓莉得知此事后，派出中心骨干前往青岛进行了一个月的学习。学成之后，他们就研究国外标准，开始着手推进中国钻石分级国家标准的起草工作。

谈及国内标准与国外标准的区别，时任中国宝玉石协会副会长的毕立君有一次说：

"在 4C 分级标准上，我们国家与国外最大的区别是在颜色方面，我们是从 D 一直到 N，N 以下的颜色很黄，按照中国人对颜色的概念应该归入工业钻或彩钻之列。欧洲对品质的要求比较高，是从 D 到 L，L 以下就被认为是工业钻或彩钻。美国是从 D 到 Z。所以，我们中国的颜色标准是介于欧洲和美国之间的。"[1]

"由检验中心制定的钻石分级标准，后来成为唯一由国家层面公布的钻石分级标准。其他国外的标准都是各实验室自己的标准，或是某一个行业组织的规则，都没有经过国家层面的认可。中国标准公布后，检验中心在国内到处做宣传，很快获得了国内生产厂家的认可。印度的钻石供应商很重视我们国家的标准，每次和印度学术机构搞活动，他们都希望检验中心的同志给他们讲中国钻石分级的国家标准，这样可以给中国的供应商供货。"

1991年，挂靠在地矿部的行业协会——中国宝玉石协会（现改名为中国珠宝玉石首饰行业协会）正式成立。这是中华人民共和国成立后中国的第一个全国性的宝玉石协会。协会成立10年后，会员以个人居多，大学教授、公务员是主体，但也有十几家企业会员。

其中一家企业就是金伯利。1999年9月，金伯利成为"中国宝玉石协会"会员单位，配合"中宝协"推广行业活动，共建行业交流平台。

1992年春天，在北京举办的中国宝玉石展销会上，最昂贵的一枚钻石戒指售价为125万元。《珠宝科技》在1996年一篇名为《珠宝市场：爱你却不敢靠近你》的文章中写道：

"近年来，随着珠宝业的兴起，全国各地召开的各种首饰展销会也越来越多。1991年1个，1992年2个，到1994年达15个，而今年仅上半年，南京、哈尔滨、深圳、天津、昆明、大庆、苏州、无锡等10多个

---

① D级：完全无色，是钻石成色中品质最好的级别。
　L级：冠部观察呈浅黄（褐、灰）色，亭部观察呈浅黄（褐、灰）色。
　N级：从任何角度观察钻石均带有明显的浅黄（褐、灰）色。
　Z级：这类钻石内部黄色很明显，是钻石成色中品质最差的级别。

城市都相继举行了珠宝首饰展销会。"

各种珠宝类杂志纷纷出版。较早的一本杂志名为《中国宝石》。它是地矿部主管的杂志，创办于1992年。几个地矿部的报人从部里借了15万元办起杂志，找北京最好的印刷厂印刷。全彩杂志，定位时尚。

中国的消费者开始全方位地接受钻石消费文化的洗礼。

不过，珠宝行业绕不过的问题便是造假。

1994年一篇标题为《眼花缭乱的珠宝市场》文章写道：

"为配合'93质量万里行'活动，北京市技术监督局对城区部分珠宝商店饰品质量进行抽查，抽查的品种主要有钻石、红宝石、黄玉、紫晶、石榴石等8类宝石饰品，共计448件，合格的369件，其中假冒宝石14件，占抽查总数的3.1%。上海市技术监督局于去年底对该市市场上的21家珠宝店首饰品进行的质量抽查结果：总合格率69.8%，其中上海产品合格率95%，外地产品合格率61%。鱼目混珠，当下的珠宝市场确实给人一种良莠难分的感觉。"

质量万里行活动是20世纪90年代最有影响的社会活动之一。其名称原意是："中国的质量工作正面临着千里之行，万里之行。"主要是借助媒体等机构，强化中国的质量意识，提升企业对质量的改进和提高。

董留生自创业之初，就知道质量的重要性。质量是一家企业的最高道德，也是对客户最好的尊重。质量是所有商品的基础，也是信任关系的根基。钻石是全球化产品，钻石市场已经是充分竞争市场，所有的竞争都变成了对产品质量和服务的考验。

1999年1月，在"中国质量万里行 质量大家行"活动中，金伯利被评选为"先进单位"。

金伯利口碑的建立，就在于董留生超前的质量意识。早在1996年，在行业开始打价格战时,他就在业内首倡"六保服务",建立了中国钻石珠宝领域的新服务标准。

六保服务,具体讲如下:

保真:每款首饰均配有国家权威鉴定机构出具的鉴定证书。

保质:钻石品质级别及铂金含量均达到国家标准。

保价:国际钻石价格每年都以一定幅度上升,公司会实行保换,确保您所购钻饰不会贬值。

保换:凡在金伯利购买的钻饰,只要钻饰完好无损,票据、证书齐全,均可在中国境内任意一家金伯利钻石直营店终身免费调换,不收折旧费,保换遵守"换取同等价值或以上"的原则。

保修:凡在金伯利购买的钻饰,因佩戴不慎造成损坏的,公司均负责免费保修(钻石丢失不在此列)。

保洗:凡在金伯利购买的钻饰,终身享受免费保养、清洗、抛光等服务。在金伯利的钻石世界里,璀璨是唯一的颜色,精雕细琢是最高的切工,真诚是最纯的净度,品质永远是沉甸甸的分量。

这套服务标准,成为董留生持续胜利的一门武器。

"六保"内容尽管在当下看来是稀松平常之物,但在当时,这项服务却开创了中国宝石营销的先河。消费者总是喜欢追求个性化的设计和人性化的服务,金伯利根据消费者特点,推出在保价基础上,进行更换的策略,这稳定了金伯利的客户群体,同时也促进了销量的增长。

1999年,董留生在钻石行业已经站稳了脚跟。4年过去,他不再是

1999-2000 金伯利年会

那只"钻石菜鸟",而是变成了"鹰隼"。金伯利期待更广袤的战场,而他渴望更广阔的天空。

他要做出选择,北京或者上海。

第四章
崛起

除了能明辨是非的灵魂之外，世界上最宝贵的就是钻石。

——拉布吕耶尔

2000年，金伯利从郑州搬到了上海，同年，上海钻石交易所成立，金伯利成为上海钻石交易所的首批会员单位。

那年秋天，《市场报》一篇题为《上海钻石市场掀起价格战》的文章说道：

"南京的珠宝大战硝烟还未散尽，近日上海钻石市场风云又起。在上海四川路上，近10家珠宝店或专卖柜开始了降价'大比拼'，降价幅度最低达到5折。此次四川路上的钻石打折有点羞羞答答，多数商家没有明码标价，有的商家推出了钻戒6折，每天20只4折特价商品的重磅炸弹，1万元的钻戒，到手6000元。"

董留生看重的自然是上海的消费市场。价格战的背后，代表着钻石、珠宝消费市场的发达，以及令人憧憬的未来。

据《国际市场》《中国商贸》等媒体报道，中国已成为世界上钻石首饰销售量增长速度最快的市场之一。自1993年以来，中国国内钻石市场蓬勃发展；1998年钻石首饰销售额达10亿美元。据上海钻石交易所数据，2005年中国一般贸易钻石进出口总额首次突破4亿美元，达4.1亿美元。中国已经成为亚洲第二大、世界第三大钻石消费国。

而早在1998年戴比尔斯在中国大陆的25个城市所做的调查显示，钻石是消费者最为喜欢的宝石。对北京、上海、广州三大城市的追踪调查中显示，被访者中钻石饰品的拥有率已经由1996年的6%增长到1998年的11%。而在婚饰市场，结婚钻戒在三大城市的平均购买率表明，钻戒作为爱情的象征，被越来越多的新婚夫妇购买，由此带动的还有其他种类钻石首饰的消费。

2001年，有媒体乐观估计："我国将成为世界上最具竞争力的珠宝加工中心之一，珠宝首饰销售额将超过1500亿元，占世界销售额的10%

以上。届时将有众多的黄金珠宝商家来我国抢夺市场份额。而作为国际金融中心的上海，必将成为聚焦点。"

曾经作为中国乃至远东地区黄金交易中心的上海，经过改革开放以及浦东的开发开放，抓住机遇，乘势而上，建立了与国际接轨的国家级要素市场——上海钻石交易所。而上海这座城市逐渐拥有了魔力，一步步加强全球资源配置的能力，也进一步释放了发展经济的活力。

"董博士现在竟然搞钻石了。"他的战友们讨论着。

金伯利的加盟商王领先是董留生的战友，王领先1970年当兵，她和董留生一样，也都当了18年的兵。当时部队大换防，她从天津转到山西长治的野战医院。野战医院分两个所，每个所100多人，她和董留生就在同一个所里。

当时的条件，比野战部队好，但确实也好不到哪里去。长治虽然是冬天不冷，夏天也不热，但人待久了，皮肤就会发"锈"。

医院里，大家很团结。有人回一趟家，就带来各种零食，往桌上一放，一会儿就消灭殆尽。"人都比较质朴，没那么多的弯弯心眼。那会儿人感情真的是很好。"

王领先比董留生转业早。转业后，王领先跟着丈夫到了石家庄。王领先的丈夫也是军人出身。1992年北京军区抽调几人在上海设立办事处，她的丈夫成为办事处主任，后来她就跟着丈夫调到上海。

战友们知道董留生做钻石后，大多会感到惊讶。"一个农村的孩子，能搞起那么高档的钻石。他一没资金，二没背景。"2000年，董留生联系到王领先一家人，一起吃了个饭，战友的情谊从此就再也没断过了。

工商信息显示，上海金伯利钻石有限公司（后改名为上海金伯利钻石集团有限公司）2000年7月31日成立，全面负责中国大陆地区的市场运营及拓展。

公司成立前，也有段小插曲。

王领先等人就帮着董留生注册公司，并未成功。原来有人提前知道钻交所要在上海成立，就抢先一步注册了上海金伯利钻石有限公司。董留生等人就约着对方在一家饭店见面。对方表示可以把公司名字转让，但筹码40万元。董留生说买就买。

多年后，董留生觉得这笔钱花得太值了。"当时公司规模小，现在4000万元也买，别说40万元了。"他说。

战友王领先以及她的丈夫帮他在这个城市落脚，牵线搭桥，也就认识了刚担任上海钻交所总经理的林强。

金伯利进入上海后，王领先也成为首批的加盟商之一。

她以及她的丈夫跟董留生聊天，讨论起钻石。她的丈夫还到郑州金伯利了解过情况，当时她家刚买了房，对开店之事比较犹豫。但是董留生鼓励她，她也认为"金伯利发展好，认准金伯利的发展。相信公司，也就是相信老战友。"

金伯利帮她选址，提供货源。装修、设计都是王领先自己出钱。她说这些钱是她把房子抵押后贷款而来的。当时金伯利没有加盟保证金，但从金伯利进货得交现金，当时王领先自己的资金周转也困难，但她不好意思跟董留生开口。

"那会儿公司也不大，我们也没好意思说让老板给我们出点儿钱。这个话不能说，人家要是有难处呢？要互相理解。"她说。

2002年11月，门店刚开业不久，王领先丈夫的手就被保险柜给砸了。

那天女儿过生日，王领先在去医院看望丈夫的路上，一直心惊胆战。好在丈夫的手没事，就当见血发财了。

王领先在上海一共开了两家店，后来又关掉一家，另外一家店开到现在，生意兴隆。董留生也曾经开车把她带到郑州、石家庄等地，告诉她哪些地方适合开店，给她当开店导师。她谈及这些往事，也后悔当时开店错过了好位置。

王领先欣赏董留生对待战友的态度。

"他那会儿诚心诚意想让我们开加盟店，就想把我们战友拉起来。战友之间谁有钱啊，没有钱。他这点特别好，老想着法儿帮战友，能拉一把就拉一把。"那时，董留生无论走到哪里，就召集战友一起聚会。聚会的钱，都是董留生掏的。

经营加盟店之后，她偶尔也会观察董留生。董留生还保持着军人的严肃与干练，跟王领先交流，只是就事说事，电话沟通，通常就那么一两句话就结束了，"还不能多问他"。

不过有一次，她坐在董留生的办公室里，董留生则开了"话匣子"，跟她回忆起当年养鸡不顺利，开饭馆不顺利还跟人打架的故事。

这个农村出来的穷人，其最为显著的特点就是有脾气，有生命力。"他这个人眼里不容沙子，特别是对那些不信任的人。他当年还是有点脾气的，没脾气也走不到今天。要不是有那种'混劲'，说老实话养鸡场就把他打趴下了（当时算得是倾家荡产了）。你怎么打，怎么压，倒了他还能再爬起来。这样的精神一般人是没有的。"

"就我们这么一个小加盟店，工商、税务、城管都要照顾到，这就很难啊，金伯利这么大公司更难。就他能做到这么大，做到中国第一的牌子，你说这多不容易。有文化也不见得做成，但是没文化的就做成了。

有文化的，或者拿着铁饭碗的不愿意出来。所以那会没文化的，比有文化的能做成大事，而且能吃苦。"

战友的情谊偶尔也让王领先有些感伤。

她说："当兵的时候偷奸耍滑的人少，现在说起来有人觉得不可思议。"她也有些看不懂现在的年轻人："我这个店有18年了，店员换得多。小姑娘们的眼界高了，品位也高了。我觉得现在如果我给人家去打工，我还是一心一意为这个店，但是现在这些年轻人不一定这样了。"

2000年，董留生来到上海，金伯利开启了崛起之路。

那一年，上海钻石交易所成立。

同步进行的两桩事件潜藏着若隐若现的关联，构成了潮流的分支——上海钻石交易所的成立代表着潮流，而金伯利和董留生则是弄潮儿。无潮流则无弄潮儿，无弄潮儿，潮流就会索然无味。

据《璀璨：上海钻石交易所发展亲历者说》（简称《璀璨》）一书记载：

1991年4月，时任上海市委书记兼市长朱镕基带领上海市友好城市代表团来到欧洲，对米兰、鹿特丹、安特卫普、马赛、汉堡等城市进行访问。在比利时的安特卫普，对方的商会建议他们去看看古老的钻石交易所。朱镕基很感兴趣，一行人在钻交所参观了一个多小时，听对方讲钻石交易的规则与流程。

上海的改革开放事业，此时正春雷滚滚。

晚年的邓小平，在上海度过了7个春节。1990年，上海市委常委给邓小平拜年。邓小平说，上海开发晚了，他有责任，要开发浦东。在邓小平的布局里，上海不只是一个传统的工业基地，而是带动长三角与长江流域发展的龙头。

那年 4 月,开发开放浦东成为国家战略。到了 1992 年春,邓小平发表南方谈话,这年 10 月的十四大提出:"以上海浦东开发开放为龙头,进一步开放长江沿岸城市,尽快把上海建成国际经济、金融、贸易中心之一,带动长江三角洲和整个长江流域地区经济的新飞跃。"

朱镕基带队的代表团,重点是考察各国的证券交易所以及金融机构。徐匡迪当时是上海市教卫办公室副主任兼市高教局局长,曾在欧洲待了四五年。朱镕基向他提了几个问题,他用外语做了回答,于是就成了代表团成员之一。

参观完安特卫普的钻交所之后,代表团相互交流。据徐匡迪回忆:

"晚上我们碰头的时候,朱镕基同志就提出上海应该按照国际规则建立钻石交易所。所以说,上海建立钻石交易所,最初是朱镕基同志提出来的。他不仅在我们的碰头会上提,回国后向市委常委会汇报出访情况的时候,又讲了上海应该建立钻交所……他当时的口气是好像一定要办成,这成了后面钻交所筹建的伏笔。中国当时 11 亿人口,他预言,这将会是一个巨大的市场。另外他也讲到中国人加工珠宝的手艺是世界闻名的,钻石加工不是单纯有力气就行,而是必须每个面的角度都要掌握得很好才行,中国在这方面是有人才基础的。"

从朱镕基首次提出创办钻交所,到 2000 年正式成立,上海钻交所经历了 10 年的酝酿和筹办。它是改革开放的一个注脚,有迂回与挫折,更有勇气与魄力。

钻交所的故事就像晚年邓小平在上海视察时说的这句话——

"要克服一个怕字,要有勇气;什么事情总要有人试第一次,才能开拓新路。试第一个就要准备失败,失败也不要紧。希望上海人民思想

第四章 崛起 105

更解放一点，胆子更大一点，步子更快一点。"

上海以及中国为何需要钻交所？

在国家的战略里，上海的目标之一是成为金融中心。想成为金融中心，一定要先成为要素市场①中心。1990年上海证券交易所成立后，各种交易所应运而生。比如上海期货交易所、上海航运交易所、上海外汇交易中心（当时并非真正意义的外汇交易所，属于外汇调剂性质）。

在这种背景下，上海自然也有了成立钻交所的想法。

20世纪90年代之后，中国经济腾飞，钻石首饰需求激增，市场逐步繁荣。但是钻石全依赖进口，进口税相当高。

在当时，国家对进口钻石要征收3%~9%关税、10%消费税、17%增值税，钻石从进口到加工再到销售的每个环节都要征税，是少数既征增值税又征消费税的货物。进口钻石原石的综合税率达32%。成品钻石的综合进口税率更高达40%。

钻交所总裁林强曾说："进口的钻石还要加工，这是一个非常长的产业链，进口钻石的中国商人负担那么重的税负，难以承受，这是一个客观的情况。"

中国的钻石企业普遍是三来一补赚取加工费，但加工的环节利润率仅为5%，其增值率远低于进口环节税收总水平。通过正常渠道进口钻石原石的企业，出口成本高，资金占用大。

上海有关部门去海关总署查询钻石进口数据发现，那时我国1年进口的钻石大概就几千万美元，但是同期中国市场的销售额为59亿元，这远远超过了进口总额。这背后的原因是走私。

---

① 要素市场：指劳动力、资本、土地和技术这些生产要素在经济中的买卖交换活动。

走私是为了逃税。而钻石本身的特质也适合走私。钻石价值高，体积小，容易携带。海关用X光机等设备检查，又很难发现这些碳结构物质。于是，很多装进裤兜以及钱包里的钻石进入了国内。走私的钻石不仅质量上无法保障，还造成国家税收的流失。

钻石的进出口贸易受到管制，钻石进出口由中国机械进出口公司和外经贸部下属的中国工艺品进出口总公司垄断经营，实行配额制。国际钻石都是以美元结算，当时外汇还不能自由兑换。

但是在另一方面，中国加工的钻石，在国际上赢得了"中国工"的美誉，中国的改革步伐加快，消费者的腰包越来越鼓。中国的商人以及国际的钻石商人不仅看重了中国钻石加工的产业机遇，更对中国广阔的消费市场垂涎欲滴。

这一切，成了上海钻石交易所成立的背景以及原因。

朱镕基在1991年考察安特卫普钻交所后，敏感的国际钻石商人们察觉到了机会。外商成为推动钻交所筹办的一支重要力量。

1994年8月，意大利第一钻石集团的常务经理莫梯·威斯伯特来上海浦东陆家嘴考察。接待他的是在招商第一线的陆家嘴金融贸易区开发有限公司（简称陆家嘴开发公司）。这家公司由官方牵头成立，专注于陆家嘴地区的开发。

陆家嘴开发公司的人带着他参观陆家嘴的规划图、快要竣工的东方明珠塔、东方路上的省部大楼。莫梯很年轻，不到30岁，在中国做一些钻石买卖。他提出要在浦东投资兴建"中国国际钻石交易中心"。

这个交易中心面积约3.5万平方米，3年后规模还在扩大，他想把世界上其他钻交所的会员拉来，成为这栋大楼的投资者。谨慎起见，陆家嘴开发公司对莫梯做了背景调查。其实意大利第一钻石集团是个中介公司，他的公司拿不出足够的资金用来建楼。

莫梯提了各种条件，希望得到优惠政策。陆家嘴开发公司一直跟他接触。后来第一钻石集团拿出了意向书，并跟陆家嘴开发公司签订了一份意向合同。

作为钻石中间商的莫梯，拿着意向书，寻求帮助。他先到纽约拜访了当时的世界钻石委员会主席埃利·伊扎科夫。莫梯说，陆家嘴开发公司想跟他合作建设钻石交易中心，希望主席能促成这个项目。莫梯甚至替主席买了飞上海的头等舱机票。

接着，他又想方设法地跟以色列的富豪索尔·艾森贝克传递一条夸张的消息：埃利·伊扎科夫已经支持钻石交易中心的建设项目。

索尔·艾森贝克跟埃利·伊扎科夫取得了联系后，都对这个项目产生了浓厚的兴趣。这两人后来成为推动钻交所成立的关键人物，与中央、上海的官员进行过多次沟通。

在莫梯提出建设"中国国际钻石大厦"设想的两个月后，陆家嘴开发公司跟浦东海关、银行等部门，对项目的可行性进行了研究。几个月后，陆家嘴开发公司提交的可行性研究报告、章程得到了上海市浦东新区管理委员会的批准。

1995年8月，上海市浦东新区管理委员会将这个项目当作浦东的"钻石级"项目，全力推动其落户浦东。

1995年9月11日，上海市两位副市长开会听取了该项目的情况。在这次会议上，大家形成共识：上海钻石交易中心项目将对上海金融贸易功能的完善和发挥起到重要作用，是一个有战略意义的项目。其实就在会议的3个月前，上海市副市长带队考察以色列、南非的钻石产业，经内部研究后认为，在浦东建立钻石交易中心，符合中央对上海提出的建成国际经济、金融、贸易中心之一的要求，可带动相关行业发展，有利于上海国民经济增长方式的转换。

莫梯来沪1年多之后，钻交所的项目由开始的陆家嘴开发公司推动，接着成为浦东新区的"钻石级"项目，然后又成为上海市具有战略意义的项目。

时任陆家嘴开发公司总经理的王安德说："如果用火箭来比喻的话，陆家嘴开发公司作为第一级火箭发力，将项目推到浦东新区层面，从而形成第二级推力；浦东新区政府又将其推到市政府层面，形成了第三级推力。"

在项目的推进以及跟外商的不断沟通中发现，要完成项目建设，并非是盖楼这么简单。要想在这栋楼里实现钻石的进出口，既要考虑到钻石交易的国际主流模式，还涉及海关、税收、外汇、工商管理，《璀璨》一书总结说："这需要外经贸部、海关总署、财政部、国税总局、中国人民银行等中央有关部委大力支持及协同配合拟订，并经国务院审批。可以说，建立钻石加工和交易中心所涉及的体制改革深度、机制突破难度、政策协调广度都是空前的。"

上海采取了关键的、同时进行的两个步骤。

第一步，去国外"取经"，了解、学习其他国际上钻石交易所的规则，跟外商进行多轮的磋商和艰苦的谈判，推动项目落地。

第二步，上海市政府跟中央积极沟通，思考政策的突破点。用王安德的话就是："最后由市政府出面将项目推到了中央层面，形成了第四级推力。"

1996年3月，上海市组成的7人考察团还到了艾森贝克在以色列的家里做客。这7人考察团拜访了以色列、比利时、纽约的三大交易所，了解钻石相关的规则。此后，参与钻交所项目的人员曾多次出国考察。

考察团以浦东新区管委会副主任胡炜为团长、上海海关关长曹恒礼为副团长，由市外资委副主任吴承璘、中国人民银行上海市分行副行长陆祖成和陆家嘴金融贸易区开发公司总经理王安德等7人组成。当时在上海陆家嘴开发公司从事翻译工作的王燕崃作为翻译随行。

胡炜回忆说："比利时安特卫普是我们那次考察的重点，因为安特卫普是世界钻石交易所联合会、世界钻石加工协会和世界珠宝交易协会的所在地。在世界钻石交易所联合会考察的时候，比利时钻石界人士对我们说，中国人喜欢的翡翠饰品他们看不上眼。我说：'这是个人喜好，我们喜欢翡翠，你们喜欢钻石。'他们说：'你们的翡翠品质好坏没有统一标准，我们的钻石有4C标准，全世界都是统一的标准。'我们了解到，钻石等级分清楚以后，按照质量标准和定价原则形成了钻石价格体系。世界钻石交易所联合会有个红单子，他们说这就是钻石的底价，全世界都一样。另外，国外钻石交易所的安保系统、物流系统、海关监管等都非常成熟、科学。

"那次考察真是让我们大开眼界。原来觉得国际上各种钻石协会的组织很松散，实际上，钻石交易和管理是严格地按市场契约在做，以信用为根本，管理得非常严。"

吴承璘也谈到了三个钻交所的差别：

"以色列的钻交所是由国家严格控制，实行全封闭式管理，在一幢交易大楼进行钻石交易、加工等，所有的监管部门也都在里面。进出这幢大楼所有的东西都要检查，需要有专门的证件才能进去。以色列特拉维夫的钻石交易是真正的海关特殊监管区域。他们主要做钻石的中高端加工，大部分供应到发达国家。

"比利时安特卫普的钻交所则呈现出另外一个特点：专门做钻石原石交易。矿里开出来的钻石原石，大大小小，一粒一粒，直接出售。比利时并不生产钻石，主要依靠海外产地，这些地方有钻石矿，在当地开采完之后把钻石原石运到比利时进行交易。令我印象最深刻的是他们的鉴定和检验特别严格。因为钻石原石出售时必须知道它的等级才能定价出售，否则价格就很难界定。他们权威的检测机构HRD的检测非常严格，出具的证书也极具权威。比利时的管理相对于以色列来说比较宽松，不需要专门的证件就能进去。

"纽约钻石交易中心的管理最为宽松，整个一条街上有几十幢大楼，每幢大楼都有自己的加工点，都能进行交易。在交易前也没有什么税收，只是在交易成功后收取消费税。这里制作的首饰都是非常高档的，当时我们也参观了几个有名奢侈品品牌公司，看到了专门为英国女王、王妃、歌星等制作的首饰，非常精美。这也让我了解了国内加工制作钻石的水平与国际水准的差距。

"此外，我们还深入考察了三方的管理办法，最为严格的是以色列，进出口管理得很紧。安特卫普稍微宽松一些，因为他们钻石交易所的管理体制不是由国家批准制定的，而是实行会员制，美国也是会员制，他们通过会员单位集中来投资，大家共同商量规则，进行交易。他们的交易数据都是由计算机控制的，精确度很高。但是钻石销往哪里、价格如何等事情，国家是不管的。最后销往市场，在消费者购买之后，缴纳消费税即可，其他的税收基本没有。"

王燕崃则深入了解了钻石交易的诚信以及海关问题：

"他们对钻石交易所会员的诚信管理是最严的。加入钻石交易所成为会员要提前1~3个月公示。一旦有人报告，且经过核实确定有问题的，交易所理事会觉得你缺乏诚信，就不能成为交易所会员。当时，我们去考察，一进去就看到墙上的公示栏。我们就问他们为什么要对申请加入者进行公示。他们给我们解释说，因为钻石交易没有合同，完全靠诚信。钻石交易之所以不签合同，是因为没办法签合同。比如一袋500克拉的钻石（无论是钻石原石还是加工好的钻石），里面有几百乃至上千颗，你有时间去一颗一颗地列表鉴定吗？根本没时间。那么你就只能自己抽样查看，看了以后觉得这批钻石质量可以接受，双方经过讨价还价，就价格取得一致意见后便可成交。如果把鉴定拉进去，成本抬高，比如鉴定500克拉钻石需费十几个小时，鉴定费也不菲，所以交易者得自己鉴定，没有他人参与。

"交易者可以对着灯光查验，交易成功后，货错了也不能反悔。在钻石交易所里参加交易的都是会员，是钻石业行家，业务素质很好，他们都知道什么东西该买，什么东西不该买。交易所每天有几百人一起参加交易，交易量又这么大，为了公平快捷地交易，他们必须把诚信放在第一位。这些都是以色列钻石交易所给我们的印象，我们在一起讨论时也对这点十分欣赏，第二次去印象就更深刻了。

"还有，他们的海关监管真的十分贴切到位。商人在机场入关时，都会主动跟机场海关说：'我这袋钻石是到钻石交易中心的。'海关监管员把钻石称重查验后就放入一个专门的盒子里密封，商人带着海关密封的钻石包裹就可以进关了。到了钻石交易所，还会有一个海关监管员打开你的钻石包裹进行称重查验登记，然后商人就可以进钻石交易所买卖钻石了。你卖掉多少就要加征多少税收。比如说拿进来是3万克拉的钻，带走5000克拉，卖掉的2.5万克拉就按照你卖的价格征税。海关完全相信钻石交易所上报的交易金额。还有就是钻石交易税收管理不能和其他商品一样，因为税率一高，进场交易的外商就少了，尤其是进入中国国内市场的钻石原石综合税率高了，将会直接影响中国钻石加工业的发展，从而影响钻石首饰业的发展。后来，我们讨论上海钻石交易所钻石交易税率的时候，也议过这个问题。我们觉得如果能把钻石原石综合税率降低到像以色列那样，中国的钻石加工业就会很快发展起来。

"通过考察，我们在外汇方面也有了清晰的认识。我们意识到钻石交易所的钻石交易一定要以外汇计价，假如以人民币计价，外商就不太愿意进来。因为外商带进来的是外汇，如果钻石交易以人民币计价，他必须把外汇先换成人民币才可以进行交易，结束交易后还必须把人民币再换成外汇才能带出中国，这个外汇兑换手续既麻烦又增加了交易费用。"

推动这次考察的，还有艾森贝克本人。前面说过，考察团到以色列时，还探访了艾森贝克的家。

1995年11月，上海陆家嘴股份有限公司与艾森贝克在以色列的艾森贝克集团、意大利第一钻石集团签署了建造钻石交易中心的意向书。

值得一提的是，实力相对较小的意大利第一钻石集团较早地退出了项目。尽管项目最早由该集团常务经理莫梯提出，不过，他在官方还没有正式下发文件前，就开始对外销售钻交所的资格，这本身已经涉嫌违规，最重要的原因其实是有媒体报道说，莫梯因家里搜到了很多伪造的护照而被调查。

艾森贝克在后来便成为项目主要的外资主导方。

艾森贝克是个知名的犹太商人。他1921年生于德国慕尼黑，纳粹时期，他与家人逃亡到上海，住在虹口犹太人聚集区。二战结束后，他到了日本，将战后留下的飞机大炮等残留物资，加工成铝合金门窗，后来经营钢铁。再后来他又在韩国投资，办企业。

艾森贝克后来回到以色列。以色列当时的税收非常高，为了吸引艾森贝克投资，专门为他颁布了一条法律，只要是他创办的企业，不征收任何所得税。

以色列的艾森贝克集团有两个部分。一部分主要聚焦以色列本土；另外一部分就是以色列之外的全球业务，由以色列联合发展有限公司（UDI）负责。钻交所的项目，便是由 UDI 负责。

艾森贝克在改革开放后，是最早进入中国的外资之一，还是中以友好协会会长，是中以两国的桥梁。当时他在中国投资了 280 个项目，他投资的上海耀华玻璃，是中国第一家中外合资的建材企业。

"他当时想介入这个行业，对在上海成立钻交所很有兴趣，因为他听说了朱镕基同志在安特卫普钻石交易所的讲话，感觉到其中的商机，也看到中国这个大市场。"在《璀璨》一书中，徐匡迪回忆说。

时任上海市长的徐匡迪，邀请世界钻石委员会主席埃利·伊扎科夫以及艾森贝克等人来沪，商讨有关事项。

1995 年 11 月，世界钻石委员会主席埃利·伊扎科夫带着代表团来到上海。

分管浦东事务的副市长赵启正与伊扎科夫进行了会见。

伊扎科夫说："我这次应中国政府的邀请率领一个重要的钻石代表团，成员中有许多世界钻石业的重要人物，这次访问是个起点，是想打开这扇大门，使世界钻石界的人士以后陆续来上海访问，能够使我们的钻石业与上海这座城市联系得越来越密切，希望中国能很快加入世界钻石的大家庭。"

赵启正对伊扎科夫说:"我们正在建设浦东国际机场,经过几期工程之后将具有和欧洲及世界其他大机场一样的规模。我们还要建立一个世界水平的通信中心以及先进的音乐厅等文化设施。浦东新区会呼应你的建议。我们预选的钻石交易中心会在陆家嘴地区,陆家嘴将有许多跨国公司、外国银行总部。我们会继续建设更多的桥梁和隧道,那里很快就会与上海现有的商业区连成一片了。"

赵启正向伊扎科夫介绍了上海的地理位置:"上海是中国黄金水道长江的出海口,又位于中国海岸线的中点,同时,还处于亚太经济走廊的中间点,亚太地区的钻石交易中心就应该放在上海。上海方面愿意和世界钻石交易所联合会全力合作,我们会去以色列、美国和比利时了解钻石交易中心的经营和海关管理等问题。"

伊扎科夫很高兴,说这次会面使他对上海的认识更深刻了,一定会努力促成这个项目。

1996年8月,徐匡迪以个人名义,邀请以色列富豪艾森贝克来沪访问。赵启正会见艾森贝克先生之后,参加了艾森贝克先生举办的答谢宴会。

艾森贝克说:"我对中国未来充满信心,我很愿意在中国建立合资企业,我想看看资本主义和社会主义在经济合作上到底会产生什么结果。"

赵启正回答说:"实践告诉我们,在经济上,外国资本和中国社会主义的合作没有特别的障碍,有的就是成功。"

钻石界的核心人物埃利·伊扎科夫对这个项目很感兴趣。艾森贝克虽不是钻石商人,但是他"财大气粗",又是中国人的老朋友,上海也自然乐于跟这样的伙伴合作。

1997年3月24日,艾森贝克再次访问上海。

赵启正跟艾森贝克谈起往事。艾森贝克20世纪40年代在上海虹口避难，当时上海收容了近3万名犹太难民时，艾森贝克很激动。

接着，双方就谈到了筹建钻石交易中心的主题。艾森贝克强调，必须遵循与国际交易惯例一致的法规，法规是这个项目启动的前提条件，否则外方资金就无法到位。

艾森贝克还希望钻石交易中心对进口钻石不征关税，因为钻石体积微小，方便走私，进口关税很高，等于宣布可以走私，如果不征关税，那这方面税收的损失可以用其他环节产生的税收来弥补。

艾森贝克期望中国的钻石交易中心免税自然有他的道理。其实他的想法是一个大工程，除了钻石交易中心还有钻石加工、珠宝鉴定等配套设施。

1997年3月25日，陆家嘴开发公司与艾森贝克的UDI公司经过6轮艰苦谈判，完成了中外合资上海钻石首饰交易中心有限公司合资合同的草签。

但是就在合同草签的2天后，艾森贝克因心脏病突发在北京去世。艾森贝克儿子欧文·艾森贝克接手集团业务（为方便阅读，欧文·艾森贝克在下文简称小艾森贝克）。

艾森贝克去世4个月后，徐匡迪到以色列访问，还跟艾森贝克集团进行了接触。小艾森贝克表示继续推进钻交所项目，建议上海请示中央，对海关监控、税收、外汇出入及外汇账户等有个明确的说法，并形成法律框架。

无论是外商，还是对三大钻交所进行考察的上海七人组都知道，如果按照国际惯例，钻交所需要实现封闭式惯例，钻石进口实行零关税或低关税，免征消费税、流转税，增值税在内销零售环节进行征收，钻石交易是用美元结算。

而中国的钻石交易在进出口、监管、税收、外汇上都具有特殊性，诸多环节涉及中央多个部委。上海需要向中央的有关部门说明情况，争取中央的支持。

1997年8月19日，市长徐匡迪写信给朱镕基副总理，汇报上海钻石交易中心项目进展情况。信里提到关于税收的两个方案，报请中央研究。

朱镕基副总理很快做出批复，请分管外贸、海关的李岚清副总理会同何椿霖副秘书长协调。李岚清副总理立即召开了有国务院相关部委参加的协调会，但有部委表达了不同意见，国际通行的钻交所运作方法与我国现行相关法律法规相抵触，很难执行。

黄奇帆当时是上海市委副秘书长，后来为了钻交所项目主持召开了几十次会议。在《璀璨》一书中，黄奇帆说：

"为了跟踪这件事，我经常跟国办秘书二局的同志保持联系，很快了解到我们的报告报经国务院批转到相关部委后，海关、外贸部、外管局、财政、税务等多个部门由于不熟悉、不清楚钻石交易中心的具体内涵，又涉及钻石交易所的报告方案中有多项做法与国家现行政策不相符合，几个部委不约而同基本上否定了在上海陆家嘴搞钻石交易中心的设想。"

不过，黄奇帆继续向上沟通。

"得到消息后，我就电话找当时国办秘书二局的副局长石秀诗商量这个事情，因为我们认为上海办钻石交易所这件事是为国家效力，是很有意义的一件事，要想办法把这件被几个部委否定的事回转过来办成。我们讨论了半个多小时，后来我们商定了一个办法，就是去找李岚清同志，李岚清同志当时是常务副总理又是搞外贸的，让他回旋一下。于是，我就赶紧联系李岚清的秘书，把来龙去脉讲了一番，讲我们上海为什么要这么做，这么做对国家有什么好处等等。李岚清同志的秘书就把我们的意思跟岚清同志作了汇报。"

李岚清支持该项目，并做出批示："钻石加工出口是高附加值业务，并且可吸取大量劳动力；我们对钻石交易中心的运作方式和监管办法还不了解，不轻易否定上海意见；此报告先不送镕基同志，请组织有关部门的同志对国际知名钻石交易中心考察调研之后，再提建议。"

黄奇帆说："李岚清同志非常善于解放思想、实事求是，批了一段极具里程碑意义的重要指示，大体意思讲了三条：第一条是钻石交易这件事，我们中国是从计划经济过来的，都没有搞过，都没有管过，所以我们有关部门对这方面不熟悉，缺少经验，所以不要轻易否定上海的意见；第二条请当时的外经贸部牵头组织有关单位，去国际上知名的交易所考察一下，以了解国际钻石市场的游戏规则，看完了以后，理解了以后，回来再写报告；第三条就是报告完成后再报他和朱镕基。李岚清这么一批以后，我接到电话指示，马上写报告给徐匡迪市长，给市领导。这件事就柳暗花明又一村，扭转过来了。"

1997年11月底，遵国务院领导及国办指示，由外经贸部牵头，国办秘书二局、财政部、海关总署、国家外汇管理局、上海市和中国工艺品进出口总公司共同组成考察团，花了近20天，考察其他国家的钻石交易所以及钻石产业。

浦东新区管委会副主任胡炜说："应该说，这次考察在整个钻石交易中心项目推进当中是最关键的一次。这次考察从上海市层面上升到了国家部委层面。此次考察，我们去了全球钻石交易比较典型和具有代表性的国家，包括以色列特拉维夫、比利时安特卫普、英国伦敦、美国纽约，还去了泰国。虽然这些地方，我们上海的同志多数是去考察过的，但国家部委的同志没有去过。"

胡炜、黄奇帆作为上海市的代表也加入了考察团。他们在考察的路上，跟部委的同志不断讨论钻交所的好处。

胡炜说："这一路，我们都在向他们反复宣传。我们浦东当时有个说法：'站在地球仪旁思考浦东开发'，上海要成为国际金融中心、贸易中心、航运中心，就要有与国际水平接轨的项目。钻石交易中心项目不是一般的'青菜萝卜'，而是我们跟世界对话的一个很重要的途径。

"一开始，大家各有各的想法，因为部委是站在全国的角度看问题，而我们是立足上海看问题，比如税收问题。财政部的同志原来说：'我们有这么多穷苦的人民，你买钻石我要给你减税？'我们说：'不是减税，而是把税源扩大。现在管得这么严，你能收到多少税？你算死账，我们算活账。'"

黄奇帆说："出发的时候，参加考察的北京同志对上海办这件事有不同看法，因为他们出访前已经基本否定了上海的方案，现在又组织他们去国外考察，思想上是有想法的。所以我们登上飞机去以色列的路上，无论是在飞机上，还是在轿车里，聊的几乎都是钻交所问题，与其说是聊天，简直可以说是在争论。我跟他们一路解释和说明，我说我们的观点，他们说我们的不对，用国家法理批判我，我就跟他们辩论。我这个人比较好辩，但是跟我辩论的人，从来没有人跟我做冤家的，后来都是好朋友了，因为我跟人家在讲道理，不是意气用事，我这个人脾气平时比较随和，但讨论起问题来很认真。国家部委五六个部门的同志都是很好的同志，他们是国家相关政策的制定部门和执行部门，当时反对也是合理的、有道理的，开始两天都众口一词地说我们上海办钻交所不行、是不可能的。"

解决争议的方法，就是用事实说话。

到了钻交所，考察团了解到，其他国家在钻石交易上都不是层层征税，而是在进口时免税,把税收后移到消费环节再征收。其他国家钻石交易都用美元结算,如果中国用人民币结算,汇率转换后损失更大。

黄奇帆说:"到了比利时安特卫普和以色列特拉维夫的钻交所一看,他们的看法开始发生重大转变。他们原来都没参观过钻交所,还不知道世界钻石产业的交易规则和通行做法,实地一看就都懂了,意识到我前面跟他们辩论说的各种道理,实际上都是符合世界钻石交易所的规则的,也不钻牛角尖了。"

争吵消失,意见统一,共识凝聚。考察团们对上海钻石交易中心项目持支持态度。

黄奇帆说:"后来议程,讨论的内容已经变了,我们开始共同研究方案,研究钻石交易当中各种可行方案、各种逻辑、各种内容。从英国和其他几个地方结束考察回国的时候,我们已经一起研究报国务院的报告怎么写,开头写什么,中间写什么,下一步建议是什么,大家已经要一鼓作气写出一个共同支持上海建成钻石交易所的报告给国务院。"

考察之后,对外贸易经济合作部会同财政部、海关总署、国家外汇管理局共同签发了《关于上海钻石交易中心项目国外考察情况的报告》,报国务院。

在这份报告中,上海方面请求国务院批准几个重要事项。第一,批准设立上海钻石交易所。在这之前,项目的名字叫"钻石交易中心"。第二,钻石企业设立外汇账户,会员之间的交易以美元结算……

胡炜说:"这次考察是钻石交易中心项目推进过程中至关重要的一环。此前都是上海一厢情愿地在争取,这次是国务院正式建议由各部委合作推进。报告经国务院领导圈阅、批准以后,后续推进就比较顺利了。钻石交易中心项目开始进入实质性操作阶段。"

值得一提的是，在考察报告的初稿里，对钻交所和钻石行业的税收政策写得比较具体。财政部的意见是，对税收政策建议部分，只做原则性表述，将具体的税收政策建议改为"原则同意适当调整和完善对钻石行业的有关税收政策"。

在林强看来，这份考察报告基本上涵盖了钻石税收和管理政策的顶层设计。"但是，由于涉及面广泛，需要突破和面临的问题比较多，此后经过近十年努力，才逐步实现了当年国务院开展调研后设计的改革目标。"钻交所成立时，没有解决的一个大问题便是税收。税收政策的调整相对困难，但上海的想法是，先把钻交所成立起来，政策调整不可能一步到位，但可以一步步争取。

林强也是这次考察团成员之一。当时他担任外经贸部直属的中国工艺品进出口总公司总经理办公室副主任。钻石当时作为一类进出口商品，由对外经贸部垄断，开展钻石贸易的许可证都是由中国工艺品进出口总公司发放的。当他听说上海要成立钻石交易中心时，就知道他的单位要参与。

在考察时，作为中国工艺品进出口总公司代表的他认为，自己比其他团队的人专业，心想着简单的问题就别提问了，再问就丢人。但他随后发现，问得细致，会赢得对方的尊重。

考察结束的四个月后，即1998年4月，国务院原则同意上海筹建钻石交易所。随后，上海成立了筹备工作领导机构和工作班子，启动筹建工作。林强成为筹建小组的工作成员。

而他曾服务的中国工艺品进出口总公司，与上海陆家嘴（集团）有限公司成为钻交所项目的中方代表，随后便跟外资方以色列艾森贝克集团就钻交所项目开展商务谈判。

就在国务院原则同意上海筹建钻交所后,选址还有过争论。

当时很多省份都在争取这个项目。

林强回忆说:"辽宁省大连市有中国唯一的成建制钻石矿,交易中心设在产地有其合理性。北京市掌握着中华人民共和国成立后国内所有钻石产业的资源,设在北京也有道理。广东省的广州市、深圳市因毗邻港澳地区,有相当规模的钻石加工厂,要求设立钻石交易中心的呼声很高。"

上海不遗余力地争取,以及上海本身的交通、地理、"浦东开发"的优势加持下,项目最终落地在上海。

即便落地上海,是选址在浦东陆家嘴还是浦东外高桥呢?当时也有争论。

据徐匡迪回忆,北京的同志一致认为应选址外高桥保税区,因为只有这样,才能建立起符合国际规则的钻交所。外高桥保税区,不存在进口税的问题,也有利于管理。不过上海的同志认为,钻石交易商一单的交易额可能就上百万美元,需要便利高档的住宿条件。

"从事这些交易的人很多还是境外的,他们都要住五星级宾馆,要有比较好的安保和高档的生活条件,以及便利安全的交通和金融服务,如果让他们到外高桥去交易,五星级宾馆在陆家嘴,这对他们来说不太方便。"

钻石交易需要一系列的配套设施,而陆家嘴金融贸易区有优势。胡炜说:"外高桥保税区的政策可以考虑向其延伸。所谓保税区政策的延伸,就是在陆家嘴某一幢楼里实行保税区政策,对大楼实行全封闭管理。这样一想,在思想上就自我解放了。最终,在选址问题上,陆家嘴金融贸易区胜出,外高桥保税区就不再作为我们的考虑对象了。"

2000年3月10日，外经贸部正式下发《关于筹建中外合资上海钻石交易所的通知》（简称《通知》），国务院正式同意上海筹建中外合资的上海钻石交易所。

这个通知相当于上海钻交所的一张真正的"准生证"，它背后是上海数次与中央各部委的沟通与汇报，是多次跟外商的探讨，是多次去国外考察、学习、研究形成的方案文件，是浦东、上海乃至中国的改革开放的决心。

《通知》明确：上海钻石交易所是依照《中华人民共和国公司法》和《中华人民共和国中外合资经营企业法》设立的中外合资企业，中方为中国工艺品进出口总公司和陆家嘴集团，外方为以色列艾森贝克集团和2~3个世界钻石业有影响的外国公司，地点设在浦东新区代表性建筑金茂大厦内。

《通知》下发十多天后，即2000年3月23日，中方的代表跟艾森贝克集团董事长小艾森贝克等人去实地考察了金茂大厦。

参观完大厦，中国工艺品进出口总公司、陆家嘴集团、艾森贝克集团三方就筹建钻交所进行了第一轮的正式会谈。这次会谈持续了四个多小时。

三方都认为，外经贸部的文件达到了外方的要求，这是对艾森贝克以及他的集团多年来为中国经济发展做出贡献的肯定，希望能早日推进钻交所的进程。不过艾森贝克集团担心现行政策能否与国际接轨，也担心利益的受损，所以要跟其他方进行协商、讨论，需要一段时间进行考虑。中方也表示理解，不过希望时间不要拖得太长。

5月10日，艾森贝克集团发来反馈。它提出几点意见，比如说政府机构管理过多以及人事任免等问题。最关键的一点便是税收，它认为，进口税要大幅降低才可行。

5月15日到17日，三方进行了实质性的谈判。原定谈判计划是两天，后来延期了一天。外方代表为了促成谈判完成取消了其他的活动。

筹建钻交所，后又担任上海钻交所副总裁的颜南海说："谈判过程中，外方对现有交易税收政策反应强烈，他们认为现有的税收政策没有和国际接轨，尤其是钻石内销的税收政策丝毫没有突破，这会影响国际会员的招募。"

因此，外方细抠合同条款，试图找到保全利益的方法。比如，在合同里加入"1年内如果政策不到位，将退出合作"，以及"董事会决议必须有外方一名董事出席并通过，方能有效"等条款。"他们对中国还是不了解，还是没有信心，在税收政策没有落实的情况下，他们觉得投资的风险很大。"颜南海说。

就经营范围、机构设置、董事会权利等三方达成了一致。48条合同条款，40条达成了共识。分歧主要在于注册资本以及股份占比的问题。

谈判中，外方希望降低注册资本。中方将原来的1000万美元的注册资本降为500万美元，但外方坚持最多150万美元。按照中方的合同，中国工艺品进出口总公司和陆家嘴集团分别出资37.5%，中方占比75%，外资占25%。外方对此有意见，认为三家各占三分之一，每方占股33.3%。

颜南海说，就股权分配的问题，争执得非常激烈，"外方认为要公平地对待合作三方，但是中方认为这是中国的钻石交易所，没有理由让外方占三分之一。"

5月16日晚，三方继续谈判。在外方的坚持下，中方提出外资比例可由原来的25%，提升到30%。但外方依旧认为，三家的占股各为三分之一，如果中方不答应，就拒绝第三天的谈判。第三天，5月17日，尽管外方到了谈判会场，谈判时长从早上9点持续到晚上10点，但三方还是就股权问题，依旧没取得共识。

时任中国进出口贸易总公司总经理的陈悃说："外方希望这个交易所他们能够控股，没有风险，来去自由。我们说中国的钻石交易所不应该少于1000万美元，他们说做不到。那我们就说1000万美元不行，那你说多少好，他们提出500万美元。于是在500万美元的基础上谈你投多少我投多少。外方的意思始终是要投钱少、股份大。之所以我们提出1000万美元就是希望能拿到控股权。其实，我们知道他们不肯拿这么多钱出来的，他们会往下压金额，这样我们控的股就会比他们多。最后他们没有办法，也说不出理由来，就说实在不行，他们要求有一票否决权。所谓一票否决权就是涉及钻交所所有的事，只要丙方有一个董事不同意，这个董事会就通不过，提议就被否决了。这样，外方占小股，拿很少的钱，对于我们要做的正事，却能想推翻就推翻。这是不可能的，所以没得谈！"

分歧也加剧了谈判桌上的紧张氛围。

谈判的人会在情绪失控前，喝喝咖啡，休息一会儿，等情绪稳定后继续谈。"所以虽然谈得很辛苦，但是整个谈判没有动过气、红过脸。就这样，谈谈停停，停停谈谈，谈了很多轮，也没谈出个结果来。我们的原则始终是不能因为要追求合作，做出放弃国家利益的妥协。"陈悃说。

谈判并未取得成果。颜南海说，原因有三点：

"第一，由于三方意识到这个项目的重要性，对这次谈判非常认真，对合同中的每个条款都进行仔细推敲，最终三方为慎重起见，需要律师审核合同条款。第二，由于当时税收政策没有到位，外方在合同条款中加入了苛刻的条款，把外方的风险降到最低，将利益放到最大，并为其进退埋下了很多伏笔，这是我们很难同意的。第三，合同的外方主体还没有成立。虽然外方表示将尽快成立新公司，但是到 5 月 17 日，我们仍没有拿到外方成立公司的法律文件。因此，我们感觉外方可能不愿意参加这个项目故而拖延时间。"

5 月底，外经贸部开会并给出了指导意见。

林强说，指导意见有三条：一是注册资本不能太少，要体现出与上海钻石交易所今后的地位和作用的匹配性；二是在一些根本性政策上不能有退让，必要时可找第二家外方谈；三是外方股权可研究，但原则上中方要控股。

接下来 3 个月，中方继续跟外方沟通，在指导意见的基础上，对合同进行了修改，并递交给了外方。钻交所原定于 2000 年 7 月成立，因谈判延期，又定在 10 月底之前成立。但外方迟迟没有答复。

8 月底，中国工艺品进出口总公司和陆家嘴集团不得不致信小艾森贝克，要求尽快回复并尽早确定召开三方会议时间。信中还说，如果 9 月 12 日之前不能完成谈判，外方将失去机会。但对方的回应以及所提的要求，在颜南海看来是在拖延时间。

9 月 5 日，中国工艺品进出口总公司和陆家嘴集团最后一次致信艾森贝克集团："中方在此项目上是坦诚与贵方合作的，中方也很有耐心地等待了贵方近五个月的时间，然而由于政府已明确了上海钻石交易所必须尽快建立，中方无法因为贵方的拖延而使上海钻石交易所项目搁置。又由于该项目原来设想即是中外合资，为此中方将考虑另外选择合资伙伴，先行成立上海钻石交易所。"

艾森贝克集团失去了最后的机会。注册金额、股权的分配、税收政策等都是失去合资机会的原因。

《璀璨》一书总结原因时说："以方（以色列艾森贝克集团）期望中国政府能够同意钻石交易所自由贸易区的地位（即关税免征、外汇自由兑换）希望对进口钻石征增值税，并制定相关法律文件。但是，在得知这一切并不能在上海钻交所成立前得到明确回复，须由财政部制定相关政策的具体方案另行报批后，以方对立即成立上海钻交所的必要性产生了疑虑，迟迟未能做出最终的决策。"

老艾森贝克自改革开放之后，较早地进入中国，他谙熟中国市场，与各级的官员都打过交道。90年代中期后，就钻交所项目不断与中国人沟通。在钻交所筹办时的关键时刻，他因病去世，其子小艾森贝克便跟中国人打交道。

老艾森贝克经历过纳粹横行的二战，他实业起家，也专注于传统实业，而小艾森贝克更看重的是高科技项目。颜南海说："小艾森贝克对中国没有像他父亲那样的感情，更多的是考虑现实利益，无法相信和理解中国人的承诺和底线，同时他对中国未来的发展尤其是商业发展没有很大兴趣，对中国境内的300多个项目也进行了收缩，甚至关掉了上海办事处，从而导致艾森贝克集团在谈判的最后关头退出了项目。"

其实在艾森贝克集团游移不定时，上海也给了指示：若合资不行，就进行多元化的投资，吸收香港、深圳、山东等有关方面参加。

跟艾森贝克集团终止合作后，中方迅速跟香港钻石界接触。香港的钻石商人也有顾虑，但有两位港商暂时没有考虑回报，想着为祖国做点事，于是组建一家公司，作为外资方，投资钻交所。

10月25日，外经贸部下发了《关于同意设立上海钻石交易所有限公司的批复》。上海钻石交易所投资总额1250万美元，注册资本为500万美元，公司一共8个股东，基本股权结构确定。

中国工艺品进出口总公司、上海陆家嘴（集团）有限公司以及两位港商组建的香港百利兴控股有限公司各占25%股份，其余5个股东，是中国内地的钻石企业，一共占有25%的股份。

2000年10月27日，上海钻石交易所开业。它的定位是国家级要素市场，按照国际通行的钻石交易规则，为中外钻石交易商提供公平、公正、安全并实行封闭式管理的交易场所。世界钻石交易所联合会的主席伊扎科夫等钻石界主要人物也出席了开幕式。伊扎科夫、老艾森贝克为代表的国际钻石界人物，在钻交所的早期筹建工作中做出了贡献。

尽管他跟中国的官员提出的降低钻石关税的想法当时并没有实现，但他看好中国广阔的消费前景，钻交所开业后，他成为最早的顾问之一。接着，他见证了中国成为世界第二大钻石市场，上海跻身世界五大钻石交易中心，以及在"先建立钻交所，同时争取有关政策"的策略下，钻交所一步步降低关税的过程。

2000年10月，林强成为上海钻交所总经理。次年2月，成为上海钻交所总裁。

上海在争取钻交所项目，需要频繁到京与各个部委沟通、汇报。林强说："这样的沟通较慢，与北京方面所有机构的沟通都需要身份对等，给外经贸部发文需要上海市政府出面，给国务院发文的流程和手续更繁琐。为了提高效率，上海方面就采取由徐匡迪市长给朱镕基副总理写信的办法来缩短沟通的渠道。"

后来，中国工艺品进出口总公司参与到项目筹办中，林强作为公司代表加入到项目中。中国工艺品进出口总公司直属外经贸部，通过林强，

上海钻石交易所总裁林强

上海与北京沟通更加通畅。林强谙熟北京部委的工作流程，与部委人员也打过交道，上海称他为"114查号台"。在北京工作前，他在上海学习生活多年，他了解两地的文化差异，能保证京沪之间的高效沟通。

上海钻交所筹建工作小组成立后，他便扎进这个项目里，去国外考察、与外资谈判。扎伊科夫评价林强："非常低调沉稳，不张扬，又非常聪明，善于理解。"也许正是这些原因，上海市的领导点名要他担任钻交所的负责人。

参照国际惯例成立的钻交所还有一个被人忽略掉的管理创新与突破之处，它凝结了官方多年的努力，最终成为一家中外合资的公司。它有董事会、监事会，实现总裁负责制，它吸纳钻石界的会员，也有会员大会。但说到底，既然是公司化运营，它要对股东负责，它首先就要活下去，还要有稳定的现金流。

钻交所成立前几年比较惨淡。林强说，当时的困难，"说关门就关门"。

钻交所的董秘任正明回忆，当时的支出除了租金，就是员工的工资。为节约，首批员工不能超过15人，工资总开销不能超过200万元。员工只有工资，没有过节福利和奖金。很长时间，员工就七八个人。林强说，不管怎么困难，工资都要按月发。在很长一段时间内，钻交所的收入主要是会员租房租金和会员费，这些收入刚好跟钻交所场地租金持平，其他支出就花工资的资本金，最困难的时候，几乎要把资本金花完了。

林强说："因为我们这是平台，平台的特点就是做一单生意不是生意。说白了，做平台是雁过拔毛的生意。我经常说，这一年就来一只雁，你把它的毛全扒光，它死了你也活不了。你能做的只能一只雁子拔一根毛，前提你要能活得好，是要有足够多的雁子，那这不是一天的工夫，也不是一年的功夫，是要慢慢来的事情。"

足够多的雁子，就是足够多的会员。自担任总裁以来，林强的重要工作就是不断跟外经贸部、上海政府一起对钻石交易涉及的管理、税收政策进行研究，跟有关部门沟通汇报，推进管理、税收的调整。

为配合钻交所成立，中国海关加急出台了《钻石监管暂行办法》。按其规定：入境的钻石要放在一个特定的箱子里，由海关进行封锁后才能入境。这些箱子是上海钻交所专门定制的不锈钢箱子。

钻交所的国际会员看到规定，就没有安全感了。他们觉得，拉着配着海关锁的特制金属箱走来走去，别人一看就知道是贵重物品。另外，钻石进来后，由负责押运运钞车的安保公司运输。但钻石就一包，押运的成本很高。后来，海关不断反映问题，慢慢就取消了一些不合适的规定。

税收的改革是一大重点与难点。

钻交所成立前，税收系统在 2000 年 3 月就进行了一次调整。调整的内容是：免征钻石原石和未镶嵌钻石进口环节关税、进口环节增值税和消费税，免征在上海钻交所内交易钻石的增值税、消费税。

但是调整的内容没有突破"鼓励出口加工，抑制国内消费"的指导思想。钻石企业在没有完成钻石销售前，就要先交足 17% 的增值税和 10% 的消费税，这加大了企业的经营成本。国外钻石商最为关注的钻石内销税收政策和钻石加工企业关心的将增值税后移至零售环节征收政策，均未能实现突破。

钻交所招募会员的难度加大。

上海市政府数次撰写建议报告上报中央部委，反映问题。除了税收，上海方面还提到，希望对钻石进出口集中管理。在不能实现集中管理的情况下实行税收新政策，钻石从各大口岸进入国内市场，上海钻交所将失去交易功能，也不能打击走私，规范市场。当时一些西非的军阀偷运钻石换钱买武器，发动战争，引起国际社会的关注。集中管理钻石进出口，有利于防止这些"血腥钻石"走私进入中国，维护中国的国际形象。

2001 年，国务院下发文件，对税收政策进行了第二次调整：对钻石（含钻石原石和未镶嵌成品钻）进口免征进口关税，对未镶嵌的成品钻和钻石饰品的消费税从原来的 10% 降至 5% 且征税环节后移到零售环节，将钻石加工环节的出口退税率由 13% 改为零关税，将全国一般贸易项下钻石进出口集中到上海钻交所海关办理报关手续。

改革取得了一定的成效。部分走私活动被遏制。2002 年，上海钻石交易所一般贸易项下钻石进出口交易额超过 1.5 亿美元，是上一年的 20 倍。新增会员数量较上一年增长 59%。

但是，当时钻交所的交易额只占到全国钻石进口量的 10%~20%。

钻石进口环节仍需要征收17%的增值税，钻石走私成本相当于总价的3%~5%，比增值税低，走私依然具有诱惑力。另外，上海黄金交易所实行黄金现货交易增值税"即征即退"的政策，很多国内珠宝商借助该渠道，以"镶嵌首饰"的名义来规避增值税。

钻交所以及上海政府到南方做深入调研，了解企业呼声，也摸清了走私的路径和成本，于是在2004年上报国务院，要求进一步调整税收政策。

2006年，中国的钻石行业迎来了最为重要的税收调整。调整的内容采纳了上海的意见。免征内销钻石原石的进口环节增值税；将成品钻的增值税调整为4%，剩下13%即征即退。因为走私的成本为3%~5%，将增值税率定为4%，就可以打击走私。

这轮税收的调整以及其他配套措施实行后，中国的钻石税收政策跟比利时等钻石交易大国接轨。上海钻交所的会员数量激增，钻石交易量急剧上升。后来，上海钻交所从金茂大厦搬到浦东新区面积近5万平方米的中国钻石交易中心大厦。

2001年，上海钻交所钻石交易金额为0.14亿美元、进口环节增值税为500万元；2019年，这两个数字为42.35亿美元、5.12亿元。金伯利在钻交所成立之初就成为会员了，如今它在上海钻交所的交易额，在中国诸多钻石品牌里，排名一直靠前。像金伯利这样的会员企业可以享受到简化的报关流程以及税收的优势。

在林强看来，钻交所的最大作用就是促进了中国钻石行业的阳光化、规范化。

中国有多个海关口岸，如果在别的口岸进口钻石，要么是缴纳17%的增值税，要么被视同走私。只有在上海钻交所进行交易，才能享受到极低的增值税。它统一了钻石交易市场的秩序，几乎消灭了走私，这便是它的意义所在。

2018年,林强当选为世界钻石交易所联合会的副主席。林强说:"这背后是一个强大的钻交所,是一个庞大的市场支持。"谈及副主席职务,林强说:"进入钻石行业的国际组织,是为了让我们的国家更好地融入国际社会。"

黄奇帆说:"林强总裁40多岁时就当选为世界钻石交易所联合会副主席,其他国家当选的主席、副主席都是七八十岁的老先生,我们也算开了先河,上海钻石交易所的国际地位可见一斑,很不容易。这是国际同行对中国钻石行业发展前景的看好,也是对上海钻交所的肯定。当然,林强也非常不容易,1997年从外经贸部转到这个行业,20多年如一日投身到这个行业。这个荣誉属于林强,也属于中国钻石行业。"

从筹办钻交所至今,林强已经在钻石行业服务了20多年。谈及钻交所过往,他说过几句话:

"看准一件事情就要一抓到底。如果在推进项目的过程中,遇到一点问题就放弃或者浅尝辄止,就不会有今天的上海钻交所了。""当年参加钻石税收和管理政策调研的同志们,在考察过程中非常认真和投入,他们在研究和解决问题过程中解放思想、实事求是的精神,永远值得我们铭记和学习。"

董留生的崛起之路与林强极为相似,他们都在2000年幸运地被潮流选中,成了弄潮儿。他们共处同一潮流当中,也因为一起中流击水,而成了好友。

从2000年开始,他们相互见证,彼此扶持,一直努力往前走,走出更开阔的道路，看到更广袤的世界，迎接更璀璨的天空。

董留生将河南郑州、新乡那些原本直营的店铺都转让出去，接着就带着原班人马进入上海。他的老部下李保强认为，搬到上海还有一个好处。

董留生的妻儿当时已经到了加拿大，儿子在那边上学，妻子在那边照顾孩子。上海到加拿大有直飞的航班。他跟李保强说了好几次："你看我选的位置对吧，花15分钟到上海的机场，飞到温哥华下飞机，15分钟车程又能看到家里人。"

金伯利上海的办公室，先是在浦西的北京西路的建京大厦的第22楼，董留生至今还记得这个地方。宿舍就在附近的镇宁路。后来，公司又搬到了浦东陆家嘴的峨山路。

从2001年上半年开始，于建春作为董留生亲自培养的员工成为董留生的助理兼秘书。董留生跟他说："小于，你跟着我好好锻炼锻炼。"于建春说："后来金伯利发展规模越来越大，招聘进来的大学生也多，硕士、博士都有，在哪个部门就做你哪个部门的事情就好，像我这样被培养的，好像后来真的没有了。"

于建春是山东人，为人实在，讲诚信，做起事来认真负责。董留生看重他的这些特质。在金伯利搬到上海之前，于建春接到通知："你到深圳的工厂去看石头吧。"

所谓的石头，就是裸钻。裸钻就是经过切割加工，打磨但是没有镶嵌的单粒钻石。金伯利从比利时购进的一包包的钻石，需要于建春做分级筛选，然后发到工厂进行镶嵌加工。对裸钻进行分级，需要放大镜等工具，更需要明察秋毫，才能做出合理的判断。

在深圳待了一段时间后，他在公司的各个部门里（除了财务部门）都待过。他处理跟比利时钻石市场往来的邮件；公司的配货部从郑州搬到深圳后,他便在配货部当经理,及时、准确地为全国各零售店提供最适合当地市场消费需求的时尚钻饰商品。

成为助理,于建春便可以随时随地近距离地感受到董留生的性格。

董留生胆子大。

1998年在深圳建立钻石加工厂时,他对这个行业没有多少了解。"我觉得这也是老板很有格局的地方,在深圳他没有接触过这个行业,谁都不认识,什么都不懂,包括工厂里面的运营管理,包括厂里面要买什么机器设备,包括整个加工的流程,都不知道,但老板就敢去做。"于建春说。

当时公司的配货部在一家酒店公寓,他们睡觉、办公都在公寓。于建春见识到董留生"恐怖"的一面。

于建春说:"2000年那时候老板四十几岁,我是大学刚毕业的小伙子,跟着他熬夜,我就熬不过他,他每天睡觉只睡3个小时。在深圳的配货部,晚上天天加班,加班到凌晨3点,第二天6点到6点半之间,老板敲门:'走了走了,去吃早餐了。'那会儿正常都是8点半上班,我加班到凌晨3点了,离上班也就剩5个小时了,总归要洗洗吧,洗完了最多只睡5个小时,他睡3个小时就来敲门,那老板一敲门我们就得赶紧爬起来,把门一开,他就坐着等着,等着我们刷牙、洗脸。"

"他精力太旺盛了,而且他一天只睡3小时,吃饱饭了干工作,他一直在工作,这人太敬业了。"

于建春描述的熬夜,在某种意义上是一种好信号——金伯利正在崛起。

2002年,于建春从深圳来到上海峨山路金伯利上海总部的办公室。公司租了一层厂房,跟他在深圳见到的那些品牌大厂很像,"一上来几个大走廊,两边到处都是办公室"。另外,金伯利在上海还有个钻石切磨厂。

这里我们需要详细讲述一下金伯利的钻石切磨厂。

金伯利的工厂一共有两类：一类是钻石切磨厂，专门对钻石原石进行加工，地址在上海；另一类就是钻石镶嵌工厂，地址在深圳。不过据金伯利员工讲，金伯利钻石切磨厂的发展并不顺利。

据李保强的回忆，金伯利上海钻石切磨厂很多工人都是从深圳来的，"全国的首饰行业加工，80%在广东，工人师傅也都以广东人为主，他们来到上海，一天半天很难适应，并且生活成本比深圳要高。"

后来金伯利在新乡也买了大约10亩地，自建了切磨厂。李保强专门去比利时学习了钻石加工有关技术后，便到新乡切磨厂当厂长。后来这个厂也关闭了。

其实上海钻交所在成立的初期，也想依托这个国家级要素市场继续发展上海的钻石加工产业，吸纳更多的就业。据说，金伯利当时所在的峨山路原计划就想打造一处钻石产业园，但没能实现，后来便改为了软件园。

李保强说："中国的钻石切磨行业发展得都不是很好，就是因为人工成本逐渐提高，工厂在上海，劳动成本更高。中国的劳动成本已经不低了。你在中国建切磨厂，还没有直接买印度的成品便宜呢，已经到了这种程度。直接去印度拿货最方便，后来就关掉切磨厂了。"

有资料显示，在21世纪初期，印度占据了全球钻石加工份额的90%。

2015年《环球时报》发表文章说："印度钻石加工业发达，生产的成品钻价值占全球65%，按克拉计达85%，按件数计则达92%。也就是说，世界上每10颗钻石中，有9颗是在印度抛光打磨的。印度国内珠宝从业者约350万人，其中100多万人专门做钻石生意，2014年成品钻销售额近 200 亿美元。

"印度'钻石王国'的'首都'在苏拉特，这座海滨小城距孟买约 250 千米，方便的物流条件和上百年的钻石加工家族企业使这里成为世界钻石加工中心。目前苏拉特有钻石相关企业 2.5 万家，从业人员近百万，承担着全球超过 90% 的钻石加工业务。苏拉特隶属于有'印度广东'之称的古吉拉特邦，该邦最引以为豪的两张名片正是以苏拉特为代表的钻石加工业和以圣雄甘地为象征的纺织业。

"一枚原钻进口到印度，经过设计、切割、打磨，再出口到外国市场，利润将增长四五倍，这也是钻石加工业成为印度出口换汇主要行业的原因。"

于建春感觉到金伯利像一家大公司了。

他来到上海，就是到市场部任职。据他回忆，2002 年上半年，很多店面已经开始酝酿着开业，到了 2003 年年底，大概开了 300 家店。"加上原有的 300 多家店，一下子全国就有了 600 多家店。行业协会举行一些会议，金伯利的人去参会确实是挺着腰杆儿，雄赳赳的感觉。"

金伯利市场部当时一共 19 人，分派到全国各地。经济相对发达的省份，一个或者两个人负责。西部省份当时不是招商重点区域，就专门负责省会城市的招商。

当时公司的加盟体制健全，很多加盟商都想挤破头进来，当时一个区域市场就是几个加盟商去抢。到最后就是谁先找到合适的位置，经过公司认可了这个市场就给谁。加盟商只要圈到了地，接下来就很容易躺着赚到钱。

当然，金伯利被加盟商追捧，还在于董留生的精准营销能力。

2002 年，金伯利的 5 秒标版广告出现在央视频道上。此后，金伯利维持了在央视的稳定投放。它的广告注重文化内涵与时尚的结合。在那个传统电视媒体为王，动辄上亿价格追求央视广告标王的时代，金伯利的5秒广告，打动了经销商，也打动了消费者。

金伯利的营销又完全以官方的盖章认证为支撑。

在2002年3月，金伯利被中华人民共和国国家质量监督检验检疫总局和国家首饰质量监督检验中心评为"全国钻石首饰行业质量服务诚信示范企业"。

2003年1月，金伯利被《中国质量技术监督》评为"质量稳定产品消费者满意品牌"。5月，金伯利获得"中国质量检验协会团体会员单位"称号。9月，在"中国质量万里行　质量月诚信日"活动中，金伯利成功入选为"质量稳定合格消费者放心品牌"。11月，金伯利参加了第三届中国（上海）国际珠宝展，吸引众多参展嘉宾的关注。

2004年1月，英国标准协会（BSI）向上海金伯利钻石有限公司颁发了ISO9001质量管理体系认证证书。3月，"中国产品质量申诉处理网"发布2004年3.15公告称：上海金伯利钻石有限公司为"全国质量服务消费者满意企业"。11月，被中国宝玉石协会评选为"中国珠宝首饰业优秀企业"。年底，拥有了400家专营店，成为中国钻石珠宝业中最大的钻石零售品牌之一。

2003年《光明日报》发表了《上海，珠宝之都》的文章，文章说：

"上海的南京路、淮海路、豫园商城以及徐家汇是专售中高档精品的时尚商业街，珠宝首饰名店林立……我国加入WTO以后，国外品牌纷纷'抢滩'中国落户上海，意大利、法国的一些知名品牌在上海街头随处可见。随着浦东的开放和发展，八佰伴和正大广场也集聚了许多国内外珠宝首饰品牌，上海成为国内主要的珠宝销售集散地。

据中国宝玉石协会副秘书长王永庆介绍，我国珠宝首饰恢复内销市场才20年，黄金珠宝玉石饰品生产企业已从20年前的几十家发展到现在的3000多家；珠宝玉石销售企业从20年前的几百家也已发展到现在的2万多家；珠宝从业人员从20年前的2.6万人发展到现在的300多万人。去年我国黄金的产销量位列世界第四，铂金消费已名列世界第一；全国珠宝零售市场增长了19%，而上海的购买力最强，仅钻石的销售量1年就增长了20%多。珠宝业的发展见证了我国老百姓的生活从温饱到小康的历史轨迹。"

"大概从2000年开始，钻石行业就站在风口上了，那真的是能迅速吹上天的。"于建春说。

于建春顺势抓住了风口。

2003年底，于建春就找董留生商量，开金伯利加盟店试一试。董留生说："你要试就必须成功，必须做好，别让外人一说你是我带的兵，连个店都开不成。那是丢我的人。"

于建春还没离开公司的时候，就开了第一家店。这家店在江苏常熟。当时他身上没钱，开店的钱全部都是借的。虽然压力很大，但董留生给了他很大的支持。

"我当时应该是拿了80多万元的货，但是只交了40万元货款，老板支持我开业，货拿走先开业，先去运营，后边慢慢地还，一点一点把钱还上。"

于建春后来开了6家店，店铺在山东莱州、烟台等地，拥有七八十人员工，每年的营收3000多万元。

李保强退伍之后，就来到金伯利，他自称是董留生的"保安"与"小弟"。他在金伯利干过保安，跑过市场，进过钻石工厂，做过配送，做过质检，做过营销，做过高管。

2011年，李保强离开公司，成为金伯利的加盟商。他离开公司的时候，心情复杂，来到董留生的办公室。

"往那儿一跪，咣咣咣磕了仨头。我说：'哥我走了。'那时候我觉得，我还是离开一段时间比较好。"当时开店的大环境不错，金伯利发展也特别好。李保强最多的时候开了12家店。

"不是开店，而是抢店，可能你今天不做，改天人家就做了，当时是这种情况，大家发展都很迅猛。"

根据李保强的描述，离开公司的一个原因，或许是他在公司受了点委屈。但是他感谢董留生，董留生更像是一个大家长："这个正常，父子间哪能没有矛盾？很正常，很正常。"即便他离开公司，也会一直帮着金伯利，"公司遇到困难，我们能帮得上，尽全力去帮，这是不含糊的。"

也许，他的委屈，跟董留生的脾气有一定的关系。董留生帮助他跳出农门，因此他以报恩的心态来看待董留生。"做事，那肯定是，说句难听点的，让做什么做什么。"军人出身的董留生看重的是执行力，他指哪儿，李保强就要打哪儿。

"在公司的时候，我很少拒绝他，真的。那时候，第一觉得他是大哥。我年龄也小，他的事业与视野要比我们开阔，所以那时候觉得听他的没错，叫干什么就干什么。那时候我也不知道什么叫拒绝，那时候也没理由，也没胆量去拒绝。另外老板的性格比较急，刚开始说，就骂。后来可能就是，你做对了，有时候也骂，也都认了。"

董留生火爆的脾气以及雷厉风行的风格，也许就是金伯利在21世纪初期迅猛发展的必要条件。

不过他在上海时并非一路坦途。在这座消费之城里，挑剔的消费者与诸多的珠宝奢侈品商家助推了激烈的竞争环境。金伯利从河南搬到上海，引起了上海本土珠宝品牌的警惕，竞争的手段似乎超出常规。

好几位金伯利员工都回忆说，金伯利初到上海，在税务或者工商方面会遇到问题。他们怀疑是竞争对手找关系故意打压。金伯利折腾了大概有两三年，才开始在上海站稳脚跟，发展加盟店，进入快速扩张期。

也许是为了规避竞争的风险，董留生在2002年将公司的业务重心部门暂时南移至深圳，上海公司只保留基本的行政机构。当然，董留生也是乐见其成的。

他说："深圳的工厂，做首饰生产。为什么把工厂放在深圳？深圳用工比较方便，因为首饰行业从香港移过来，产业配套比较方便，深圳的什么配套都有，所以留在深圳了。"

此时，他在深圳创办的金伯利钻石加工厂已经成立4年。深圳是金伯利生产的大本营，以及董留生的作战指挥部。

在深圳，金伯利成立了配货部、质检部、财务部等多个部门，部门之间如同齿轮一般密切配合、运转，推动金伯利航船的稳定前行。

21世纪头10年的深圳珠宝产业只有"繁荣"二字。改革开放的80年代初，深圳迎来第一家三来一补的珠宝企业，伴随着港商、外商的涌入，以深圳为代表的珠三角地区，逐渐成为全球重要的珠宝产业基地。

深圳的珠宝行业最开始在沙头角、罗湖两大区域集中。

周大福、谢瑞麟等港商的代工厂就开在深圳盐田区的沙头角，一批知名的代工厂崛起。到20世纪90年代末，罗湖区采取积极政策，吸引珠宝企业转移到此地。

2003年10月，深圳下发了《关于支持发展产业集聚基地的若干意见》，支持在深圳建设珠宝产业集聚基地。次年，深圳罗湖区水贝——万山珠宝产业集聚基地正式揭牌。到2005年时，已有300余家企业成功入驻产业集聚基地。

该基地面积达57万平方米，随着聚集效应的增强，逐渐成为龙头，并逐步向外辐射扩张。

曾经是个贫困小村庄的水贝，借着区域地理优势和官方加持，趁着珠宝产业之风，成为中国珠宝的"宝都"。有文章说："这里卖出去的黄金、铂金、钻石饰品，占据全国市场份额的大半个江山，年营收有1200多亿元，足够吊打全国99%县城的GDP。"

这里珠宝商铺林立，招牌绚丽夺目，遍地都是金银珠宝。大街小巷都是前来采购的商人。2004年，水贝珠宝交易中心建成，按功能分为10多个经营区域，是一站式的采购中心，集合了珠宝首饰设计制作、加工批发、物料采购、商情信息等多项功能。

《小康》杂志在一篇题为《深圳水贝村变身珠宝城》的文章中这么描述水贝珠宝交易中心：

一楼的品牌区，以品牌加盟、区域代理、现货批发为主，集中了国内外众多名牌珠宝企业……二楼是翡翠区和K金区，是迄今为止国内最具规模、最有知名度和影响力的高档翡翠批发地……三楼全是银饰区，售卖国内最高档的银饰品。

"因水得财，因贝而富"的水贝还有另一种故事。

中国最早一批跟"周"姓挂钩的珠宝品牌，是广东人迁到香港后创办的周大福、周生生。不过在2000年后，中国的消费者们发出疑问："中国在珠宝品牌，姓周的怎么这么多？"

其实有些周姓品牌，其创始人曾经在深圳的珠宝厂工作过，或者是在水贝开过珠宝加工厂。品牌取"周"字后，也引发了版权的纠纷官司，但这都抵挡不了"周"氏门店风靡大江南北，尽享财富密码。

金伯利深圳的工厂，在当地搬家就搬了六七次。但搬家并不会引起较大的员工离职潮。

黄明才目前是深圳工厂的负责人。他毕业于桂林工学院珠宝鉴定专业，2006年进入金伯利，经过多轮的换岗，去过工厂一线，也在质检部门做过珠宝鉴定。他不喝酒，人消瘦干练。

在他看来，员工稳定的原因有两个。

第一，像电子加工的行业，电子厂的QC（品质管控）的标准都差不多，员工换厂，也很容易就上手了。但是钻石加工厂，每一家的QC都不一样，员工换到新的工厂，最短就得适应半年。

第二，在中国钻石珠宝行业，"在那些能叫得上号的品牌里，其他公司都是委托代工厂进行生产，只有金伯利所有货要自己生产。外包无非就是把订单派给深圳这些工厂，有订单，工人就有单子，没订单，就没收入。"

在金伯利的工厂，工人们有保底的工资，订单量一直很稳定，工人们只要肯多干活，就能拿到更多的计件工资。金伯利工厂为自己所有，所以出货周期以及质量的管理都能得到保证。

黄明才说："我们现在公司出货周期很短，20多天就出了，外包不能保证周期。就像圣诞节要推广，这个节日之前必须交货，代工厂是做不到的，自己的工厂才能保证时间。"工厂采取的是以销定产的模式，金伯利根据过往的消费数据，会给出订单数量的大致范围，黄明才依此调控节奏，安排生产。

周洵献是金伯利深圳工厂的"骨灰级员工"。他出生于1978年，广东茂林人，1996年出来闯荡，在加入金伯利之前，进过两家工厂。金伯利工厂成立次年，即1999年，他便到工厂内工作，迄今为金伯利服务了23年。

金伯利包吃包住。结婚后，他便和妻子在外租房，挣了钱之后，他便在老家买了房子，家里有两个小孩，大的已经出来打工了，小的正在读初中。他的妻子后来得了白血病，需要做手术换骨髓，但买房花光了家里的积蓄，金伯利就组织员工捐款，董留生一次性还给了他10万元。

他主要是做执模工作。

钻戒的生产流程，粗略讲有几道工序。

首先是起版，设计师根据设计主题，构思模板，画出草图，根据图纸制作蜡版，蜡版放在倒模器里，高温加热，蜡融化了并流出，金水补充进来，蜡制模型就成了黄金戒圈。

接着就是周洵献负责的执模：对戒圈进行修饰、修补、整形、组装、焊接、打磨、抛光等。然后就是关键的镶嵌钻石环节，最后经过打磨、抛光等程序，就成了钻戒。

周洵献跟戒指上那个黄金的环儿打交道，对那些金环进行修正，把戒指圈"敲"得更圆、更亮。这份工作，靠的是经验，看多了做多了，就知道怎么"敲敲打打"。

据他的回忆，金伯利最开始的工厂是在罗湖区的田贝四路。当时工厂的外墙还是石米外墙，这是20世纪90年代的外墙装修风格，凹凸不平的石粒混上水泥砂浆搅拌后，抹在外墙上，半凝固后用硬毛刷刷去表面多余的砂浆。

当时工厂的人并不多，他偶尔会见到董留生。董留生总是拉着行李箱，似乎很匆忙。

偶尔，黄明才也会见到董留生，他说："他不是太喜欢开会的人，开会就两分钟结束。军人出身的习惯，雷厉风行，两分钟解决就行，基本就是这样。"

工厂后来人越来越多，最多的时候将近200多人。但是很多金伯利员工发现，老板深圳办公室的布局又跟上海的布局特别像。接近董留生的人说，这是老板的习惯，他在加拿大的家具，跟在上海、深圳以及比利时的家具几乎一样，"他也不嫌枯燥"。

如今，黄明才最大的挑战是管理。"200多号人，人多，又涉及到行政和工人，两个完全不一样的群体，要用两种不同的方式去管理两个不同的群体，就是这样会很麻烦。"

周泃献的工作也越来越有挑战性，因为"以前款式很简单的，后来的款式就很复杂了"。这跟金伯利的发展思路有关——从2005年前后，金伯利便开始组建多元化的设计团队，朝设计发力。

中国的珠宝设计，在21世纪的头几年虽有发展，但依旧粗放。

2004年，《中国黄金报》连续发表在《谁在毁灭珠宝设计师》的一组文章中，谈到了中国珠宝设计的问题。一位设计师说：

"对于绝大多数珠宝企业来说，重视珠宝设计还是一个用于作秀和炒作的口号，还没有真正落实到具体的品牌整体运作和整合营销当中。曾经和一些企业经营者交流，经常会被问到一个问题：中国的珠宝设计师值多少钱？而我想说的是：你觉得珠宝设计值多少钱？等到那天，企业之间的竞争力是通过以设计为主导的品牌特质，而不是通过以价格为主导的时候，设计师的日子会好过一点。"

还有一位设计师说："中国没有真正的珠宝时尚。我们这代人不是真正的时尚，不是真正的消费时尚；我们上一辈的人（有经济基础的人）消费时考虑的也是商品的价值。中国可能是在经历一个'伪时尚'的过程，一个从商业向艺术转变的过程。"

也就在当年，中国宝玉石协会在全行业范围内开展了《中国珠宝玉石首饰行业经营状况及发展趋势调查》，协会在调研了2000余家中国的珠宝首饰企业后发现：

"27.8%的珠宝企业已有珠宝设计人员，不再需要（招聘）；25.1%的珠宝企业有珠宝设计人员，还计划聘请；22.5的珠宝企业没有珠宝设计人员，但计划聘请；17.2%的珠宝企业没有珠宝设计人员，也不打算聘请。可见，珠宝需要设计、产品应有特点的概念已深入珠宝经营者内心，占75.4%的珠宝企业已认识到珠宝设计人员的重要性，且52.9%的珠宝企业已聘请了珠宝设计师。"

但为什么产品同质化现象还比比皆是呢？这一方面说明珠宝设计人员的水平有待提高，行业自律、行业立法工作亟待加强；另一方面也说明经营者素质、知识产权保护手段等应尽快跟上。

到了2006年，中国黄金报社还组织了专家开会，讨论中国珠宝的设计问题。一位设计师说：

"知识产权保护的缺失导致企业不愿意通过弘扬设计来推广品牌。

品牌的推广在一定程度上是对品牌文化的推广，设计和款式新颖的产品成为文化推广的载体，赢得消费者对品牌产品的眷顾。当企业拥有了优秀的品牌文化和足以撼动市场审美情趣的设计产品时，首要的选择应该是投放广告，将这些好事广而告之，传播得越远越好。而目前我们的珠宝商家恰恰不愿意推出广告去引导消费，更愿意在店面上花费更多精力和财力，吸引走进店家的消费者进一步的关注。这其中隐含着商家的苦楚，他们并不是不愿意这样做，而是不得已。因为知识产权得不到应有的保护，所以商家的广告越快，传播越快，仿版就越快，最后导致了企业在设计上的独创，成了大家的共享。长此以往，就造成中国珠宝企业产品设计、文化推广的严重缺乏。"

"设计是珠宝首饰的灵魂，是创建品牌的第一核心竞争力"是行业的共识，但问题是，有多少企业开始行动与布局。

女高音（2007）

2007年6月，公司资深设计师郑志影的作品"女高音"入围HRD AWARDS 2007"歌剧之夜"钻石设计大赛。

这项比赛的原名为HRD比利时国际钻石首饰设计大赛，是业内公认世界上最高级别的钻石珠宝设计大赛之一。它创办于1984年，前身是安特卫普钻石高级委员会奖，旨在促进比利时钻石珠宝设计的创造性和革新进步。从2003年开始，比赛发展为国际性的赛事，被誉为钻石首饰设计界的"奥斯卡"，每两年举办一次，吸引了全球诸多设计师参赛。

在全球参赛的40多个国家和地区的1092件作品中，有38件入围进入决赛。这38件入围作品里，中国设计师的作品占据8席，着实不易。

郑志影的设计灵感来自歌剧中最亮眼的明星——女高音艺术家的纯净、甜美、明亮的音色，以及穿透黑暗的高亢力度，如同钻石穿透黑夜，耀人眼目。钻石展现了歌剧的魅力，并切合"歌剧之夜"的辉煌华丽氛围。

《中国黄金报》在一篇《中国女高音唱响世界钻石中心》的报道中写道：

"郑志影的'女高音'钻石项链，充分体现了本届赛事'歌剧之夜'的命题。作品营造了奢华璀璨的歌剧舞台上女高音艺术家以华丽的装饰和优美的音色引吭高歌的情景和氛围，给人以高雅的艺术享受。作品的精心设计和精湛工艺，配以来自世界钻石中心安特卫普切工的精美钻石，打造出了完美的精良首饰艺术品，获得了国际评委们的认同，并得到了比利时王储妃玛蒂尔德公主殿下的赞赏。"

郑志影在接受记者采访时表示："参赛作品一定要切题。'女高音'的设计构思是从此次比赛的'歌剧之夜'命题中引发的灵感。他说，歌剧是一种高雅艺术，钻石饰品是一种高雅首饰，是奢华的装饰艺术品。女高音艺术家往往是歌剧舞台上的主角，我就选择主角设计'女高音'。

那条钻石项链非常华丽高雅，取材 K 金、珐琅与钻石，那珐琅是专门托人从英国采购来的。项链的造型由一个个喇叭组合而成，红的、蓝的、黄的、绿的，色泽鲜艳。喇叭上点缀着的钻石，似花蕊，更象征女高音艺术家发出的纯净而甜美的歌声。"

2009 年 3 月 7 日，该系列首套作品在荷比卢商会举行的慈善拍卖活动中进行拍卖，用来帮助中国那些失去家庭关爱的儿童，并以点滴之爱唤醒更多人的慈善之心。

跟"女高音"同年诞生的作品，还有"东方之冠"，它由金伯利精工细作打造的 128 颗钻石汇聚而成。2007 年 11 月，歌手梁静茹的巡回演唱会的发布会上，为了搭配"东方之冠"的效果，她还特意穿了一条红色裙子。

东方之冠（2007）

后来，歌手许慧欣戴过"东方之冠"，在金伯利20周年庆典上，模特也戴着"东方之冠"。这似乎是一种寓意，董留生立志要金伯利成为钻石行业的"东方之冠"。

当然，这只是金伯利在设计端发力后较为早期的作品。在后来的设计大赛以及重大的国际展览中，金伯利毫无保留地展现出令行业惊艳的实力——"东方之冠"后来就出现在顶级的巴塞尔国际钟表珠宝展上，而金伯利后来还赞助了HRD AWARDS 2011国际钻石首饰设计大赛颁奖盛典。

黄明才负责的工厂，重要职责之一便是设计的落地。偶尔，黄明才也会感叹这项工作之难。在接受本书采访时，金伯利一款带弧度的产品，部件之间的黏合始终不够完美。公司让工厂重新做，但他认为，QC已经到了极高的地步，如果货物还是有问题，那就不是生产的问题，而是设计的问题了。

黄明才需要兼顾生产与设计之间的矛盾。

"设计师就觉得这样太好看，画出来好看，我们一看做不了，就做不了，那没办法。"他会吐槽，但也学会了跟设计、运营沟通。"公司以前选设计图纸，都是设计和销售部门在选，现在我们工厂会再看一遍，看图纸的时候会提出来，生产的过程当中也会说，要做成什么样，生产上的问题也会沟通。"

2004年，金伯利的一位员工，成为公司第一个平面模特。

这位模特叫李晖。她是武汉人，大学时学的是企业管理专业，2002年6月进入公司。当时金伯利刚搬到上海，在上海人才市场进行招聘，这次招聘的重点对象，就是像李晖这样的一大批大学毕业生。

面试李晖的是董留生和几个副总。李晖对面试场景印象深刻，"老板很有意思，他让我们3个面试者一起进来，有的是4个一起进来。后来我跟老板聊天，他觉得3个人一起进来，回答同一个问题时，特别能分出来优劣，很容易对比出来。"

她笑称自己傻白甜，进公司没有很大的期望，只是觉得做钻石挺高端，"进来以后发现，我们公司也是开店，主要开加盟店，当时在上海也开了很多店，有加盟店，也有直营店，和我一起进来的同事负责市场的，也都是在跑这些店。全国还有一些店，就觉得发展挺好的。"

她会在深圳、上海两头跑。最开始在深圳做财务，干了半年到上海财务部负责海关报关，接着到深圳配货部当经理。后来，她又回到上海，给老板当助理。如今她负责直营店的招商和开发等运营工作。

金伯利包吃住，大家吃住在一起，公司"家"的味道越来越浓。周末的时候，企划部的一个经理找她们玩，闲着没事就说给李晖拍照。他们在居住的卧室里打上灯光，用自己的相机拍着玩。

金伯利之前没有用过平面模特，但加盟商反映说，门店的照片上首饰太单调，配个人物会更好。就因为这张拍着玩的照片，在接下来的两三年时间里，李晖佩戴着金伯利首饰的照片，伴随着门店的扩张，出现在全国各地的店铺中。

"我刚加入公司时，市场很好做，我印象很深，我那时候在深圳做财务，公司加盟开店速度很快，每天看的都是全国市场，认识了好多城市。"李晖认识了很多城市，很多城市的消费者大概也看到了这位平面模特。

公司还跟她签了一个照片的协议，支付她一万元。后来她去外地旅游，在温州一家珠宝店里看到了她自己的平面模特照片。这家珠宝店并非金

第四章 崛起　151

伯利的店铺。当时对版权不敏感，也就没去追究。

2007年时，李晖到深圳配货部当经理后，工作状态就是天天加班。工厂生产不停歇，配货部就得一直盘货、发货。

"配货部当时小姑娘很多，大家真的是一加班都来干活，可能干到夜里12点、1点。餐厅会做宵夜，大家吃完然后去睡觉，第二天早上接着上班，真的很拼，所以我觉得那个阶段公司发展很快，和大家一起拼命地工作都有关系。"

董留生脾气比较急，员工工作做得不好就会被训。"所以他一来，我们都挺紧张。"

像于建春一样，李晖也见识到董留生的"劳模"作风，"老板真的是很勤奋的人，我觉得他一天除了睡觉都是在想工作。"劳模也有休闲的方式，董留生在深圳时有个VCD，他就买影碟看片，等到IPAD出现的时候，这台机器连着WIFI，也成了他的看片工具，他看电视剧，尤为喜爱的就是军旅题材剧以及抗战剧。

李晖后来成为董留生助理后，经常跟着董留生出差或者去国外。"飞机要起飞，我觉得我要休息一会儿，老板你看着他闭着眼睛，其实他脑子在想东西，我在放松，我觉得他脑子一直在转，他也说他脑子一直在转。"

"一趟行程跟下来，我都觉得累得不行了，但是他还是每天都状态满满的。我现在也会想，公司为何在那个阶段发展这么快？这就跟他的勤奋、效率很有关系。但凡你效率降低一点，你公司肯定发展没有那么快，也不会把店弄得那么好，基础打得那么牢。"

在李晖看来，除了勤奋、效率以及雷厉风行的性格加持之外，董留生还有一种商业直觉，并"固执己见"的魄力。在早期，很多人觉得金伯利走中高端路线，价格太高，但董留生说过一句话："如果我们当初不坚持这样的价位策略，金伯利不会有今天。"

在深圳期间加过班的人，大多都记得董留生的团建方式。董留生会在繁忙的工作里，挤出一些时间，比如每周的周日下午，邀请深圳的员工一起喝饮料、吃点心、跳舞、吃饭。

深圳的公司员工都来自天南海北，配货部的姑娘又很多，董留生在饭桌上就化身"媒人"，安排相亲进行撮合。市场部的男生和配货部的女生因此相识，后来结婚的故事有很多。也有人因为同在金伯利工作，日久生情，结婚后还留在金伯利。

宋娇祯 2007 年结婚，她在配货部与一位男生相恋，两人至今还在金伯利。

宋娇祯 2003 年 5 月加入公司。

她在新乡电视台看到了招聘广告，就投了简历。面试地址就在金伯利新乡切磨厂，当时切磨厂开工第一天（工厂将进口的钻石原石进行切磨加工，后来因成本太高而关闭）。

200 多人应聘，只招了 10 个人。这是金伯利第一次在新乡招聘，面试分几轮，每个人都要填一个有没有意愿想去深圳的表格。为打消疑虑，董留生还邀请员工家长们到深圳的公司去参观，往返路费以及住宿费由公司报销。

宋娇祯的父亲参观一圈后很满意。她就在繁忙的配货部工作。工厂搬到深圳市罗湖区东盛路的东立大厦，金伯利其他部门也在这栋楼里。

"包吃包住，伙食挺不错的。住的宿舍两人一间房，有空调。老板的意思就是，吃住肯定好，应该比你们大部分人自己家都好。"

宋娇祯记得，当时她到金伯利面试时是去得最早的一个。她正好碰见了董留生，尽管她不知道其身份，董留生有点惊讶她来得早。等加入了金伯利，她发现董留生对"早"的执念。

宋娇祯刚到深圳，有一次起床比较晚，拿着毛巾去洗脸时被董留生看到了。董留生就去问她的直属上司："宋娇祯这个人今天怎么起这么晚，平常是不是也很懒？"上司帮宋娇祯说了几句好话。

2002年加入金伯利的黄展，也因为懒惰被训。

黄展毕业于桂林工学院，学的是珠宝专业，大学毕业后便留在金伯利，迄今待了20年。面试时，她第一眼看到老板，觉得老板挺亲切。她实习时在上海跑市场，负责当地的几个直营店，干了几个月转正后，就来深圳配货部，这一待就是数年。

早期她跟董留生接触较多。

她谈了个男朋友，有天半夜她打电话时，被董留生逮住，被批评。黄展最开始也喜欢睡懒觉，也被批评。"他喜欢早起的人，因为这一点我都被他说过好几次，因为这个事情老板也记我十几年，从那几次以后，我现在都没有睡懒觉的习惯。"

董留生对"早起"的坚持，也许是跟部队文化的熏陶有关，也许也跟他的"识人"逻辑有关——懒惰者，难成大事。

这就像流传的鲁迅刻"早"字的故事。私塾的老师见学生鲁迅迟到了，就生气训斥。鲁迅听了回到自己的座位上，在书桌右上角用刀刻了个"早"字，许下诺言："以后一定要早起，不能迟到。"

董留生很细心。

宋娇祯有一次跟直属上司拌嘴，董留生就把她批评一顿，说她做事不对，要求她跟上司道歉。董留生后来还特意电话询问她的上司，宋娇祯有没有道歉。他要求员工讲究卫生，偶尔还会去检查宿舍，看看员工有没有叠被子。

一日之计在于晨，金伯利的员工不仅要早起，早起之后必须要吃早饭。这是金伯利的要求，违反规定者要被罚款。这条规章制度延续至今。

黄展说："如果早上不吃饱，工作的时候肯定也没有精神。那时候年轻也不懂，有时候偶尔也不吃早饭，但是现在慢慢地能体会到吃早饭的重要性。"接受本书采访的其他金伯利员工，跟黄展一样，也都对这项威权主义式的规定表示认同。

在金伯利，黄展养成了早起吃早餐的习惯，对钻石公司也有了认识。

"媒体总会进行艺术化的展示，但钻石从一个钻石原石，到切磨、镶嵌、设计、成品、售卖，每个参与这个过程里的员工，可能平常每天做的都是重复的事情，每天做着自我感觉很平淡的事情，但是汇总到一起，就是一件很璀璨的事情。"

大约在 2006 年，金伯利上海门店的店员王义瑞也迎来人生中第一笔大单子。

香港的一位先生带着他的女朋友来金伯利挑选钻石，他们路过金伯利的门店时，被店员招呼进店里，对方随意看了一下。王义瑞向对方推荐了产品，对方也有意向，在店铺里就待了几分钟，留下电话，付了定金，约了第二天再来店里。

对方想要的是一个价值 18 万元的克拉钻，定金就付了 1 万元。"我记得非常清楚，心里也有压力，还有点儿忐忑，万一第二天搞不定怎么办？"

第二天，门店的总主管也到店铺等候这位客人。生意很顺利，轻松成交。"我记得送了一条手链给这位客户，买 18 万元的克拉钻，附赠一条 3 万元的手链，当时直接敲定。后续这个客户我们也一直在维护，他也经常过来采购其他的产品。"

这家门店在万达商场内，店铺月销售额维持在 20 万元左右，而这个客户出手就是 18 万。王义瑞非常兴奋。不过，他当时一个月的提成是 100 元。朋友跟他开玩笑："你卖了 18 万元的产品就拿到了 100 元的提成？"

当时店铺对店员有要求，先要保证店铺整体的保底业绩，超过保底业绩之后，才可以拿提成。

王义瑞是河南洛阳人。在洛阳的时候做过收银员。因为她的姐姐做传销，为了拯救姐姐，她就到上海挣钱。她在上海的其他公司做过前台，干了几个月，觉得工作没前途就想跳槽。恰好，她在上海著名的商业中心五角场见到金伯利门店正在招聘，就提交了招聘材料。

面试现场，房间里有 200 人应聘，"压力好大，感觉面试不上了。但是上午面试完，下午公司就打电话让我参加公司培训，就这样进了金伯利。"

王义瑞自称性格内向，资质比较差，在进入金伯利 3 个月后，没有拉到客户。"经理下逐客令了，再不行就要开除"。王义瑞就开始突破自己，在学习钻石相关知识的同时，还不断地跟陌生人交流。

门店旁边有一家超市，超市的人偶尔也会来金伯利门店。所以她把超市的消费者当作意向客户，"先练手，慢慢就有了突破，越来越好。"半年后，她就开始接到大单子。

王义瑞最开始在加盟店工作，目前管理着上海的几家直营店，是一位精明干练，每天"都像打仗一样"的店长。

她遇到过很多有钱人。

有的是突发式惊喜，有一位四川人来到淮海路金伯利门店，只要 3 克拉的钻饰，店里没有，收了他 5000 元的定金，第二天金伯利拿来两个款，他挑了一款，花了 100 多万元。据说这个人就是来淮海路撒钱的，一天在这条街上花了 200 多万元。

其他的客户则要看缘分，需要耐心。有位客户，预算 100 万元，想买粉钻。

所谓粉钻，就是粉色的钻石，它一直是钻石界的极品。钻石是稀缺品，粉色钻石就更加稀缺。每开采 10 万克拉钻石中，只能得到少于 1 克拉的钻石是达到彩色钻石的级别。而粉钻更为珍贵稀有，因其开采困难，所以每开采出一颗 1 克拉以上的粉钻，都会被视为珍品。

相比其他彩色钻石，粉钻的开采量非常稀少，想得到一颗 1 克拉以上级别的粉钻，更是可遇不可求。电影《血钻》也是一部与粉钻有关的故事，在 20 世纪 90 年代非洲塞拉利昂开采钻石中，发现了一颗极品粉钻，莱昂纳多·迪卡普里奥饰演的男主角的命运，便跟这颗粉钻联系在一起。

2013 年，瑞士日内瓦拍卖了一颗名为"粉红之星"的粉钻 59.60 克拉，最终以 8300 万美元（约合人民币 5.14 亿元）成交，创下历史上宝石拍卖新高。1999 年，戴比尔斯在南非发现了它，并经过 2 年多抛光和切割出来。23.60 克拉的 Williamson Pink 粉钻，是目前全球品质最佳的粉钻。加拿大一位地质学家将它赠送给了英国女王。1953 年的时候，卡地亚用 200 颗小钻石搭配这颗粉钻制成了胸针，伊丽莎白二世女王佩戴这枚胸针出席了很多场合，比如 2009 年在白金汉宫会晤奥巴马总统和总统夫人。

足见粉钻之珍贵。不过当时金伯利没有粉钻现货，王义瑞就跟客户推荐了白钻，成交。每年客户过生日，王义瑞都会送去祝福。这位客户的生日是 5 月 17 日，金伯利的生日是 5 月 18 日。还有一个客户，花了 100 万元买了 2 克拉钻戒，这位客户的生日与金伯利的生日是同一天。

这样的惊喜并不多。钻饰市场竞争越来越激烈，"消费者可以选择的品牌太多了，他们会对比市场上每家品牌，成品对比、裸钻对比，最后才能敲定下来"。

跟客户打交道越久，她的营销经验则变得越简单。

她说："刚开始的时候，我认为销售非常简单，再后来我发现，有品位、有层次的客户，不在乎钱，在乎的是买到的产品适不适合，我就转变了观念，推销一些比较适合客户的产品，而不是单单地为了业绩提成，去推荐高价的产品。"正因如此，王义瑞也有不少维护了10多年的忠实客户。

在金伯利25周年的一段视频里，王义瑞还说了一句话："作为一个店长其实很简单，你只要时时刻刻记住一件事情就行了，那件事情就是，你是整个集团所有努力和所有汗水的最后一关。"

宋娇祯记得，2006年到2007年，公司的开店速度依旧很快："五一劳动节期间，一下子就开了50家店。"劳动节的时候，金伯利人在繁忙地劳动。

"2006年是公司发展的高速期。"在金伯利工作了十几年的老员工栗娅蕾说。

栗娅蕾就是在2006年加入公司的。她是河南焦作人，在本省读的大学本科。那时栗娅蕾在她老家县城就看到了金伯利的店铺。考研没成功，家里经济条件一般，她就出来找工作。

她在河南的《大河报》上看到金伯利的招聘信息，心想着做珠宝应该"比较高大上，又能挣钱"。招聘地点在新乡，录取后她就和其他人一起带着行李，坐着绿皮火车晃荡了24个小时到了深圳。

她的男朋友跟她一起到深圳参观公司，她谎称男友是她哥。她的男朋友后来也在金伯利干了7年，在这期间，两人结婚，还有了一个小孩儿。

"在这里完成了人生的几个阶段，跟公司一起成长，对公司还是很有感情的。"她最开始也在配货部工作，后来负责运营。如今，她担任金伯利核价小组组长，小组成员都是资深员工，专注于成本的管控。

她是最后一批通过社会招聘进入公司的人，此后，公司开始开展大规模的校招："当时已经对学历有要求，要求大专为主。校招就不用家长陪同，学生们直接一拨一拨人过来，一拨人最起码七八个。"

据栗娅蕾回忆，就在2006年前后，金伯利进行业务调整，组建了公司的质检部。在这之前，金伯利都是将货品送到官方的检测机构进行检测。新部门成立后，金伯利开始招兵买马。

程绿英就是在此时加入公司。

程绿英是河南周口人，毕业于河南理工大学。学校在焦作，就有金伯利的门店。2003年她大学毕业后，还想去焦作的门店当销售，可惜没被录用。后来她听说金伯利招质检员工时，觉得很意外。

她曾经在广东的珠宝检测中心工作了两年，期间还拿到了珠宝玉石质量检验师执业资格证书（简称CGC）。金伯利的招聘的岗位要求，需要这个证书。

这是由中国国土资源部组织的证书考试。考试一共4门，2门理论，2门实践，分别是《宝石学基础理论》《宝石学专业知识》《钻石鉴定与分级》《宝石鉴定》，4门课必须一次性通过，任何一门不通过4门课全都需要重考。

这项考试要求非常高，通过率很低，或许正因难度高，其证书在业界也有非常高的知名度。"分数要求特别苛刻，分数保留小数点后两位，有的人就差了 0.1 分，就被 pass 掉了，所以有的人就特别遗憾，通过率差不多也就在 30% 左右，在当时来说是比较难考的。"程绿英说。

不过到了 2016 年，官方就取消了该项考试，理由是"减少职业资格许可和认定事项是推进供给侧结构性改革的重要举措，能降低人才负担和制度成本，持续激发市场和社会活力，促进就业创业"。从 1997 年推行证书考试到其取消，全国获得该证书的仅有 1200 多人，而实际到珠宝企业工作的人数据相关消息不到 400 人。

另一位质检员成丽红是在 2008 年过完春节，通过校招加入金伯利的。她毕业于桂林理工大学，拿到了 HRD 的钻石分级师证书。

HRD 早在 20 世纪 90 年代就在中国开展钻石培训业务。2007 年 HRD 上海代表处成立，成立之初，手续不完备，还从上海钻交所借了一间办公室。代表处成立后，它就在中国开展 HRD 钻石鉴别培训系统，为中国钻石行业培养了 3000 多名 HRD 钻石分级师。

程绿英加入金伯利后，不像其他员工有过轮岗，而是一直就在质检部门。成丽红最开始在配货部，后来进入质检部门。她们每天的工作，就是观察金伯利购买进来的钻石，以及对钻石进行分级。

这是一项严谨又标准化的工作。

质检员必备的一项技能，就是能区别天然钻石和人造（合成）钻石。

人造钻石在 20 世纪初期就出现在珠宝市场。当时用来仿冒的晶体，是用焰熔法合成的无色蓝宝石和尖晶石，虽然硬度有保证，但折射率和色散值比钻石要低，打磨成人造钻石后，光泽相对较弱，火彩（即钻石的光彩）也弱。这种技术后来被淘汰，但合成的无色蓝宝石在制表行业中流行，成为制作表镜的玻璃。

1950 年前后，焰熔法合成的金红石，流行过一段时间，但目前市场上很少了。

1976年，苏联合成了立方氧化锆，并把它当作钻石的仿品推向市场，它很快就取代了其他仿制品，开始流行。它是最好的人造钻石之一。因为是苏联人研制的，所以又被称为"苏联钻"。

1998年，美国合成了碳硅石，它在很多方面都接近天然钻石，成为目前钻石市场里品质最高的仿制品。

不过，仿制品与钻石还是有很多不同之处，有经验的珠宝鉴定师能够做出鉴别。

天然钻石折射率高，抛光后的钻石反光强，色散值也高，火彩蓝色部分比较多。人造钻石色散值比钻石高，比如立方氧化锆的火彩颜色多样，且橙色较多，在阳光下更容易察觉。

天然钻石亲油，对油脂的吸附力很强。当用油性笔在钻石表面划过时，会留下连续的线条，若是人造钻石，表面就是一个个小液滴，不会出现连续的线条。

天然钻石的内部通常都拥有一定的矿物包裹体。"就是钻石形成过程中的瑕疵。内部有其他的矿物。"程绿英说。

包裹体在钻石里的位置很随机，包裹体有橄榄石、石榴石、透辉石等，形状各异，颜色也有深浅，它们的形状像晶体、针尖、云雾、生长线、羽状体等。而人造钻石的内部可能会含有气泡。

成丽红说："如果单凭肉眼是根本没有办法区分的，需要过仪器。公司在比利时采购的时候用仪器筛选一次，钻石运到国内后还要用仪器再筛选两次，因为跟比利时建立了长达十多年的稳定关系，相互信任，就我们检测的结果来看，还没有发现人造钻石的情况。"

这些仪器，有红外光谱，有紫外可见光谱，可以通过光反射跟吸收的情况，来确定钻石天然与否。"1克拉的钻石如果是合成钻，可能就几千元，天然钻石几万元都不止了。"成丽红说。

区别天然钻石和人造钻石不仅依赖专业知识，更需要的是经验。就像游泳之人常年待在水里自然就掌握了水感一样，钻石鉴定，用成丽红的话来讲，就是"你需要看很多石头，去摸很多石头"才能积累经验。

钻石的鉴别，依赖工具，更依赖明察秋毫的眼力，所以珠宝质检员的眼睛需要承受很大的压力。接受本书采访的金伯利的珠宝鉴定师们都提到工作对眼睛的损害。长期跟钻石打交道的人，就像她们自称的"看石头"一般，对高高在上的钻石行业祛魅，如成丽红所说："就像印钞厂的员工见着一大堆钱，虽然他也花钱，但他不会觉得钱有多贵重。"

钻石鉴定是个重复的工作。鉴定师们需要看每颗钻石的颜色、净度等，钻石行业里早已经形成了一套成熟的标准，鉴定师按照程序一步一步地完成工序即可。

"每一个质检员最开始有好奇心与新鲜感，过了一段时间便会觉得枯燥，似乎进入了瓶颈期，但过一段时间就会沉浸在微观世界。"程绿英说，"但看一段时间钻石，你就会发现微观世界里有一些与众不同的东西，内部的一些包裹体，它们很美，有的包裹体有特别的形状、特别的图案，发现比较有特点的图案，我们就会相互交流，说你看这个包裹体特别好看，有的像羽毛，有的像朵花。"

质检部门的同事们看到好看的包裹体，会分享，偶尔也会拍照留存纪念。在程绿英眼里，包裹体是一种瑕疵之美，这样的钻石是有收藏价值的。而成丽红偶尔会发挥自己的想象力，那些包裹体在她眼里，有的像蝴蝶，有的像星星。

欣赏包裹体之美,只是程绿英工作中的一种消遣。包裹体是她对钻石进行分级的重要依据。

目前钻石分级,全球依照的标准主要有美国宝石学院、国际珠宝首饰联合会、国际钻石委员会、比利时钻石高阶层议会的钻石分级标准以及中国出台的钻石分级国家标准。

而这些标准,都是以4C作为基础的。4C分别是指钻石的颜色、净度、切工和克拉重量。

颜色是决定钻石质量的重要标志。

宝石级钻石,一般为无色—浅黄色。带有颜色的彩色钻石,极其稀有,是钻石中的王者,有另一套评价方法。目前对钻石颜色等级评价,主要是对无色—浅黄色系列的钻石,进行颜色分级。

无论采用哪种分级标准,钻石的颜色越透明,其价值就越高。颜色上升一个级别,价格几何倍数增加。中国钻石分级标准的钻石的颜色由无色到浅黄,依次分别为:D、E、F、G、H、I、J、K、L、M、N、<N。

通常,鉴定师们需要用比对法鉴别,他们有一套标准的钻石比色石,将待检的样品与标准比色石进行对比来鉴定颜色等级。偶尔,还要借助仪器等专业工具。鉴定师需要在理想的环境里进行观察,室内以灰白色为主,无阳光直射,无其他杂色干扰。

净度,通常是指在10倍放大镜下,对钻石的内部和外部特征进行等级划分。其中内部特征包括:点状包裹体、云状物、浅色包裹体、深色包裹体、针状物、内部纹理、内凹原始晶面、羽状纹、须状腰、空洞、破口、击痕、凹蚀管、晶界、双晶网、激光痕等。外部特征包括:原始晶面、表面纹理、抛光纹、刮痕、额外刻面、缺口、击痕、棱线磨损、烧痕、黏杆烧痕、"蜥蜴皮"效应、人工印记等。

钻石的内外部特征越少，钻石的净度级别越高，其价值相对也就越高。但完全洁白无瑕的钻石非常少见，绝大部分钻石都有内外部特征。按中国的标准，净度最高级为镜下无瑕级（LC级），净度最低的等级是重瑕疵级（P级）。

中国标准依据钻石的内外部特征（包括其位置大小、数量、可见度和对钻石美观、寿命的影响），将钻石的净度由高到低分为LC（镜下无瑕级）、VVS（极微瑕级）、VS（微瑕级）、SI（瑕疵级）、P（重瑕疵级）五个大级别，大级别下又细分为FL、IF、VVS1、VVS2、VS1、VS2、SI1、SI2、P1、P2、P3共11个级别。

切工，就是按照设计要求对钻石进行切割加工的过程。这是人类的技术能力决定钻石品质的一个标准。切工优良，才能展示钻石的璀璨。

目前国际上的切工类标准包括标准圆钻形、椭圆形、心形、橄榄形和方形等。标准圆钻形最为普遍，其他的几种就是"花式切工"。标准圆钻切工是根据钻石光学原理，设计出的最佳切磨比例和角度，钻石经切磨后共有58个刻面。

切工的等级划分，主要看比率和修饰度。

比率包括台宽比、冠高比、腰厚比、亭深比、全深比、底尖比、星刻面长度比、下腰面长度比等方面，按等级可分为极好（Excellent, EX）、很好（VeryGood, VG）、好（Good, G）、一般（Fair, F）、差（Poor, P）五个递减的级别。

修饰度分级包括对称性分级和抛光分级，以对称性和抛光分级中的较低级别为修饰度级别，分为同比率相同的五个级别。根据比率级别和修饰度级别可以得出钻石的切工级别。

切工的评价依赖眼睛，使用 10 倍放大镜，用眼睛直接估测圆钻的各部分比例，或者利用钻石切工比例仪，对钻石各部分进行测定。

克拉重量是消费者们最为熟悉的一个概念，一个决定钻石售价的重量单位。在钻石交易中，重量是首要考虑因素，接着才会考虑其他。钻石原钻的重量可以利用专门的称进行称重。

克拉 (ct) 是国际通用的宝石重量单位，1 克拉 =0.2 克。抛光钻石的重量用克拉来表示时，要求精确到小数点后两位，第三位八舍九入，如 0.998 克拉应记为 0.99 克拉；而 0.999 克拉则可记为 1.00 克拉。而由于钻石价格太高，又出现"分"的计量单位。换算公式为是：1 克拉 =0.2 克 =100 分。

钻石行业有个通用 200 多年的公式：钻石价格 =（重量）^{2} × 1 克拉钻石的市场基本价格。

对钻石重量的追求，也形成了"克拉台阶现象"。当钻石的重量达到一个整数时，钻石的价格并不与重量完全成正比，而是几何上升。比如说，0.96 克拉的钻石价格是 3.7 万元，0.98 克拉的价格是 4 万元，而 1 克拉的价格则为 5 万元。

成丽红分享了一个故事：

"一位有经验的鉴定师到金伯利面试时需要对金伯利购进的钻石进行定级。当面试者观察了钻石之后，不敢定级。因为面试者过去见到的钻石，包裹体的特征特别明显，但金伯利的钻石内部什么都没有，面试者怀疑是自己看花眼了。"

大概在 2018 年底到 2019 年初，金伯利对公司拥有的钻石做了净度的统计（数据有待核实）。

成丽红说："金伯利的石头，百分之九十以上的石头都是 VS 以上的等级，VVS 的等级为百分之七八十，有包裹体的比例偏低。目前整个市场大部分的钻石可能就是 SI。考虑到某些客户需求，金伯利也会购进少量 SI 等级的石头，但公司整体的囤货以 VVS、VS 为主。"

金伯利购进的钻石多是 50 分以内，50 分到 1 克拉的很少。

"大部分公司都是这种情况，50 分到 1 克拉的相对少。因为这个区间的石头相对来说利润空间没有那么大，或者说买这个区间的人少。"

鉴定师们在划分钻石等级的时候偶尔也会出现偏差。

"比如说我今天状态好一点，我眼神比较好，我可能就会更容易看到包裹体，哪天状态不太好，可能就会漏掉没有发现。不过国标对等级的划分有一个弹性空间，即便是偏差，也是微小的偏差，整体上还是在一个合理的范围。依靠人力鉴定，肯定都会有失误。"

为了减少失误，金伯利会对那些经过工厂镶嵌程序，即将流入零售端的钻石进行复核。

"董留生是金伯利的第一位质检员，从比利时购进一包包的大小不一的钻石后，董留生用筛片进行筛选，接着借助仪器，一粒一粒地去看。即便到现在，他还会时不时地看石头，他有一整套专业的设备。"成丽红说，有些设备还是她都没有使用过的。

成丽红说，董留生会开玩笑，偏好美食美酒。她刚进入质检部时，董留生请部门的人吃饭，在董留生的"忽悠"下，她第一次品尝蛇肉。

程绿英跟董留生有一定的接触，有点怕他。2007 年左右，质检部门中午出去吃饭，忘了锁门。虽然金伯利公司的安防措施已经完备，但董留生还是把程绿英单独叫到办公室，提醒她质检部有很多仪器，缺少一个零件就用不了。

董留生最愿意投资的便是钻石鉴定仪器。质检员们借助仪器将钻石分级的过程，也是对钻石的质量进行把关的重要环节。

在金伯利做质检多年，程绿英发现，董留生他不会干预质检工作，对质检非常尊重。

"公司的货品都是从质检部出去的，这个部门承担了监控品质使命。我觉得，这个部门的重要性跟配货部差不多，甚至比它还要重要一点点。"成丽红说。质检部也是宝贵的钻石知识库，董留生后来招了几个助理，他就跟程绿英打招呼，让她带助理，帮助他们快速了解钻石的基础知识。

为了提升员工的素质，金伯利会组织各种各样的培训。早在 2004 年 2 月，比利时 HRD 与金伯利共同举办了"钻石分级鉴定高级培训班"，给金伯利的员工们上课。

对质量的重视，形成了一种基础燃料，它在根本上助推了金伯利的扩张。

其实金伯利的质检部门不仅负责钻石的鉴定分级，还要负责对售后钻石的检测。

消费者可以适用金伯利的保换、保修服务（六保服务范围），加盟商也会有一些退换货的。质检部门的员工宋娇祯就负责这批售后钻石的检测。她不会对钻石做详细的分级，而是鉴定退回来的钻石有没有损耗，损耗了可以重修切磨，没办法修的，成了废钻就直接报废掉。

"废钻 1 年没有多少的，都是小钻，特别小，像小米粒，可能就一小包吧，这种钻也是有价值的，但是我们公司这些不好的钻从不流回市场。"宋娇祯会把积攒 1 年的废钻交给董留生。不过没人知道董留生如何处理这些废钻。

第四章 崛起　167

尽管在 2002 年，董留生将金伯利的办公大本营移到了深圳，但是上海总部作为总店，一直在发挥着基础功能。在上海跑市场的员工们，眼见着金伯利的门店如雨后春笋般不断冒出来，金伯利源源不断地从比利时、印度等地购进越来越多的钻石，而上海财务部门的员工需要在钻交所进行报关。

2006 年，金伯利在上海浦东买下了 2.2 万平方米的土地。2007 年 3 月，金伯利上海浦东钻石产业园奠基，正式开工建设。2008 年 10 月，钻石产业园落成，主体建筑包括生产、管理以及相关配套服务区，涵盖了钻石原石的进口、分拣、切磨加工、钻饰设计、配金生产镶嵌、供应零售市场等钻饰供应链的各个环节，年设计加工达 15 万克拉。金伯利钻石产业园是上海首个由品牌自行筹建的钻石产业园，其规模在国内乃至整个远东地区都是首屈一指的。

产业园建成后，金伯利的办公大本营开始向上海转移，个别部门也会在不同的时期，落脚深圳或者上海。目前，除了工厂以及一部分的设计部门在深圳驻扎外，其他的部门均在上海。

董留生对产业园的设计并不满意。他曾对建筑图纸提了问题，建筑师也答应做修改。等建到第二层的时候，董留生发现，建筑按照原来的旧图纸修造。建筑师是董留生叔叔的孩子，董留生批评他："你看楼梯这么宽，多浪费。当时他想炸掉重盖，但后来一想算了，炸了还得重新打桩，就没炸，直接盖起来了。"

后来老听别人说金伯利有钱，连走廊都那么宽，那是因为图纸设计坏了。

在搬到上海园区之前，董留生还做了几个布局。2002年，金伯利在比利时成立了办公机构。2006年5月，金伯利在加拿大温哥华开了家旗舰店，此前它在加拿大已经有了运营机构。尽管金伯利的主阵地在中国，但董留生已经在做小规模的尝试，悄悄地为金伯利的国际化积攒着经验。

然后，2007年，一场殃及全球的金融危机悄然降临，先是在美国华尔街爆发了次贷危机，接下来引发了全球的金融海啸。从雷曼兄弟开始，大量金融机构倒闭。覆巢之下，已无完卵。各个行业都开始崩塌，一些国家到了破产边缘。

董留生又迎来了他生命中的抉择。

第五章
王者荣耀

钻石就是雨滴。

——谷川俊太郎

董留生在2008年要进行一场抉择。

这是他人生无数抉择中至为关键的一次。

放诸历史变局当中，他的抉择是历史选择中微不足道的一粒沙砾，而对于分岔路上的金伯利，对于董留生，对于中国钻石产业却是一个关键时刻。

由美国次贷危机引发的全球性金融海啸，成为2008年及其后几年世界范围内挥之不去的梦魇。

在金融危机的肆虐下，全球经济遭遇重创，欧美各国和亚洲等主要经济体转入衰退周期。而严重依赖国际贸易的钻石产业，一度也在这场罕见的大海啸中受到沉重打击。

2008年10月21日，世界上规模最大的钻石贸易展会——安特卫普钻石大会宣布推迟举办，这距离该盛会原定的开幕时间不到一个月。

大会的组织者们也无法确定何时才能重新端起酒杯，就像往届那样与来自全球各地的钻石商和访客们开怀畅饮。

据当时比利时《安特卫普钻石通讯》的报道，由于经济不景气，约占全球钻石市场七成的美国、欧洲和日本市场，钻石消费需求均大为萎缩。除此之外，精钻和粗钻的价格将很可能出现暴跌。而与此同时，以往作为银行VIP客户室宠儿的钻石开采和加工企业，因银行间惜贷状况陡然加剧，它们的资金状况一时间纷纷亮起红灯，全球钻石行业似乎到了命悬一线的时刻。

统计数据显示，仅在2008年9月至2009年年初，全球市场切割钻石价格下跌30%，天然钻石价格则由每克拉平均2500美元跌至1400美元，跌幅超过 40%。在整个 2009 年，作为全球最著名的钻石贸易中心，比利时的安特卫普几乎处于过去 20 年最为艰难的状况。

遭受巨大冲击的自然也少不了业内巨头戴比尔斯。2008 年全年下来，戴比尔斯的销售额增长接近停滞，业绩暴降预警之下，不得不在 2009 年宣布冻结和封存在非洲的众多钻石矿，给过去多年的行业高度繁荣踩下急刹车。当时戴比尔斯业务行政总裁卡马的一句感慨吐露了这一萧条时期从业者们的心声：既然钻石根本卖不掉，那为何还要生产呢？

然而，几年下来已在上海站稳脚跟的金伯利，却在业界的一片愁云惨雾中动起了心思。

"老板曾说过一句话，他要让中国人的钻石品牌走向世界，即使和蒂芙尼、卡地亚这些品牌站在一块儿，也绝对不输了身份。我觉得这是一个很大的理想，因为钻石本身是西方文化的产物，一个土生土长的中国人如果真的能够做到这一步，那是很为中国人长脸的。"

说这话的是于建春，他在 2000 年就加入金伯利，曾担任董留生近两年的助理，也是其唯一亲自带过的员工。离开董留生身边之后，他成了一名金伯利加盟商。

从新乡到郑州，从郑州到上海，董留生花了数年时间令金伯利在国内市场迅速扩张，但这远远不是他的终极钻石梦想。让一家原本名不见经传的中国钻石品牌走出国门，在由西方人制定游戏规则的全球钻石行业获得一席之地，或许这才是河南尉氏人内心深处的愿望。

于是，董留生决定出手——他瞄准了金融危机带来的绝佳交易机会。

这几乎是商业世界的永恒规律，有人在危机中感到恐惧，就有人打算刀口舔血。对董留生来说，这样的机会终于在比利时出现了。

在金融危机爆发之前，比利时的许多钻石商喜欢干的一件事，就是将钻石抵押到当地的钻石银行，并将从中获得的资金投入回报丰厚的房地产行业。不过，这些钻石商们的美梦在金融风暴中彻底破灭。由于房地产业形势告急，他们投入其中的大笔资金灰飞烟灭。面对银行的咄咄逼债，筹措无望的钻石商只能任由对方将抵押品——钻石处置以抵债。于是，好戏上演。

按照正常的商业逻辑，当时的确不是一个买入钻石资产的好时机。为了提高购买者的意愿，钻石银行手中的这些抵押品也只能以相对较低的价格出售。可能在它们看来，在行业到处弥漫恐慌情绪的情形下，不会有什么人愿意主动接盘——毕竟全球金融海啸带来的寒冬近在咫尺，谁会如此大胆呢？

直到它们完全出乎意料地看到一个中国面孔——董留生。

董留生从钻石银行手中买下一对10克拉的钻石，而价格仅为8万多元。这对钻石并非完美无缺，甚至还有一点瑕疵，经对方做了修复处理之后，这位大胆的河南商人果断将它们收入了囊中。

这是一个令很多人大吃一惊的举动，他们觉得董留生简直太疯狂了。一笔10克拉的钻石交易被一个并不那么起眼的中国人搞定，在安特卫普乃至全世界的钻石交易市场都不是会轻易发生的事情。他们感到惊奇，同时也充满疑惑。董留生也借此在比利时的钻石圈内一夜成名。

与此同时，他并没有打算就此罢手。金伯利继续实施"买买买"的策略，在一片抛售潮中逆势进场，进一步扩充旗下的钻石资产规模。

这下，不只是外人诧异董留生的大胆举动，在金伯利内部同样传出了不解的声音。不少员工们觉得，当前市场如此不景气，接下来的行情走势也难以捉摸，这种情况下贸然出手是不是有点冒险？

董留生没有被这些声音所动摇，他力排众议，"别人后退的时候我一定要前进",坚持逆势买入的策略,并笃定自己会获得超额的回报。

或许对于那些在比利时经营百年老店的钻石商和董留生而言,让他们短时间内互相理解是比较困难的。买钻石不是买白菜,这需要十分敏锐的嗅觉和市场洞察力,稍有不慎可能就会大败亏输。

在传统、保守和按部就班的安特卫普,钻石商们早就习惯了斯文、隐秘和体面的交易方式。当危机突然降临,习以为常的一切发生改变,他们的第一反应自然也是趋于谨慎的。

董留生似乎成了这个钻石界神秘圣地的一个闯入者,他打破了陈规和传统,以不遵循常理的方式出牌,最终将比利时钻石业看似高不可攀的华丽幕布撕开了一道口子。

董留生选择这么做,源于他的性格,也源于金伯利成长的商业背景。早年,在同乡人和战友眼中,他就是"不安分的",总是要鼓捣出点什么。在几段不算成功的创业历程中,他一次次跌倒,再一次次爬起来,然后继续在每个陌生的商业领域摸爬滚打。

董留生是赶上改革开放和市场经济初潮的一代人,在那个时代,他以及万千投身商海的人形成了自己的经商之道。他没读过商学院,没经过系统的市场经济理论熏陶,他远离书本,但却凭借商业直觉和果断的执行力取得了一个个阶段性的成功。对于早早就将走出国门作为商业远景的金伯利而言,金融危机的确给全行业带来了灾难性后果,但某种程度上也提供给其绝好的晋升机会。类似的商业机遇往往一瞬而逝,如果能够抓得住,奖赏也往往是最高的。

"当年金融危机的时候,大家都是使劲儿往外抛,他(指董留生)是往里买。"曾追随董留生多年的李保强回忆说,"那是他的得意之作。"

当然,金伯利也没能完全躲过这次危机,公司内部经历过一次小范围的裁员，一个部门裁一两个，总共裁了不到 10 个人。有员工感受过董留生内心的情绪变化。

当时在配货部工作的河南员工栗娅蕾回忆说，那年春节配货部有七八名同事在公司值班，董留生突然走了过来，并向大家提了一个问题："你们觉得一个人成功最重要的品质是什么？"众人听后面面相觑，不知道老板为什么要这么问。栗娅蕾同样感到疑惑，不过她还是主动说出了自己的见解，"要想成功，就得像老板您这样非常勤奋。"

在她看来，这并不是一句溢美之词。因为当时董留生虽然上了年纪，但每天都起得很早，会到园区盘查一圈。他不是那种甩手掌柜，而是对各个部门各项业务都很懂，对事业非常上心的老板类型。

听完栗娅蕾的回答后，董留生告诉她："勤奋是最基础的，同时还要有坚持，敢于坚持自己的想法。"现在看起来，这句话是说给员工和下属听的，更可能也是董留生说给自己听的。

栗娅蕾敏感地捕捉到了这层情绪。"那会儿正好是 2008 年嘛，外面有经济危机，老板自己可能也有感触（才会这么问大家）。"

在后来的总结中，这场罕见的金融海啸成为金伯利崛起历程中的关键节点，同时也成为董留生给自己树立起信心的关键一战。

实际上，金融危机中的大胆操作，只是金伯利通往国际之路的一次亮相展示。这家创业至今不足 30 年的钻石公司，它的国际化尝试要在金融海啸爆发的好几年之前。就某种意义而言，甚至在董留生决定创办金伯利的最初一刻，就已经萌芽。

在众多业内人士、下属员工、加盟商、家庭成员乃至董留生本人的讲述中，他的创业经历堪称曲折传奇，但这一切的起点，都无法绕过发生在1995年的一次欧洲考察之旅。

那年，从部队转业回乡已10年的董留生，还没有正式竖起金伯利的大旗。他当时手上正在做的是农机生意，并且在新乡当地小有名气，但并不满足于此的董留生，已经开始摸索钻石这个行业。于是，在机遇的巧妙安排之下，他坐上了那趟飞往欧洲的班机。这是一个由地矿部组织的高规格商务考察团，一行有十几个人，成员多是国内钻石界人士。考察团先飞往英国，其次是法国，再到比利时，最后到访荷兰。在比利时的一个广场上，一同前来参观的人都去四下游玩，只有董留生坐在一处有喷泉的广场上，开始独自思考。

多年之后他回忆说："当时我就想，自己一定要做成一件事情。虽然这些地方我也都没来过，但内心一定要坚定一下，所以就没跟大家一起玩。"他当时所思考的就是钻石。就这样，先是在国内的展会上看到了做农机与做钻石的巨大差别，接着在欧洲游历见识之后，更加促使董留生下定决心——他的创业目标终于瞄向了钻石生意。

从当年金伯利创业时的货源选择上，就能看到董留生思维中"国际性"的一面。这里需要简要介绍一下全球的钻石贸易格局，也正是基于对这个格局的深入了解，才让金伯利避免成为一家视野短浅的平庸钻石公司。

在国内较早从事钻石行业的人心目中，从香港进货并在国内销售，是当时流行的一道捷径。事实上很多公司也是这么做的。八九十年代，随着改革开放的推进和市场经济的逐渐活络，国内原先紧绷的钻石产业政策也逐步放宽，当中国人释放出越来越强大的消费活力时，他们把购买钻石这类奢侈品的目光首先投向了香港。

与国际上相比，香港的钻石工业起步并不算早。引用香港《星报》

1995年的一则报道,"40年前香港的钻石工业规模还不值一提,只是一个小商埠和几个比利时出口商人,"但就是这个小商埠在80年代迎来钻石市场的爆发,并迅速成为区域性的钻石贸易中心。

香港钻石行业之所以能够繁荣,得益于几个重要条件。首先是其经济起飞比大多数东南亚国家都要早;其次它的税率全球最低,政府也很少干预钻石的出入口贸易,同时不征收增值税。

再者,香港较为发达的金融体系,也对展开钻石贸易大有裨益。作为国际钻石产业链条上的重要一环,香港扮演的是一个承接上下游的周转角色。按照这条产业链,通常是由控制上游钻石开采的戴比尔斯向比利时、印度、以色列以及美国供应钻石原石,经这几国切割打磨后输入香港,再由香港本地的批发商和出口商根据内地和东南亚各市场的需求,将钻石"分门别类,输出应市"。

很快,香港的钻石贸易就在80年代进入全盛时期。当时全球市场对钻石的需求十分强烈,售价行情也屡屡走高,最高时每克拉达到6万美元。这种情况下,戴比尔斯中央统售机构(CSO)甚至每年将钻石价格提高一成,这也被很多业内人视为惯例,似乎这场钻石产业的大联欢会无限期地持续下去。与此同时,香港资本市场也迎来钻石公司,其股票更是一时间受到疯狂追捧。放眼整个香港,从事钻石行业的人数达到数万,自此香港日益成为全球最重要的钻石贸易中心之一。

香港钻石产业地位的崛起,也让早期从事这行的内地生意人看到了机会,这里自然成为他们最理想的货源地。不过董留生似乎并不这么认为,香港固然与内地距离更近,钻石工业也比内地发达,但它并不是钻石业王冠上最耀眼的那枚宝石。这个地位,属于比利时,更属于安特卫普。这里或许还有更实际的考虑,一方面是在香港本地切割打磨的钻石,工艺水平与国际先进水平存在差距，另一方面是就钻石贸易而言，物流成本在整个交易中的占比可以忽略不计，因此物理距离也并非问题关键。

一句话，董留生想要的，或者说想让金伯利呈现给国内买家的，必须是最好的钻石。"要用就用最好的"，那么为了从货源上拿到最好的钻石，金伯利就需要跳过香港，跳到远在欧洲西部的沿海海岸——坐落在那里的正是比利时。

就像耶路撒冷是犹太教、基督教以及伊斯兰教的圣城一样，如果全球钻石界一定要有一个中心的话，那数百年以来，这个地方就是比利时的安特卫普。

安特卫普位于比利时西北部斯海尔德河畔，是该国最大港口和重要工业城市，面积为140平方千米。早在16世纪，安特卫普便凭借港口优势成为著名的钻石集散地。1893年，这里成立了世界上第一家钻石交易所。在第二次世界大战之后，安特卫普确立起其世界钻石中心的地位。

曾在90年代担任中国驻比利时、卢森堡商务处秘书的欧阳红分析，安特卫普获得这个地位主要有三个原因：一是二战后比利时迅速推行了经济自由化政策，二是比利时北部的肯彭地区涌现出大量廉价劳动力，三是荷兰对钻石出口采取了税收政策。如今几十年过去，在安特卫普中央火车站边上的几千米弹丸之地内，已云集1000多家钻石公司总部、数不清的经纪商、专业钻石银行、安保及运输公司、豪华酒店旅馆等。在一条长度500多米的钻石街上，就分列着四家全球钻石交易所，负责监督钻石进出口业务并签发国际认证证书（包括钻石的颜色、重量、纯度和切割特点）的HRD亦坐落于此。安特卫普在整个钻石产业的特殊地位，难出其右。

这样的安特卫普每年都吸引了全球各大产地的钻石源源不断流入，

这些钻石在这里查验、定级、交易、加工,然后通过零售商卖给各地的消费者。就在董留生刚创立金伯利的 1995 年,据欧阳红等撰文讲述,全球就有 80% 的天然钻石通过安特卫普进入市场。这些钻石中,很大一部分是通过戴比尔斯中央统售机构流入安特卫普,而戴比尔斯中央统售机构之外的"圈外"市场的产品则全部通过安特卫普交易。统计数据显示(数据引自欧阳红、赵昭《安特卫普:国际钻石中心》《国际贸易》,1996.11),1995 年比利时进口的成品钻、原钻和工业钻石总量达 2.11 亿克拉,价格约 3060 亿比利时法郎。

具体来说,全球各大钻石原石供应商纷纷在安特卫普设立了机构,这里也始终是刚果、南非以及中非等小生产商的首要客户。由于安特卫普能够以非常有竞争力的价格向买家"提供任何数量与任何品质的钻石",那些来自其他钻石贸易中心(如以色列特拉维夫、美国纽约及印度孟买)的交易商一度涌入安特卫普来购买钻石原石。在成品钻方面,安特卫普的货源包括了美国、印度、以色列、中东以及俄罗斯等,而其主要消费市场也覆盖了这些国家和地区。

走进安特卫普,上述各种数字代表的繁荣景象可以一览无遗。正如当地一家珠宝店门口的招牌上所说:"安特卫普只有两种女人——买到钻石的,尚未买到钻石的。"对外人而言,那里钻石交易的场景同样是一幅奇景。在当地的交易大厅,位置显眼的公告牌就扮演着特殊角色,比如公示那些违规或缺乏诚信的交易商,他们的照片和个人信息将会同步张贴在全球所有钻石交易所内,这意味着一旦主观犯错,基本就等于失去了从事这行的资格。当买卖双方进行交易时,这里仍然遵循的是"握手成交"的传统惯例,没有规范的合同,没有公开的标价,也没有第三个人做见证。也许用不了几分钟,一笔金额令人咋舌的交易就完成了。

在上海钻交所总裁林强看来，比利时是一个钻石业约定俗成的集散地，从那边出来的既有证书，又有钻石文化，当然比非洲某个莫名其妙的国家拿出来的钻石好卖一点，靠谱一点。但重点是，这些钻石要有去处，要看卖到哪里去。如果全世界都爆发经济危机，那钻石可能就要烂在那儿，这就涉及国际分工的问题。（安特卫普的钻石）它是一种文化，几百年形成的一个秩序，没必要去打破它，但国内从业者要善于利用好，用国内市场来换取该得到的东西，或者说想得到的东西。

业内众所周知，为了筹建上海钻石交易所，当时国内相关部委和地方政府曾多次派员奔赴比利时安特卫普"取经"，吸取对方在交易所建设各层面的经验。据时任上海市长的徐匡迪讲述，"钻石交易是一个小众的商业，是在很小的专业人士商圈中进行的（国际上以犹太商人为主），不像证券交易所随便谁都可以买卖股票。钻石交易所要求参加交易的人一定先是会员，信誉要很好，就是说这个人谈好价钱是会对其负责的。像安特卫普的钻石交易所已经有上百年历史了，他们的交易商头上戴着小黑帽，手里拿着黑布袋，进去交易时手摸黑布袋，一颗颗进行交易。房间很小，而且相互分开，我谈什么价钱别人不知道，不像股票买卖，公开竞价。一颗钻石一天可能要交易好多次。"

徐匡迪这里提到的钻交所会员，就是无数希望打进安特卫普圈子的钻石公司所拼争的目标。这其中，就包括金伯利。不过为了达到这个目标，董留生和他的公司经历了一段相当艰难的历程。

在决定金伯利的在售钻石全部从比利时采购后，这个从河南小县城走出来的"门外汉"就与比利时紧密联系在了一起。据董留生的堂弟董留长此前所述，金伯利在创立初期还只有几十家店铺的时候，每年会从比利时采购两三次钻石，全年的采购金额在千万美元左右。董留长比董留生小 21 岁，1994 年从军队复员后就开始跟随董留生做起钻石生意，如今他是极少数仍留在金伯利的早期员工之一。

据董留长称，由于最开始中国直飞欧洲的航班很少，他们不得不将采自比利时的钻石先寄到香港，从这个中转站拿到货之后再乘飞机回到上海，然后落地去海关申报。这也是很多钻石公司都选取的一条路径。

董留长第一次跟董留生去比利时考察市场是 1998 年，两年后，上海钻石交易所宣布成立。"那时候我们刚开始做钻石，国内对钻石消费还是模模糊糊的，大家还不太认识这个新东西。对普通消费者来说，当时像翡翠、红蓝宝这些还认识，但却不认识钻石。由于那时候改革开放还没有多长时间，我们到比利时的时候，发现中国人是很少的。"

对那个时候的董氏兄弟来说，比利时仍然是个十分陌生的国度，安特卫普更是如此。如果不是打定主意要做钻石生意，他们或许很难和这个地方产生后来的联系。董留长记得，安特卫普的钻石街从一头到另一头也就 500 多米长，刚到那里时整条街上都没多少华人，当地唐人街更是只有几千名华人。而印象中，在钻石街上开公司的华人不超过 10 个，且基本都是六七十年代从香港过去的老华侨。至于中国内地的访客就更难碰到了。

安特卫普的钻石交易规模给董留长留下了深刻印象。"街上有 3 个成品钻交易厅，3 个钻石原石交易厅，当时每个厅的生意是很红火的，整个一层都是，满满当当摆了几十张桌子。据说整个市场有 3000 多家钻石公司，有工业用的，也有首饰用的，还有钻石原石的交易。"

他对这样的场景仍记忆犹新，"比利时这个市场有 100 多年的历史，是犹太人建起来的。我们头几次去的时候，发现是犹太人和印度人主导整个市场。说起来，戴比尔斯几乎控股非洲所有的钻石矿（供应钻石原石），钻石公司成为其会员后可以拿到钻石原石。而不管是印度、俄罗斯和美国公司拿到钻石原石，也不管在中国切割，还是泰国切割，最后都是要回到比利时做交易，它是全世界第一大钻石交易市场。除此之外，世界上最有名的钻石交易中心还有两个，分别在美国和以色列，但70%~80%的交易量都是在安特卫普。"

不过，在见识完比利时的钻石交易盛况之后，这对从遥远东方慕名而来的兄弟却很快遭遇了不快、尴尬甚至是某种程度上的歧视。

在2000年之前，中国尚未加入世界贸易组织，改革开放和市场经济的程度也还在逐渐深化。中国还不是令人瞩目的高速增长经济体，在全球贸易格局中也没有扮演起举足轻重的角色。中外钻石产业上的差距是这一局面的映射之一，于是当安特卫普的钻石交易商们颇为意外地看到两个中国面孔时，冷遇在所难免。

刚开始，从中国风尘仆仆赶来的董留生，在整条钻石街上是个毫不起眼的小人物。语言是摆在面前的第一道难关。由于比利时地理位置的特点，通常是邻近哪个国家，当地的比利时人就说哪国的语言。比如，靠近德国就说德语，靠近荷兰就说荷兰语，安特卫普通用的就是荷兰语。此外，比利时人还都会英语。

在安特卫普钻石交易市场，参与者们使用的这些语言混杂在一起，俨然置身于一个小型的国际社会。这种局面，是初到比利时的董留生和董留长兄弟感到十分头疼的。

除了语言不通，对当地环境缺乏了解，饮食方面也难以习惯，都在一个接一个地考验着他们。

相比这些，真正阻碍董留生和金伯利尽快融入当地钻石圈子的，还是外人对中国钻石商人因陌生而产生的不信任感。钻石无疑属于奢侈品，一个从并不富裕的中国远道而来的商人要在当地寻找货源并声称要采购钻石，不难想象，进展并不顺利。

这样的状况无疑直接影响到金伯利在当地货源的开拓。董留长还提到一个细节，起初由于不太受待见，钻石商们给金伯利看的货就没什么好货，都是很差的东西。如果稍微不注意或分神，一包货就得赔很多钱。有时候即便双方买卖谈好了，把一包货放在一边，但最后对方打包的时候，还会看准机会扒拉出一半，掺一半烂货放进去。"就是欺负人嘛！"

"那些印度人也挺'坏'。刚去的时候，比如我们要买5分的货，上午10点钟一上班，对方就带来一大包货给你，里面有3、4分的，也有6、7分的。这些钻石有颜色（等级）低的，比如有黄色的、有带褐色的、有带黑色的，趁你不注意给你掺10%，一般是看不出来的。另外还有净度差的，他也给你掺10%，结果这一大包里掺的什么都有。如果一不小心，就买走了。"

董留长接着说道，"如果你告诉对方，这包需要重新挑一下，把颜色（等级）低的、净度差的挑出去，这些卖家通常会很高兴地说好，并承诺一个小时后再拿过来给你看。等一个小时过后，换个人拿两包钻石过来，说又到了两包新货，让你看看怎么样。实际上就是把大包分成了两个小包（比如大包是300克拉，两个小包就分成130克拉、170克拉），还是刚才同样的货。如果你还不满意，对方会说午饭后再拿过来看，那时候就分成了三包，又骗你说是从印度新到的货。一般到了下午，人的眼神就没上午好，你很可能就中招了。"

安特卫普严格的诚信交易传统，在某些交易商身上似乎失去了效力。董留生不得不时时应付这些小把戏。时隔20年后，他仍然记得在比利时第一次做交易时遭遇的状况。

那是在 1997 年前后，当时董留生打算从一个英国钻石商手上采购，他看上了对方提供的一包品质高的钻石，但对方表示如果要购买这包，那就必须同时买下另一包质量不高的钻石。由于行程紧迫，董留生最后被迫答应了对方的要求，将两包钻石都买了下来。但巧合的是，眼看就要完成交易，这时有一名犹太人冲了出来，胡言乱语了一通，要和董留生套近乎。谁料，等到回来仔细一检查，竟然发现不知为何丢失了 1 粒 20 分的钻石。这令他感到大惑不解，怀疑是当时情形混乱，对方在看货时夹掉了 1 粒。结果，金伯利的第一笔生意上来就赔了 100 美元。

这就是金伯利刚到比利时的境遇，没人听过这个牌子，没人认识它的老板，还必须时刻提防不怀好意的交易对手。对董留生来说，摆在面前就剩下两条路：要么硬着头皮继续撑下去，要么尽早灰溜溜地回到中国。

如果董留生选择后者，那自然就不会有金伯利后来的故事。事实上，这也不符合他的个人性格。可能是从小困苦的生活环境磨炼了他的心性，可能是 18 年的从军生涯让他变得刚强，也可能是早年一次次的创业经历让他明白，商场就和战场类似，提前给自己留下退路，往往就意味着不可能取得更大的战果。要想建立一个庞大的钻石商业帝国，那就必须要跨过比利时，不能有丝毫退缩。

于是，就在比利时所住的旅馆房间内，董氏兄弟一边啃着面包咸菜，一边筹划着如何在安特卫普站稳脚跟。其实当金伯利最初在国外碰壁的时候，这家成立没几年的钻石公司发展却十分迅速。

1997 年 3 月，金伯利与国际钻石专业机构 HRD 达成国内首家"品质鉴定协议"，意在为中国消费者带来"金伯利钻石是高品质钻石"的信心保障。3 年后，在上海钻交所成立时，金伯利成为首批会员单位。到这年年底，第 100 家金伯利钻石直营店宣告正式开幕。2000 年，上海金伯利钻石有限公司成立,全面负责中国大陆地区的市场运营及拓展。这一年10月,上海钻石交易所成立,金伯利成为首批会员单位。到2000年年底,第100家金伯利钻石直营店宣告正式开业。金伯利彻底走出了河南,开始着眼整个中国。

国内市场令人欣喜的扩张速度给了董留生面对外界时的底气。他们在比利时面临的窘境也没持续太久,"感觉从2000年之后情况就有明显改善,因为你买的次数多了,那些钻石商也就慢慢对你变得友好了。"董留长说。

安特卫普"骄傲"的钻石商们终于意识到,眼前这个从中国而来的不起眼的商人并不是一个不靠谱的市场骗子,但同时也绝不是一个容易被欺负摆弄的"好好先生"。他们开始重新审视与金伯利的合作关系,横亘在他们之间的冰块,开始逐渐瓦解消释。

大约从2001年开始,形势已经发生逆转。用董留长的话说就是,买着买着,我们也慢慢"看不起"对方了,"你爱卖不卖,反正市场上想出货的多的是。"

到了2003年,随着金伯利的进一步发展,像以前那样每年从比利时采购两三次货回来,已经无法满足国内市场的需求。考虑到全国各地门店的需求不同,就算多去几次也是远水难解近渴。这种情况下,在比利时单独留人(也就是董留长)负责采购的模式,就必须做出调整。而调整的结果就是,董留生决定在安特卫普设立一家公司,派人天天坐在那里,来专门负责采购钻石的各项事宜。

与此同时,金伯利在内地的营销布局也已成熟。除了比利时,其还先后在中国香港和加拿大等地区和国家设立运营与办公机构。金伯利迈出国门的宏伟计划,隐隐展现出雏形。

董留生对比利时采购公司的要求就是简单的几个字：严把质量。在董留长看来，当时国内很多珠宝公司所选用的钻石，都不及金伯利的钻石级别高。

按照董留生的指示，比利时公司采购的钻石都需要是最好的，比如颜色要买 G 级以上。所谓 G 级也就是接近无色级，通常来说在无色至黄色系列中，钻石越接近无色，价值就越高；钻石越接近黄色，价值就越低（彩钻除外）。G 级之上是 F 级，也即无色级，这种钻石只有专家级的专业人士才能察觉到其细微的颜色。因此，G 级和 F 级钻石都是价值很高的类型。

除了颜色之外，要想进入金伯利的采购名单，钻石的切工也必须是最好的。作为最坚硬的一种矿石，要想加工一块钻石，只有用另一块才行。这是一门手艺活，要想切割打磨好一块钻石，往往需要长年累月的实践和经验积累。可以说，比利时几乎拥有全球最好的钻石加工工匠，这些接受过非常良好技术培训的手艺人，可以将钻石加工成各种各样的形状，比起其他国家那些只精于少数样式的钻石匠来说，他们要出色得多。也因此，比利时钻石匠人的身价也是业内最高的。就在安特卫普的钻石街上，为了向访客展示匠人们切割打磨的精湛手艺，他们会被特意安排在透明的橱窗前面作业，这俨然成为当地著名的一处风景。

实际上，在刚开始创业的前几年，金伯利也采购过未经切割的钻石原石，然后在自己的加工厂里处理后供门店销售。早年在新乡建立的加工工厂就负责这方面业务。由于董留生对出厂的成品钻非常"挑剔"，各个层面均要求质量上乘，这无形中给加工厂提出了很高的要求。

一方面是加工厂工人的手艺，更重要的是切磨钻石的成本不断走高，这样的结果便是挣不到钱，无法形成一个有效的闭环。

"我以前也想过培养工人，当时在河南买了 10 亩地建起一家工厂，招了几十个人。没想到，过了4年以后回去看，有8个人要结婚，一结婚人家就都要走，要回家。干这行，不是说两三天就能培养出来一个工人。"董留生说，"后来就想，那不如用现成的，招聘技术好的工人直接上手。首饰厂有这样一个道理，培养工人的手艺，他浪费的材料比工资都贵。你想想，他给你弄坏1粒钻要多少钱？"眼看自己培养工人这条路走不通，最后董留生只得放弃，把这家加工厂便宜卖给了别人。

在外部如此专业的环境熏陶之下，金伯利也意识到必须尽快提高公司员工对钻石的鉴别能力，力争在专业水准上向国际先进水平看齐。

为此，董留长特意进入中国地质大学进修了一个月，找专业老师进行一对一的指导。随后，他又在HRD学习了钻石原石的鉴定技术。此外，在董留生的授意下，金伯利还与HRD达成合作，将其内部的珠宝钻石鉴定课程从比利时拿回来，并在公司内部和全国各加盟门店展开培训。很快，金伯利的高管们便人人都获得了HRD颁发的专业鉴定师证书。

随着比利时的生意越来越如鱼得水，在较为熟识之后，董氏兄弟发现，其实犹太商人的信誉还是很高的。"总体来说，犹太人在钻石市场上做生意是比较规矩的。犹太人的货比较整齐，不像印度人摆放得那么杂。印度人的货里面什么都有，而犹太人只要说明这包货是什么颜色、净度是什么样、切工是怎么样，基本就是吻合的。当然，一般情况下，犹太人的货要比印度人贵15%左右。"

这里需要再提及下印度。

在过去几十年中，安特卫普的钻石权力中枢也在发生着变化，印度钻石商的地位明显崛起，甚至已经盖过了传统的犹太商人势力。这或许与印度在全球钻石产业链条上的角色有直接关系。在印度之前，像安特卫普、纽约与以色列特拉维夫是最重要的钻石加工中心，高昂的劳动力成本逐渐成为制约其钻石加工业的因素。钻石的特性是质轻价高，运输物流成本实际上无关紧要，因此全球一些劳动力成本低廉的国家和地区，成为与发达国家争夺钻石加工业的新兴市场。

大致从 20 世纪 70 年代起，比利时较低成本的加工便日益减少，取代它的正是印度。随后，东南亚国家、中国香港和俄罗斯等都成为比利时钻石加工的竞争对手。不过，需要注意的一点是，这些劳动力廉价的地区，所切割打磨的钻石基本都是细颗的钻石，以色列加工业的主要目标是 10~15 分的钻石，而 1 克拉以上的大钻，仍然是比利时和美国的主场。

据董留生透露，在全球为数不多的几家给金伯利供货的公司中，就有 2 家印度公司。他认为，目前印度的切工技术确实很高超，尤其是小钻。"印度人很能干，从事钻石行业的人很多，切工也很便宜。实际上小钻非常费工，它也是要切正常的 57 个面，需要很有耐心去一点一点切。你想下，如果小钻在比利时切，那工费可能比钻石还要贵。在比利时，一个切工的月薪是四五千欧元左右，而在苏拉特（印度西部港口城市），我问过那里钻石厂的老板，一个切工的月薪只有一二百美元。不光钱给得少，伙食也很差。关键是，那些还都是高级工人，技术很强。我看了之后，感觉起码我自己是学不会的。金伯利后来决定不做切钻这个环节，也和这个有关系。"

他也还记得早年自己去苏拉特考察的情形，那次印度之行给他留下了非常深刻的印象。由于金伯利的小钻均采购自印度，苏拉特一家钻石厂所产出的一半货，几乎就都被金伯利"吃"下。

但在初次到访这里时，这座城市的贫瘠落后一度令董留生大受触动——一座拥有 500 万人口的大城市，每周从新德里飞来的航班却只有 5 个。落地之后，对方开着一辆奥迪 A8 载着他在市区转悠，这已经是对方能拿出的最贵的豪车了。到工厂之后,董留生又看到工人们在汗流浃背的工作,天气本来就热,做的又是十分需要耐心的活儿,黝黑的皮肤和汗水夹杂在一起,"比国内的工人要辛苦多了。"

2003年11月,金伯利受邀首次参加上海国际珠宝展,这是一个向国内外同行展示亮相的难得机会。

到2004年底,金伯利的直营店规模突破400家,一举成为国内钻石珠宝行业最大的钻石零售品牌之一。2006年,金伯利除了再度参加当年的上海国际珠宝展之外,金伯利还远赴北美市场,其加拿大温哥华旗舰店正式开业。充满东方意蕴的钻石饰品进入大洋彼岸的加拿大零售市场。

2003年是一个节点。正是在这一年,董留生决定设立比利时分公司。不过他没想到的是,这家分公司正式开张营业的时间,要一直推到5年之后。

按照安特卫普交易市场的规则,首先需要成为它的会员才有资格参与一系列钻石交易。这是一个B2B[①]的市场,也只有成为会员,其他参与方才会认可你的资质,带你一起进入这个相对封闭的圈子。

"会员就是土壤,没这个土壤你什么也干不了。"董留长说。显然,对年轻的金伯利来说,这并不是一件容易办到的事情。

在决定设立分公司之后,董留生便在第一时间递交了相关申请。而审批的程序和流程是严格而漫长的。金伯利需要提供所有的官方文件,包括老板的背景资料、照片,这些材料会在安特卫普交易大厅公示一个月,

---

① B2B:指企业之间通过互联网进行产品、服务及信息交换的电子商务活动。

"谁看你不顺眼，就可能去举报你。"期间若有任何一个会员单位反对，那就意味着申请失败，无法再走接下来的流程。公示期结束后，才会批准成为正式会员。

这只是第一步，第二步是向政府申请成立钻石交易公司，由当地政府进行资格审查，第三步则是安特卫普钻石银行进行审批，如无问题可以在银行开立账户——这一套流程全部走下来才算是正式打入了比利时的钻石交易市场。

走到这一步也并不意味一劳永逸，安特卫普对会员单位的审查同样十分严格，这就使得市场上的所有参与方需要时刻保持谨慎，以免一不小心触雷，被彻底扫出圈子。

酝酿、申请、焦急等待四五年之后，董留生终于在2008年如愿以偿。金伯利在当年获批成为安特卫普的正式会员，这也是中国钻石公司的第一家。这个曾经在"钻石之都"街头无人问津，没什么人看得起的中国钻石商人，迎来扬眉吐气的一天。

董留长把这件事看作是金伯利发展过程中的一个里程碑，也是金伯利的一次大转折。他本人从此开始常驻比利时，承担起带领比利时公司为金伯利采购的重任。

某种程度上讲，这的确是一次有意思的巧合。在全球金融危机爆发的同一年，当整个钻石行业都陷入低谷之际，金伯利却在冥冥之中杀入全球钻石交易棋局的中心。

它在汹涌的浪涛中积攒能量、伺机而动，就像一个刚挤上牌桌的新玩家，机敏地注视着牌局中的每个朋友和对手。

现在，安特卫普的会员单位已有数千家。而且，中国公司想再去这里从事钻石生意几乎不太可能——由于发放贷款缺乏节制，这些资金无法悉数收回，安特卫普钻石银行的坏账率持续走高，难逃倒闭厄运。

几年前，曾一度传出中国公司收购安特卫普钻石银行的消息，但据称比利时政府经过审查认为该公司资质存疑，收购案因此无法进行，最终它只能宣告关门大吉。这也意味着，后来者或许可以再开新公司，但却无法在钻石银行开户，自然也无法进行钻石交易。于是，整个局中的参与者数量基本保持着原样，不再任意发展。

董留长对这里的日常工作已是驾轻就熟。每天上午九点，他会从位于比利时的家中来到安特卫普钻石街的办公室，办公区的面积在150平方米左右，比刚来时拥挤的旅馆房间强得多。

接下来的2个小时，他会拿着一枚小型放大镜，仔仔细细地查验要采购的钻石，尤其是10分以上的，需要一粒一粒地去鉴别。

他觉得，一天中最好的看货时间就是上午，这时候人的眼力比较好，看2个小时就足够。吃过午饭到下午，他一般就不再看货，而是打电话联系下供货商，下午四点左右便能够下班。第二天，则是重复前一天的工作步骤。

除了这些之外，由于金伯利每周或每月需要采购的货型均不同，董留长和本地的三四名员工也要不时更新订单信息——就是把最新需求写在一张纸上，然后张贴在交易中心的大厅，往往会有卖家、中间商或Broker（经纪人）上门来磋商生意。"比如你要买10分的，就可以在交易大厅的电脑系统里查询哪家公司有货，通常就有中间商居中撮合，从卖家拿货给你看。卖家要600，你只想出580，中间商就会在你们之间慢慢调和。刚来比利时做生意时，就是这个样子。"

令董留长感到快慰的是，在金伯利拿到安特卫普的会员资格后，他们终于可以甩开烦人的中间商，直接与卖家对接，省去不少环节大大提升了效率。

"现在这条街上一提到金伯利,大家都知道。"2020年在一次接受采访时,董留长曾充满自豪地说道。而金伯利每年的采购金额,也从最早的1000万美元涨到如今的一两亿美元。

"目前不只是在中国,应该说在世界范围内,金伯利在业内的信誉度都是很高的。比如我们现在要什么货,很多公司会把货从比利时发到上海钻交所,等着我们先验货。如果有好的就留下,不好的就退回去。一般的钻石做不到这点,信誉度不够的话,(钻石那么贵重)对方是不可能给你发货的。"

于建春对这其中的变化也深有同感,"从比利时慢慢做起来后,现在老板(董留生)一到安特卫普钻石街,好多不认识的人老远就开始喊'big boss'。我觉得起码在钻石这个行业,金伯利在比利时绝对是打出了所说的大国风范,为中国人大大长了志气。"

"之前有一个说法是,在中国每销售4粒或5粒钻石,其中有1粒就是金伯利的。金伯利在比利时那边确实很厉害,老板的弟弟(董留长)在那边,不管是印度人还是犹太人,他们拿一包货给他,他只要是看不上,就一甩手把货扔给人家。"他不无调侃地说,"为此老板还特意教育过他,说不能这样,你这是不尊重人。想想九几年老板自己刚去的时候,那是到处求爷爷告奶奶,希望对方给一包货看看。现在完全天翻地覆,他真是吃苦受累过来的。"

据上海钻交所的统计,每年进口到该交易所的钻石中,金伯利的进口规模占比能超过20%。它也基本常年包揽了上海钻交所业务量数一数二的位置。

值得提及的一点是,金伯利从海外进口来的钻石均为自己所用,不做对外批发。而钻交所内很多会员单位是靠批发业务走量，也就是它们从海外买来钻石，再销售给国内的各个钻石品牌，扮演的是"倒爷"或"二道贩子"的角色。两相对比下来，董留生一手创办的金伯利，在业内的成色无疑要高了许多。

林强认为，董留生为中国钻石行业的"走出去"做了一些很有示范作用的事情，其中就包括成功闯荡比利时，以及后来参加巴塞尔国际钟表珠宝展——这个在业界的最高级别殿堂。

私底下，他们两人也是多年的老朋友，对彼此的为人和工作态度都互相钦佩。"给我留下深刻印象的是，他的交流沟通能力很强，对人也很真诚，因此他用他的人性换取了友谊，比利时的一些政要就和他成了朋友。其实他的外语很一般，但仍赢得了国外朋友普遍的尊敬，也为金伯利的发展创造了很好的外部环境。这是他个人的魅力所在。"

此外，林强认识的董留生，还是一个谦虚低调、不好为人师的人，能够听取别人的意见。

"第一，他善于学习；第二，实事求是，不盲目跟风。我记得，董留生对于金伯利是否上市的处理就很能说明这一点。那时候行业内有一股上市热，我们在一起讨论的时候，不管什么意见他都能去认真听。最后突然有一天，他告诉我们说他决定了，要怎么办怎么办。我觉得他的一些意见对公司发展都是非常正确的。当然，正确意见也不是一天产生的，我也注意到他有过反复，但无论怎么样，他都不会一个人坐在办公室里闷头想，而是实事求是地去听取方方面面的意见。"

对于董留生在金伯利大战略上的选择，他同样表示了赞赏。据他的多年观察，董留生没有盲目去做钻石全产业链的发展，尽管金伯利早年也开设过切磨厂，但看到苗头不对后很快就将其关闭。这一点不像某些

上海钻交所总裁林强与金伯利总裁董搏

业内公司，比如有的有渠道拿到钻石原石，就开一家钻石原石厂搞切磨；有的一看首饰卖得好，就也开一家首饰加工厂。"董留生只专注于产业链的某一段，努力将它做实做大，这一点实属难能可贵。"

比利时公司步入正轨后让董留生变得十分忙碌。一段时期内，他每年要从国内往返比利时四五趟，几乎每次都是周日去，上一周班后到周六飞回国，隔一天再飞过去，准备新的一周上班。

董搏从小就默默地看到了父亲的这种忙碌，这位金伯利的年轻总裁至今都记得，那时父亲的时间表一向紧张，从上海到加拿大，再到比利时，总是要连续飞很长时间，多年下来留下很多的飞行记录。记得最深的一次，是父亲从比利时飞回中国，早上到上海，洗了澡，处理了工作，中午又赶航班飞往温哥华，基本上绕着地球飞了一个圈。

在忙碌之余，也正如林强所说，董留生在比利时交到了一些朋友，其中还包括比利时的王室成员。那是一次来自王室的邀请，对方希望请董留生到王宫进行餐叙。"去就去。"这位中国钻石商当时也没怯场，很爽快地接受了邀约。

"后来对方派了一辆车来接我，结果那个司机不懂中文，我又不懂荷兰文，两个人跑了60千米没有说一句话。到王宫门口换乘时，找的翻译已经到场，但那辆车连翻译都不让坐，只能载着我一个人，其他车也不被允许进入王宫。后来翻译还是进到了里面，我想终于可以说句话了。这顿饭记得很清楚，感觉喝的酒还没有我自己平时喝的好，那会儿心里还暗暗打鼓，就这还是国王呢。"他笑着说。

事后证明，这顿饭并没有白吃，因为这恰好是在金融危机时董留生大肆收购比利时钻石资产的当口。两件事因缘巧合凑到一块儿，让董留生在当地钻石圈中的名气更响了。

在海外闯荡几年，这是金伯利和董留生的一段高光经历。从此，这家来自中国的钻石公司在比利时扎稳了根，并持续繁荣发展。

董留长表示，从每年的交易额上来说，金伯利在安特卫普不说是很厉害的，也是能数得出来的。与其他国内珠宝公司相比，例如大家很熟悉的老凤祥和周大生等，它们经营范围比较广，黄金、翡翠这些都有，而金伯利只专注于做钻石。

论商场内的单店销售，金伯利的营业额可能和老凤祥不能比，因为它的黄金很厉害，还有翡翠和红蓝宝石这些，但如果单独就钻石品类而言，金伯利绝对是国内行业第一。

不过，即便如此，他仍然保持着清醒的认识。放眼全球，"金伯利还不算是很有名的钻石企业。"与国际上的珠宝公司巨头相比，金伯利的确还略显稚嫩。比如美国珠宝品牌蒂芙尼，早在1837年它就在纽约开设了第一家精品店，距今已有180多年的历史。

"在安特卫普，整条钻石街的人都知道蒂芙尼，但我们的合作商在评价金伯利时，只会说你在中国是第一，在全世界还是差一些。当然，这也给了我们继续前进的动力。"

一家钻石企业的成功，除了采购到最好的钻石，内在的设计和工艺能力也是至关重要的方面。再好的钻石原石、切工和渠道，如果没有企业自身过硬的设计能力作为基础，并且通过高超的生产能力将设计图纸落地，这家钻石企业也很难真正赢得同行的尊重，并成为市场上的常青树。

大致来说，一枚成品钻饰的全套工艺流程，包括设计、蜡版、铸蜡、倒模、制模、镶嵌、抛光和垫金等，接着是质检环节，合格后才算是最后完工。而且，这些环节主要依靠纯手工制作。在金伯利，具体说起来就是设计师画出图纸，交由工厂审核以确定图纸是否适合制作，接下来起银版（银材质比较软，而且价格相对便宜，银版没问题再上金版），银版压完胶模后倒回来金版做，再往后就是制模等一套流程。从开始起版到质检完成，每个步骤都需要跟踪，如果某一环节出现纰漏，比如镶石这步镶歪或者镶的效果线条不够柔和，就很可能与设计初衷有出入，一个完美的作品就无法实现了。

众多环节中，设计被摆在了第一位。一般情况下，设计师们的思维总是天马行空，他们在脑海中想象出各种精美的钻石图案和精巧的结构，力图呈现出最能展现设计功力的作品。但这里就涉及一个问题，那就是如何把设计稿纸最大程度地还原、落地，而不是让它只停留在想象中。

金伯利的相关员工举例称,比如说,设计师最开始脑子里想象的是一条龙,它的胡须是按照某种样式卷的,但是切版师傅可能会有不同的理解,把胡须做成了直的。这样,龙的形态可能就不是设计师预期的效果,蜡版制作出来就会产生差别。

这里涉及手艺的问题。曾经在金伯利市场部和配货部干了多年的老员工黄展说,成品钻制作不像有一些东西可以机械化,一般而言,成品钻不可能做到一模一样,就算同一个版,同一个模压出来,到最后工人生产、抛光和镶石,同一个款式对应出来的产品都多多少少有差异。就是说,每件成品钻都具有唯一性。这就和钻石本身一样,每个钻石的克拉大小、颜色净度和切工等都是不一样的,它都是独一的。"有时候设计师的想法是好的,但是实际做出来并不完全贴近,那可能就要做一些轻微的修改。这也很考验一个工人的技术含量。当然工人也分工种,比如铸蜡的技术含量相对低一点,因为他只要根据胶模把蜡铸进去就可以,出来后再稍微修理一下,但是作为钻石镶嵌的工人,所要求的技术水平要更高,毕竟钻石脆劲比较大,如果镶不好,钻石很快能就被弄烂了。"

某种程度上,设计和制作是一枚成品钻的一体两面,谁也无法脱离开谁。在黄展看来,这个行业对工人技术要求很高,并非随随便便一个人培训几天就可以上岗。为了延揽这些专业人才,金伯利一方面从社会上和相关技术学校进行招聘,另一方面也注重内部培养,即通过师傅带徒弟的方式来提高整体的工艺水平。

"因此从人员流动上来说,珠宝行业也是进进出出,业内还有公司从金伯利挖走水平比较高的师傅。当然,金伯利还是拥有很多资深的技术工人,比如有一个做镶嵌方面的师傅,他在公司已经干了十几年,水平非常高。他们就属于金伯利的核心资产。当然,好的设计师和师傅工资是比较高的。我们设计团队里面就有很多设计师获过奖,特别是在国际上拿到奖项,设计总监这个级别更别说了,每年都会参赛,大大小小的奖杯也不少,金伯利的博物馆就陈列了很多。"

与设计环节有关的问题,还有一个是商业化。这其实是在理想和现实之间,如何做到平衡的问题。黄展认为,如果从品牌形象层面来说,好的设计感比较重要,即便它有可能很虚渺。但如果从公司运营或财务角度而言,只有好看的设计是没有用的,如果这不是市场上的流行款式,消费者不买账,那也无济于事。实际上,这种矛盾在钻石行业内几乎是司空见惯。设计师认为自己做的是纯粹艺术品,并非商业款,而市场部门或许会担忧,这种过于放飞自我的作品是否能给公司赚来真金白银。

甚至,在设计师团队之间也会产生龃龉,用黄展的一位同事的话说,"设计师往往比较有个性,你设计的我看不惯,我设计的你看不惯,设计总监看了又可能觉得风格太老土,再抒发一通他的想法。这么合不来,团队很可能就分崩离析。"

相对而言,金伯利给予了设计师们很大的发挥和自由裁量权限。曾在金伯利会展部任职多年的韦庆霖说,印象中老板很少去干预设计师的审美,他不会具体去管诸如设计思路这些。对于整个公司,他有自己的掌控手段。比如每天财务收了多少钱、配货部出了多少货以及比利时那边的采购金额是多少等,这三个数据是每天都会有的,他只要抓这三项数据,公司的整体状况基本就了然于胸。

另外他可能还关心的就是市场部提供的开店关店数量。这如同一个将军指挥一场战役,他关心的是敌方伤亡多少,我军伤亡几何,何时能够拿下阵地,至于具体攻克堡垒的办法,那是一线指挥官应该做的事情。

除此之外,金伯利对设计师去参加外部评选持相当开放和积极的态

金伯利钻石博物馆开馆仪式

度,意在开阔设计师的视野,提升审美的品位。一名知情员工表示,"公司鼓励设计师报名一些职业类的大奖赛,甚至给报名者出路费、出金、出钻,帮他实现参赛作品,帮他制作。如果获奖,回来之后公司也认可,并且会给一定的物质或薪酬奖励。我就听说过这样的例子。金伯利的政策是,参赛获得的奖项是个人的,作品是属于公司的。公司留下了货,会放在博物馆进行展览。"

"公司常常鼓励大家多出去看看,看别人是怎么设计的,别人做出什么作品,这也算是一个交流。像我们出去参加展览,一方面我们自己有情怀,希望凭借通用的钻石语言去讲述中国传统文化;另一方面也是跟别人沟通交流,每天轮着逛别人的展馆看别人是怎么做的。无论珠宝、产品还是品牌设计形象,大体都是这个意思。坦白来说,金伯利的博物馆有一些馆藏作品,动不动价值上亿。如果是一家小公司,即使设计师再有水平，公司可能也没有实力帮你实现目标，而且做出来后难以产生任何商业价值，变不了现。"

因此如果协调得当，公司和设计师双方能够实现双赢的局面。黄玮对此深有感触，金伯利为设计师们提供了大量的展示舞台，帮助设计师获得个人荣誉。反过来，公司的运营部门可以从获奖作品里提取适合商业化的部分，然后安排生产，并等待市场的检验。

这是一个正向的循环，也是过去多年金伯利努力遵循的一条经营思路。市场的反馈证明，大多数情况下这样的策略无疑是相当成功的。

在公司的发展历程中，金伯利于2005年搭建起一支国际化的设计师团队。大学毕业后在北京、广州等地做过珠宝设计师的黄玮，在2008年加入了这个团队。作为一名资深从业者，她仔细思考过艺术性强的展览作品与商业款之间的微妙关系，并且有很清醒的认知。

"设计师有时候是比较感性的，比如我这一个星期发挥都不太好，那可以。下周还没发挥好，也可以。但如果长期发挥不好，那就对不起，只能被淘汰掉。因为设计师首先要能给公司带来利益，如果设计的作品总是选不中，总是找不到感觉，总是活在自己的世界里，那就不是一个设计师，那去当艺术家好了。我们还是需要在公司的平台上考虑公司的利益，这也是最终的目的。"

在金伯利，一般大件展品都会有商业款的延伸。按照设计师们的构想，至少是对自己的展品相对满意，才会去研发商业款。如果对展品都不是很满意，那么就不会继续做它的商业款，否则一旦推广出去，占用很大资源但市场接受度不高，那就有很大风险了。

两种情形在金伯利都并非少见。比如大型的走秀，在大件展品宣传亮相之后，可能会有消费者猜想是否有缩小比例或配套的小件，因为大件展品要么不会出售，要么价格太高。如果大件反响比较好，那么适时推出相关小件的确是个不错的选择，例如小耳钉、小耳坠以及小项链等。黄玮任职期间就有过这样的案例，那是一款青花瓷样式的系列，整个作品清新大气，展出时大受好评。于是公司将其中的青花瓷元素拆分，制作成小件供感兴趣的消费者选购，一时也成为热门卖品。而失败的情况就不那么令人愉悦，比如曾有一件叶子样式的展品，或许是工艺方面存在问题，在烤珐琅这个环节出现裂缝，直接影响到商业款的销售。再比如说，大件展品中很多叶子组合起来非常漂亮，但单独拿出来一个元素就失去了这种效果。

"你有没有这样的作品，设计上没有觉得非常满意，但是在商业上却比较成功？或者反过来，有没有一个在设计上让你很满意，但是卖得并不好的作品？"有一次，黄玮被这么问道。

"普通款推广时经常会出现这个问题，设计师可能认为它设计一般，但真正推向市场的时候卖得很不错。相反，有的作品表面工艺和勾丝工艺很不错，设计师觉得很有肌理感，很有感觉，但真正拿给终端客户时，他们却觉得这个磨砂面一点都不亮，不那么闪闪发光。设计师倾向于低调中和，而客户想要另外一种感觉，这时候大众审美和设计师审美就出现碰撞。这就需要相互磨合，甚至是妥协。"她回答说，"尤其是商业款设计师，是需要考虑去符合大众审美的。因为最终的目的是要把商业款钻石卖给终端用户，并不是设计师自己觉得好看就万事大吉。当然，如果想要去业内拿奖，那一般都是艺术性更强的展览作品，商业款是很少能获得这些荣誉的。"

黄玮所在部门的重要工作职责之一是充当设计与生产两个环节的对接者。她在这方面的理解与黄展类似，那就是设计图纸再漂亮，也要能够落地实施方可。否则，设计师构想得再美好，但真正起版的时候如工艺达不到，或者设计机构本身不合理，抑或者工艺要求太高导致不适合批量生产，只适合制作一件展品，那么任何一家商业钻石公司都是难以接受的。

这或许与钻石业无法像其他制造企业大量使用机械装备有关。正如前文所述，由于手工工艺的差异，成品钻几乎不可能有一模一样的两个作品。金伯利也使用机器用于制作，比如CNC（数控机床）车花工艺，但机器很难完全贴合设计的思路或想法。

"珠宝设计是有情感在里面的，生产时有的体现明显，有的不明显。比如那些比较机械化的男戒，外表有棱有角，视觉上比较刚硬，这时候就适合用机器。但如果生产一个展示款，或者蕴含着情感的，比如一片叶子，它可能有褶皱，有叶脉，有那种风吹过的细腻感觉，这些机器是表现不出来的，做出来整体效果也很生硬。因此，还是必须回到最初的手工去制作。"

黄玮把这些归结为珠宝行业与其他工业的最明显差异。

的确，在某种程度上，钻石珠宝是一件艺术品，尤其是展品级别的钻石珠宝难以用机械制作。它不像一台电视，有统一的规格，每个批次的货都完全一样。而即便部分可用机械制作的大众款，其最终组装仍然需要人工去完成。综上所述概括为一句话：只有设计与生产（尤其是手工制作部分）完美配合，才能诞生既叫好又叫座的高品质钻石作品。

谈起这样的作品，就绕不过去金伯利历史上一些名头响亮的代表作。

本书开头提到的"钻石胡子"是其中一例。这是一款由300多颗15分钻石镶嵌而成的杰作，由于在迪拜展出时被盗，更使得它充满传奇色彩。而就在郑志影创作这款作品的2009年，金伯利另一位设计师的手中也面世了一款新作，那就是自公司创立至今卖得最好的"晴思"系列。

"晴思"出自曾担任设计总监的朱文俊之手。和这位在金伯利留下重要痕迹的设计师的见面，约在深圳水贝国际珠宝城附近。这里是当地著名的珠宝业商圈，无数的大牌公司和各式展厅均云集于此。据称，全国 90% 的珠宝都产自深圳这片区域。而它的四周，到处是身家巨富的珠宝老板们盖起的气派大楼，阳光一照，连这些建筑物都闪闪发亮。当天她戴了一款显眼的首饰，坐下来时还自嘲是为了见面才特意戴上的。

朱文俊是湖北襄阳人，20世纪70年代初出生，学美术出身。进入金伯利之前，她在湖北一家珠宝国企做了多年，接着加入爱迪尔珠宝——这家公司2015年在深交所上市，是深圳市第一家IPO[①]的珠宝类企业。2005年底，刚刚组建起设计师团队的金伯利给朱文俊拨通了电话，希望邀请其加盟，电话那头不出意外地同意了。

这个新团队推出的第一个作品，是"神话"系列。当时成龙主演的电影《神话》正在热映，金伯利赶在2006年2月14日这天上市这款钻石，一经推出反响很好。

接下来，在2007年的西方情人节，朱文俊他们趁热打铁又推出第二批神话作品，继续成为颇为畅销的商业款。不过神话系列只是小试牛刀，2007年另一个爆款也横空出世，即"萨拉赫之吻"。

朱文俊回忆说，这款钻石的寓意是爱的礼物，不过设计时并没有提炼出这样的意义，草图仍是按照早期的相对固定款式来画，比如走流线的线条、简单的四爪和六爪和没有过多变化的镶口等。

由于当时金伯利开始考虑培养国际范的调性，后期便对这款作品做了品牌包装，赋予了它"爱"这个层面的意义。而在视觉呈现上，为了突出想要的国际范，金伯利特意从国外找来模特拍摄了精美的广告片，并在央视上投放。结果，这款"萨拉赫之吻"一炮而红，不仅成为金伯利旗下的爆款，而且引得不少业内公司也纷纷模仿。

---

① IPO：即首次公开募股，是指一家企业第一次将它的股份向公众出售。

"当时的情形是，你出的东西大家都可以把创意拿过来卖，没有版权这个说法。整个行业内也没人意识到这一点，就是互相用。"朱文俊解释说，早期深圳整个珠宝商圈都以制造加工为主，很少有自己的品牌。能够配备设计团队的，也就是几个港资背景的珠宝钻石品牌。因此，当时整个行业产品同质化很严重，产品设计的重要性尚未被充分意识到。一直到2008年、2009年，这种情况才开始改观，一些内地企业开始萌生创建品牌的想法，随后逐渐成为全行业的共识。

正是在2009年，用朱文俊的话说，"晴思"莫名其妙就突然火了。这也让更多消费者接触并深入了解到金伯利，这家从河南新乡走到大上海，又走到比利时和加拿大的国产钻石品牌在越来越多的人心目中留下印象。

"晴思"系列从最开始是作为婚戒款来规划的。当时金伯利的设计团队考虑做春季和秋季的婚戒研发，设计师找来一些与爱情相关，包括传统或现代的爱情元素，然后计划将其融合在戒指里面。

"其实这个名字也是反推的（起初没想到），我们的设计思路是在左右两边各做一个卷草的如意纹，合在一起是一个心。镶口底部造型比较简单，是一个扭臂的样式。这款第一期出来时，谁也没想到它日后在销量榜上排第一。一般情况下，金伯利推广的频率高，又有以旧换新，所以很难出现很经典的款。一个新款当年卖得好，不一定立马呈现出来，而要到第二、第三年才能看到。"

然而当年就大火的"晴思"成了例外。金伯利全国各加盟店里不断攀升的销售数字，让朱文俊都感到了一股从未体验过的眩晕感。"这款是门店有多少就能卖多少。"有金伯利员工也如此表示。上市后的几年，"晴思"系列每年都能卖出好几万件，甚至到了朱文俊选择离开金伯利的2018年，这款婚戒的销量仍然高达3万多件。

于建春对"晴思"系列的成功充满感慨。他透露说,这款婚戒至今已经推了很多年,目前在婚戒销售排行里仍然能占据前三位。"其实那个款式也不是说多好看,最起码我不觉得它好看,但有了概念和文化的植入,加上整个渠道的推广宣传,慢慢消费者就都接受了。如果没有这些附加的东西,这一件产品跟另外一件产品放在一起,客户不一定会选择这个。"

作为"晴思"系列的操刀手,朱文俊则将它在商业上的成功主要归因于两点:一是四爪加上一些小钻的简洁造型,二是流线的戒壁。除此之外,或许名字中蕴含的意境也打动了消费者们的心弦。

在市场大卖的同时,很少有人觉察到,这款婚戒在朱文俊心中多少留下过一些芥蒂。这是因为在她的感觉中,董留生或许都未必知道,公司史上卖得最好的一款钻饰是出自她之手。这听起来似乎不可思议,但却久久萦绕在朱文俊的心头。"老板一般很少关注商业款,他不关心这些东西。大家都会看上一眼的是那些看得见的、大的东西。"

事实上,在"晴思"系列之后,朱文俊设计的另一款情侣戒"龙凤情结"卖得也相当好。一直到2012年,她在金伯利主攻的都是商业款,也的确取得了巨大成功。不过,不仅是老板本人,连金伯利内部不少员工都一度认为"晴思"系列是时任设计总监郑志影所做,为此还互相争辩过。对朱文俊来说,她需要一个在艺术层面再次证明自己的机会。

令人欣慰的是,"晴思"系列上市后1年,她等来了这样的机会——2010年上海世博会。

这届上海世博会举世瞩目。2010年4月30日晚8时,这场盛会的开幕式在上海世博文化中心隆重举行。5月1日,世博园正式开园。在184天中,246个国家、地区和国际组织的参展团齐集上海。统计数据显示,这次世博会的参展方数量、参观人数以及单日入园人数,均刷新了世博会 159 年来的历史纪录。

世博会既是集中展示一个国家形象的机会，对任何一家能够参展的企业来说，也是一次在国内外面前亮相的难得机遇。这次盛会同样是金伯利发展过程中的一个关键节点，对这家正希望走向国际的钻石公司来说，再没有什么更大更合适的舞台了。

在上海世博会开幕前两个月，金伯利顺利成为世博会钻石类商品的特许生产商和零售商，其产品在"2010 年世博会特许产品展示暨拍卖"上展出。4 月，金伯利又成为本届世博会比利时欧盟馆官方钻石合作伙伴，成功进驻比利时欧盟馆。

拿出什么样的作品在世博会上展出，这是金伯利上下十分关注的问题，自然也包括董留生。这时朱文俊提出了她的一款设计方案名称："蝶恋"。在外形上，这是一个两只蝴蝶的白色项链，创意则源自中国传统爱情故事——梁祝。

"其实我挺喜欢画蝴蝶的，很多作品中都用到了蝴蝶元素。当时想着给世博会做，这是中国第一次办世博会，也是一个展示的窗口，因此主款就想到使用中国的相关传说。方案草图画了两只立体的蝴蝶，款式和形状有点像梵克雅宝的感觉。这就是当时的基本情况。"

"蝶恋"是朱文俊加入金伯利后做的第一款大件。在几个商业款都取得成功之后，她本人和金伯利在大件展品上也终于取得突破。这套作品的工艺堪称上乘，制作技术尖端，蝴蝶展翅的立体效果栩栩如生，看上去充满灵动的生机和活力。项牌、戒指与耳钉上下呼应，线条流畅似翅膀微颤，整体具备了很高的艺术性。

虽然并非是基于商业款来制作，完全是走概念和走形态的设计，但"蝶恋"在世博会展出后也开始销售。由于其没有使用大钻，均是小钻点缀，所以与后来金伯利推出的大件珠宝相比,整体成本和造价相对较低。这样的蝶恋受到部分客户热切追捧,即便没有再现"晴思"系列那样的销售神话,但在另一种意义上,朱文俊和金伯利也都取得了成功。

除"蝶恋"之外,金伯利还特意为上海世博会推出了一系列作品,包括有浓郁上海风情的钻石吊坠和制作精美的巧克力系列礼盒等。世博会开幕一个多月后,时逢比利时馆国家日,比利时菲利普王子会见了董留生,很高兴地接受了金伯利所赠送的巧克力钻石礼盒,并回赠钻石巧克力并留签名以示友好。

世博会上的成功为金伯利带来了肉眼可见的效益。由于与世博会的合作关系,不少买不到票的客户可以从金伯利获得门票,这让买家们感到这个钻石品牌"挺牛的"。金伯利门店的员工也不失时机地向客户们推荐,在逛世博会时可以到比利时馆亲身感受一下更多的产品。

王义瑞讲,她所在的一家于2006年开业的门店,在2010年世博会举办之后销售业绩就明显有所突破。

"那时候我们的品牌和店铺,宣传力度都增大不少,效果也很好。门店的业绩每年都有蛮多提升,从以前的20多万元涨到100万元左右,也就是说基本上1年营业额能稳定达到1000万—1200多万元。"

授勋仪式

而金伯利在上海世博会期间的表现,也为它赢得来自国外的赞赏。2011年1月19日,比利时首相莱特姆代表比利时国王在比利时首相府为表彰金伯利在上海世博会期间在比利时馆做出的贡献,特向董留生颁发了代表比利时皇室最高荣誉的"利奥波德骑士勋章"。这使其成为该勋章设立 100 多年来第二个获此殊荣的华人。

创业至今整整过去 15 个年头，此时的董留生仿佛站在了一个高点，这个高点是他在贫困的童年生活、严格的军旅生涯，以及后来多次失败的经商经历中完全无法想象的。如今他站在这里，注视着周围的旖旎风光和身边隐隐上升的钻石王国，一切都是那么真实，又似钻石般梦幻。

任职金伯利以来的第一款大件给朱文俊带来很大自信，不知不觉中，董留生对她寄予的期望也越来越高。尤其在前任设计总监郑志影出走之后，作为老板的董留生希望朱文俊能够做出成绩超越郑志影。无论对金伯利还是对她个人而言，都还不到躺在功劳簿上享受成功的时刻。

朱文俊坦陈自己的多数作品都是呈现意境的，并不是以堆砌用料取胜。这是一个创造美的过程，她本人对此似乎也很享受。她举了一个在金伯利任职期间所做的案例，是类似"冰雪融化"的主题，作品还拿过一个设计师创意大奖。

"那是一次乘坐长途飞机出国，是去加拿大，我刚好坐在靠窗的位置，有时差影响，所以睡不着。那会儿刚好飞到北冰洋上空，飞机飞得很低，我朝窗外看下去，被那个场面震撼到了。只见冰雪大洋上漂浮着一块一块的冰，很空旷，看不到人烟也看不到其他什么东西。阳光照在上面，简直漂亮极了。那时候手机像素不高，就赶紧借别人相机拍了一些照片，后来作品就是从这里获得的灵感。"

珠宝钻石界的设计师，的确是个严重依赖灵感的"艺术家"群体。设计思路可能来自千奇百怪的想法，也可能来自五光十色的现实世界，这一切都需要一双善于发现美的眼睛，同时还需要一个善于思考联想的聪明头脑。正如朱文俊基于多年从业经历所做的总结：很多时候对设计师来说，灵感不是一时半会迸发的，反而是有意象长期存在心底。一旦你需要时，它便从记忆里面突然触发跳了出来。

另一款更有纪念意义的杰作，是"传说"系列——这是朱文俊在金伯利担任设计师后第一款真正的参赛作品。这个作品，也将她的创作风格发挥到极致。

2013年举办的第21届香港JMA国际珠宝设计大赛是一个主要针对香港珠宝钻石业界的比赛，参赛者也多为当地从业人士。相比内地，香港珠宝钻石行业从设计到制造再到品牌，仍然有较为明显的先发优势。因此，几年发展下来在内地市场牢牢站稳脚跟的金伯利，要想进一步获得国际性的声誉，就必须主动跳出舒适圈，在更高水平上与同行们展开交流与竞争。

按照大赛的流程，参赛者首先需要提供设计图纸，入围后将其做成成品，再参加复赛并决出最终名次。朱文俊针对这次比赛想出的设计概念是蝴蝶胸针。"我的很多作品里面都会出现蝴蝶，可能是身为70后对中国传统文化还是有一些情结。小时候没有漫画，见得多是连环画，连环画要么是白描，要么是工笔，工笔还很少，多数以白描形式呈现。那个时候完全出于对绘画的喜欢，会收集这些东西，包括梁祝题材的连环画都有收藏。此外，还收了一套这样的《红楼梦》。可能就是潜移默化，骨子里面的一些东西时不时会在作品里面冒出来。"

她至今仍然能够清晰回忆起当时的设计细节：首先想到的是创作胸针，其次想到要融合梁祝的蝴蝶元素。考虑到梁祝代表的是美好爱情，因此表现形式不能是硬生生把蝴蝶做出来，最好用到剪影的形式——做一男一女两个剪影，两个剪影面对面合在一起是一只蝴蝶。

这个设计是与中国传统的剪纸艺术相结合，过去玻璃窗的剪纸是平的，现在有了新的剪纸艺术，比如橱窗内的装置画就可以把纸做得很立体。因此，这个作品的创作表现方式也来自于现代剪纸。

最后的成品效果，就是两个男女剪影，剪影是平的，稍微翘。剪影放在一起成为一只抽象的蝴蝶（也是一对胸针），蝴蝶下面装了金属做的弹簧可以动。在上面再弄一只小蝴蝶，小蝴蝶在剪影上面做一些移位，比如做成镂空，相当于镂空的纸剪了一个蝴蝶挪到另外一个位置，用剪纸的表现方式来呈现作品。

凭借这样颇有特色的设计，朱文俊的设计图不出意外成功入围。入围之后，成品由金伯利制作。个人参赛，由公司提供资源支持，这是董留生执掌下金伯利的一项不成文传统。

黄玮将这个传统归结为老板的开明，因为做任何一件作品都要占用公司很多资源，比如工人、工费、金料以及石料等，董留生的支持可以让设计师们免除物质上的担忧，放开手脚去施展自己的才华。

为了达到最佳的展示效果，每次参赛金伯利均会采用金货去制作成品。当然，金货成本高昂，有的展品尺寸太大，较小的公司可能无力支撑制作费用，便只能遗憾地选用银货。

为了把朱文俊的奇思妙想变成现实，成品花了两三个月才制作完成。从工艺图到生产线，她全程跟踪下来。

"当时先用银版，做出版后还需要调整，其间会经过很多工序。最后组装时，每一只小蝴蝶有一个弹簧，一个个往上焊，工艺还是挺复杂的。弹簧使用的也是K金，用金属线绕成弹簧的感觉。"

但没人想到的是，制作时工艺上的弊端使这件作品意外迭出，令朱文俊一度感到十分遗憾。"我们是像种瓜一样直接种上去的，激光点焊的地方太少,导致弹簧很容易断。参展一次就掉一次,特别烦。如果现在来做,可能会用线把片打一个孔,再勾到底部来。总的来说,这件作品概念上没有做完美,落地出现瑕疵,也没有把它做透,最后没转化成商业款。然而,当时有一些竞品做得就很好。"

虽然现在谈论起来时更多的是自谦和反思,但当这件展品参加复赛时,却取得了令人振奋的好成绩。它一举拿下那一届香港 JMA 国际珠宝设计大赛的两个大奖——亚军和最具市场价值奖。

按照朱文俊的分析,当时香港本地参赛公司提交的作品多是彩色宝石,做得很绚丽,颜色也很丰富。反而当"传说"这样的既有点现代,也保持传统,用现代表现方式来呈现中国传统文化的作品亮相时,就显得别具一格,十分耀眼。于是,在一片珠光宝气的作品中,作为唯一一款全白的钻石作品,颇为出挑的"传说"赢得了评委们的交口称赞。

主办方通知朱文俊到香港国际会展中心参加颁奖典礼时,很多金伯利员工都欣喜不已。董留生心情也非常好,他在这方面的作风一向是谁得奖了就去领,领奖回来大家一块儿高兴。一开始他并不知道是朱文俊获奖,得到确切消息后,"虽然是个亚军,但也挺高兴"。

这次获奖的奖金一共是 3.5 万港币,由主办方向获奖者发放支票,再由后者自行前往银行兑换。在此之前,朱文俊从来没有见过支票,对这种领取奖金的方式感到十分新奇。"那时候港币还算值钱的,和人民币汇率是 1:1.1。拿到支票后挺开心,然后去香港渣打银行兑换的港币,还收了 50 元的手续费。"

她在说起这些时如同就在昨日。朱文俊承认,"传说"对自己来说是一件非常有意义的作品。彼时金伯利的设计团队刚经历了一次调整,朱文俊成为郑志影之后新的团队负责人,虽然是一个过渡时期,但董留

传说（2013）

生仍希望这个团队在经过调整后，无论是负责人还是整个团队，都能较以往有所超越和提高。

"这些东西他有时候不会说出来，现在回想起来，他给研发特别是给我们的权限确实蛮大的，基本不干涉你，全权交给你。这一点在整个珠宝行业，特别是对比深圳的潮汕或莆田系老板，他正儿八经还算可以的。另外他也非常敢用人，不像有些公司的重要岗位基本都是老板亲信，外人很难做到很高的位置。但在金伯利，他这一点做得是可以的。他给你权限，给你一个平台去折腾，你要做的就是把能力尽量发挥好。虽然有些人会在某个问题上犯错，他顶多骂几句，也不会把你怎么样。作为一个企业家来说,他是很有格局的,这一点不得不承认。"虽然早已离开金伯利,当谈论起前老板的管理风格时,朱文俊仍表示十分敬佩。

"离他越近,骂得越凶。"金伯利一些熟知老板秉性的老员工如此说道。那个时期,朱文俊算得上是离董留生比较近的人之一,自然也承受了相当大的压力。不过她没有在压力面前退缩,而是抓住了这难得的机遇,并尽自己最大限度出色完成了一系列任务。

从她接任设计总监到 2018 年离职,这几年在金伯利的发展历史上,在设计层面是处于巅峰的一段时期。韦庆霖也对朱文俊给出了很高的评价,"她是把金伯利钻石带到国际舞台上的那个人。"听到这个评价,坐在一旁的朱文俊连连摆手表示谦虚,"其实是平台好,我个人没有那么大的能力。那时候恰好是金伯利想让品牌往上走,整个公司处于往上爬坡的阶段,这给了好的机会。现在整个行业的行情和环境大不一样,是比较艰难的时期(也许就难以复制这样的经历)。"

在持续推出爆款和斩获业内评选大奖时,金伯利的设计师们并没有被冲昏头脑。放在内地市场看,金伯利已经从一家不名一文的狭小门店发展成珠宝钻石业界的风云公司,董留生赢得了不少荣誉,团队成员为能在这样一家公司感到自豪,全国各地的加盟商们也赚得盆满钵满。如果从董留生要迈向国际的雄心角度看,至少在设计这一专业层面,仍然有提升的空间。这点并非仅体现在金伯利一家公司身上,更多是国内与国际整体性的对比。

黄玮说:"就珠宝钻石行业而言,中国本身起步就晚,像卡地亚、蒂芙尼这些品牌都已有上百年历史,而国内品牌大多才几十年,最早的品牌也没那么久。虽然中国企业在这个领域的提升速度要远远超过国外品牌，但仍需要更加精进。国内外比较明显的一点区别是，中国的钻石公司更多停留在它可以卖，并且卖得好的阶段；国外品牌则更注重所谓工匠精神，会注重把一件货做到极致，很多情况下不会受销售因素的影响。

"国内这行通常讲求速度，是快节奏、快餐式的，要在很短时间内推出一个系列。要真正静下心去研究一个东西的时候，时间就有点短。国外设计师不大一样，比如宝格丽的一款作品包含蛇元素，他们会花很长时间去研究一个蛇头，做一个东西会做很久。也可能是国内发展速度快，要求的时间就缩短了，精致程度自然会有所减弱。概括起来一句话，总是觉得国外同行有工匠精神，到中国就变成批量生产了。"

黄玮这番话并不是在一味盲目推崇国外的设计水平。事实上，金伯利的设计师们也和很多国外设计师合作过，有时候拿到对方提供的图纸，发现同样存在不少问题，比如本身设计缺陷、工艺把控等，甚至怎么沟通都修改不到预期的效果，还需要己方设计师帮他们完成。因此，偶尔会产生并不比对方差很多，对方只是传得神乎其神的感觉。

但这些并不妨碍黄玮等设计师们把国际先进水平作为追赶的目标和动力，某些时候甚至更能激发他们的斗志，比如她提及目前业内的一种流行趋势——定制，定制这种模式原本国外很早便已流行，近年来国内公司也纷纷效仿起来，很多工作室开始转型做定制工作室。相比普通款，定制款会更加注重细节，更加贴合定制方的具体需求。

但做定制面临的一大考验是工艺水平，黄玮略显惋惜地表示，现在市面上有很多种工艺，尤其国外的工艺往往很注重保密。人家一说，我们是意大利工艺，是德国工艺，从来没有人很自豪地说我这是中国工艺。每逢看到这些，提升自身乃至国内整体工艺水平的愿望便越发强烈。

除了本身起步较晚、设计水平与欧美国家存在差距，令朱文俊感触颇深的是，珠宝钻石行业的知识产权保护做得不够好，也是整体发展相对滞后的重要原因。

早期深圳等地区珠宝钻石公司扎堆，尤其是众多加工企业盘踞此地，一个爆款迅速被其他人模仿的事迹屡见不鲜。尽管朱文俊认为从2008年之后这种情况有所改善，头部公司逐渐萌发品牌意识，开始重视版权保护，但要短时间内改变整个业内较为浮躁的生态，并非一件易事。

时至今天，业内仍然能够轻易发生这样的状况。朱文俊讲了其了解到的一桩案例：2019年一名年轻女设计师画了一个"老鼠爱大米"的图，大概就是一颗米，加上一个红绳串，定价比较低（3D印金，约0.3克，串一条红绳售价即为299元、399元）。没想到这个创意瞬间成了爆款——近年来由于行业竞争激烈，出现爆款难度颇高——很快形形色色的从业者开始"剽窃"制。当时，据称深圳金展珠宝广场一个小小的微商摊位，每天发货量高达几千件，"养活了一大批微商，到处翻版"。走在那个地方随便一看包装，都是卖的这个东西。整个水贝商圈的微商似乎捡了个大便宜，但没人知道的是，这位女设计师估计只挣了不到1万元，不免令人唏嘘不已。

"国外有些奢侈品品牌，早期都是靠设计师个人品牌起家。由设计师创建某个品牌，经过几十年到上百年的沉淀才形成今天的奢侈品品牌。反观国内，相对于服装设计，珠宝钻石行业设计至少要晚20年。国内设计师品牌很少，有的只是所谓工作室。能够打响个人品牌并开加盟连锁的设计师，几乎没有。目前国内设计师做到最好的，无非是实现了个人自由——不是财务自由，是时间自由、人身自由。他们创建工作室，每年定期推一点东西，或借助电商平台，或与某些品牌合作卖卖货，只能做到这个程度。"

"或许要放大到整个华人圈子，才能略减轻这样的尴尬。"她补充说，"目前华人珠宝圈最火最有名气的两位设计师，一个来自台湾，一个来自香港，他们是真正在国际舞台上闯出名堂的。他们走的是高端路线，主要设计拍卖级别的作品，做的东西是真的好，很多国外博物馆还加以收藏，娱乐明星都喜欢买。"

按照朱文俊的分析，国内整个行业之所以没有国外的好，在于行业过于小众、圈子小，且整个行业在国内发展历史不长，仅仅一二十年光景。没有大的资金，没有人给你投，融不到资就很难存活，品牌竞争杀得满头都是血。这种情况下，出现问题与乱象便不足为奇。

已在上海钻交所总裁位子上坐了20年的林强，对此更深有体会。在他看来，这的确是一个"熬年份"的行业，要形成一个国际顶级的品牌，长寿、文化以及底蕴等因素缺一不可。拿国内存在时间很长的老凤祥来说，虽然清朝便有了这个牌子，但事实上它现在卖的和过去大不一样。它还是那个名字，不过品质和内涵都变了。

"一个国际品牌一定有它产生的周期，这是极少能突破的。而品牌背后是一种文化，你看今天美国有钱人买时装，还不是要坐着私人飞机去巴黎、去米兰买吗？这个对顶级品牌的崇拜，不是能马上改变的。当然，品牌也和国力息息相关，比如丝绸之路上中亚国家的首饰也很漂亮，也有做很久的，但如果国家实力不济，这个品牌就站不住。从这个角度说，中国发展这么快，相信慢慢就会有自己的品牌——比如，一个小孩子说我小时候用这个东西，妈妈小时候也用这个东西，感情就是这样培养出来的。尽管这条路没有捷径，但中国的钻石行业产生世界级品牌是完全可以期待的。"

从 2007 年到 2012、2013 年，抓住了全球金融危机和上海世博会等几次重大机遇的金伯利，迅速走上发展快车道。某种程度上，那也是全行业最鼎盛的几年时光。

与此同时，中国经济继续飞速发展，2012 年 GDP 总量超过 50 万亿元，达到 51.9 万亿元，比 2007 年翻了一倍。当年城镇居民人均可支配收入达到 2.5 万元，比 1978 年改革开放初期增长 71 倍。其中，金伯利总部所在的上海成为全国唯一一个人均可支配收入突破 4 万元的地区。随着国民消费水平的提高，诸如钻石这些奢侈品更是加快走入寻常百姓家。

金伯利雄心万丈。

2008 年 10 月，其位于上海浦东的钻石产业园落成。产业园占地 2.2 万平方米，是上海首个由品牌自行筹建的钻石产业园，包括生产区、管理区以及相关配套生活区等，涵盖了钻石原石进口分拣、切磨加工、钻饰设计、配金生产镶嵌、供应零售市场等钻饰供应链的各个环节，是远东地区首屈一指的钻石加工基地。

2010 年在上海世博会上名噪一时后，金伯利对以往成绩做了一次全盘的总结，首次提出"走精品之路，创百年名店"的远景目标。到 2013 年初，金伯利钻石商标被认定为"上海市著名商标"，并颁发证书和铜牌。一年之后，其首次成功进驻香港国际珠宝展（国内行业顶级盛会），与国际顶级珠宝品牌一起向世界展现中国珠宝文化和设计的魅力。

多年后在回答要将金伯利打造成一家什么样的公司时，董留生坦言，他并不希望一定要达到太大的规模，自己就是踏踏实实往前做，争取打出一个名牌来。需要提到的一点是，董留生并不执着所谓"民族品牌"的称号，"你爱说什么就说什么"。他不喜欢主动戴上一顶高帽子，因为这看似是宏图，但也更是枷锁；反而非常务实地去思考，究竟该如何带领一家商业公司后来居上，最终跻身业内最顶尖的行列！

一位在金伯利任职多年的老员工曾经感慨，公司的人的确都非常朴实，很接地气。在这些手艺人的辛勤工作下，和小石头差不多的钻石原石，经过切磨和镶嵌等一系列程序，最终出来一件璀璨夺目的产品。而一家钻石公司，其实和一个产品类似，它成长的过程并不需要多么为人关注，最重要的是呈现给外人璀璨、艺术以及受欢迎的作品，如此而已。

这样的金伯利，继续埋头狂奔。栗娅蕾说，上述这几年期间公司发展非常快，员工们连加班都是很开心的状态。金伯利当时出货量特别大，每天晚上备好货，第二天马上就发出去了。各地的加盟商眼看生意红火，来金伯利挑货时都是一沓一沓的拿走，唯恐来晚一步被其他人抢了先。

在下属们的眼中，此时的董留生展现出一个掌舵者的眼界和定力。相比不少同行，金伯利过去多年一直坚持只做钻石生意，珠宝翡翠等一概不问。这一点从金伯利早年创立时就可见一斑，当时国内品牌普遍经营范围很广，比如红宝石、石榴石和黄金，还有各种彩宝和半宝，一进店里令人眼花缭乱。

金伯利成为行业中的绝对异类，只做钻石，并且顽强地走到了今天。也有人曾劝说过这位执着的老板，在行业如此火爆时，是不是可以考虑开辟翡翠等新品类？不过，董留生在做了一番市场调研后，果断拒绝了这项提议。或许按照他的商业触感，认为这并不适合金伯利。他抵制住了诱惑，"这是很难得的"。

"也因为专注而变得专业，有了长期的专业之后，就逐渐引领起这个行业的一些东西。要知道，只有专注才会产生很多对行业的洞察，包括公司自身做钻石的一些领悟。"于建春从老板的做法中意识到，他的坚持获得了更高价值的回报。

行业的繁荣是一场造富运动，虽然不像房地产或互联网这些引人注目的领域，国内的钻石行业始终是在一个相对小众的范围内崛起、成长，但当风口吹起来时，无数浸染其中的从业者们仍感受到了巨大的财富冲击。如何面临这样的冲击，不同的人做出了不同的抉择。

"那几年也突然赚到钱了，大家都开始买名牌，反正各种张扬。"在这个行业耳濡目染了太多此类的场景，于建春平静地说道。但就像他评价董留生的专注一样，他眼中的老板依然保持着一贯的低调作风，"有时候赶上他过生日，我们给他买个名牌腰带，或者买双鞋，他才穿出来。他自己买衣服的话，是不讲究什么品牌的，买衬衣都是在温哥华一次买10件，19.9元一件。"

不仅在财务上低调，在同行面前董留生同样如此。于建春印象很深刻的场景是，比如行业内召开一些会议，各个珠宝钻石公司的老板集聚一堂。董留生到现场后就往后边一坐，从不往前面蹭。他也不会去攀附官员，和对方吃吃喝喝套近乎。

按照董留生的行事风格，或许他认为自己去做那些毫无意义，只是让外人看起来似乎很风光，实际上对经营好企业并无多大益处。他真正需要做的就是踏踏实实把公司做好，把事情做好。

身边的很多人无时无刻不在感受着这样的董留生。他们觉得，老板行事低调，待人却仗义大气，无论是员工还是外部加盟商，都从他们与之的交往中受益匪浅。在他们的评价中，董留生是那种人——如果大家要一块儿做一件事，那就必须做成，而不是赔一堆钱，那样他自己也不会好受。于建春的个人经历可以很真切地说明这一点。

2000年进入金伯利的于建春，在2004年离开公司，以加盟商的身份继续与金伯利合作。在做出这个决定前，他特意找机会和董留生进行了一番长谈，说明了自己想出去闯一闯的想法。结果，董留生很干脆地同意了。这位开明的老板当时告诉他："你要试就必须成功，必须做好，别让外人一说你是我带的兵，连个店都开不成。那是丢我的人。"

得到董留生的理解和支持之后，于建春开始创业。当时开加盟店的成本很高，他并无多少资金，几乎全部靠借外债才支撑起来，"压力很大"。一般情况下，金伯利的加盟商从公司进货，是一分钱一分货，概不赊欠。在这个圈子中，除非是信誉度非常好的人，才能获得格外的待遇。

但在董留生的支持下，于建春的门店启动时从金伯利拿了80多万元的货，却只交了一半的钱。董留生还宽慰这位前员工："我支持你开业，这些货先拿走去运营，以后赚钱了再慢慢还。"

此后的十几年中，于建春的加盟店和金伯利一同迅速扩张，他手里的门店数量不断增加。虽然2019年经过一番裁撤，目前仍经营着五六家店，员工也达到70多人。其中比较大的门店，每年的营业额可以做到3000多万元。作为金伯利庞大加盟商队伍的一分子，于建春的事迹成为他们与董留生、与金伯利共同进退的一个缩影。

于建春代表了这样一群人，他们基本是从外部加入金伯利，而李保强和董留长等，则称得上是金伯利的"本土派"。

正如前面书中所述，李保强被称作是金伯利的"金牌保安"，从金伯利开始创业时他就加入团队，从新乡一路跟到郑州、上海，后来在董留生鼓励下更是到加拿大发展。多年之后，他对董留生的提携关照仍充满感激。在众多被董留生人格魅力所折服的人之中，他是很典型的一个。

李保强自述，当时农村孩子只有当兵和考学这两条出路，初中没念完的他知道自己求学这条路已被堵死，那就只能去当兵。不过当时农村年轻人当兵也并不容易，需要经过一系列程序，其间自然免不了各种人情世故。董留生帮他把一切办理妥当，将这个小兄弟一手带出了农村，李保强因此也一直将董留生视作大哥。

追随大哥十几年，经历了金伯利从草创到荣耀的难忘时光，李保强在2011年选择离开公司。和于建春类似，他也想出去闯荡一番，建立自己的事业。当然这个事业仍然离不开金伯利——他瞄准的也是开加盟店。

用林强的话说，金伯利的公司文化或加盟商文化很值得去观察。他参加过很多金伯利的相关活动，感觉这家公司就是一个大家庭，董留生是整个家族的大家长。无论是员工还是加盟商，如众星拱月一般围绕在他的周围，听从他发号施令。他不经常露面，但凝聚力比那些老板整天露脸的公司都要强，这无疑是董留生的独到之处。

的确，董留生身上有这样一种气质，混杂了不安分、坚忍以及团队领袖的霸气。他把个人过往经历所形成的一切经验与经营一家商业公司很微妙地融合在一起，从而推动了一个钻石帝国的崛起。

这个时期的董留生同样信心满满。他似乎在与金伯利共同经历成长，其间有艰难困苦，也有险峰风光。无论如何，这家在业内以专注著称的钻石公司，就这样一步步走在从国内到世界的理想道路上。而置身于其中的每个人，亦都在期待着进一步的成功。

在火热氛围中更加深入体会到这一切的，还有一个人，那就是董搏。

董搏在9岁时便被送到了加拿大温哥华，直到2016年回国进入金伯利担任高层。他刚到加拿大时对父亲所做的钻石生意尚未有清晰的概念，也不觉得这个亮闪闪的东西会和他的未来产生多么密切的关系。"在那之前，我家一直在新乡生活，公司是在郑州。从郑州到新乡，开车差不多一个多小时。他平时在郑州工作,周末就开车回新乡。那时只知道家里是卖珠宝的,因为偶尔也去过店里。"这是董搏依然留存的童年记忆,孩童眼中的父亲可能就和多数玩伴的父亲一样,为工作而忙碌。即使从新乡发展到了郑州,也并没有多少实质的区别。

董搏说,他第一次真正意识到父亲在干怎样的一件事情是在十二三岁时。当时他已在国外生活三四年,几乎和金伯利成为比利时安特卫普会员同时,他在那时去了一趟比利时,在那里他才真正感知到钻石这个东西,并开始接触这个行业。到后来,他回国在公司实习,才更多地了解到这门家族生意的过往经历。

这是塑造董搏本人对钻石行业、对金伯利乃至对父亲重新认识的一段时期。在2016年回国之前,他以一个外部人的身份观察着这家公司,体会着父亲的意志,思考着这个行业在新时代所发生的细微变化。这时的金伯利早已不再寂寂无闻,某种程度上它已是巨人,父亲也成为形形色色人眼中的绝对领袖,他们都在阔步向前,收获着胜利,接受着赞美,也在更加激烈的竞争中经受着冲击。

陈怡静是在2013年前后第一次见到董留生,这一年他61岁。后来,陈怡静成了董搏的妻子。在她的描述中,彼时执掌着一家钻石巨头公司的董留生,给她的初次印象却只是胖——完全看不出眼前这位和蔼的长者是做这行生意的,"就是感觉他和'美'的行业不太相关"。她同样无法想象的是,作为金伯利这艘大船的掌舵者,董留生在付出着巨大的精力,甚至是过着一种外人看来十分"严苛"的生活。

在接触到的任何一名与金伯利有关的人眼中,董事长既是一位威严的管理者,也是一个十分律己的苦行僧式人物。困苦的个人经历、军队生活的严酷以及创业的艰辛,使他在后来的工作、生活中均带有这种鲜明的秉性。

在金伯利逐渐走向荣耀的背后,多年来董留生基本过的是两点一线的生活,由于妻儿常年在国外,用他自己的话说,他的生活中就只有工作。睁开眼是工作,闭上眼也是工作,除此之外,他每天的睡眠时间很少,往往凌晨三四点就起来工作了。

董留生早早爬起来的工作之一,一度是亲自查看石头(钻石)。他有一张自己的小办公桌,还有一整套专门的工具——有些工具甚至是金伯利的质检部门都没用过的。他打开灯,开始仔细地看。有员工把董留生比作金伯利"最早的质检员",或许就和他的这个习惯有关。

"老板旺盛的精力和律己的精神,让他的下属们时常心生感慨。"质检部资深员工程绿英说,"你看他都这么大年龄了,有很多工作完全可以放手让别人来做。比如说看石头,原本金伯利从比利时采购来的石头已经过两道仪器筛选——一道在比利时,一道是公司的质检部门,他完全可以找质检部的人帮他看,但还是习惯性地抽一部分石头亲自查验,这一点特别难得。"

董留生在一线带领金伯利不断扩张的时期,无论是跟随多年的老下属还是后加入的新员工,对老板的工作风格都已习以为常。他不喜欢长篇大论地去开会,在金伯利,董留生主持的工作会议一般只进行2分钟,"你的笔盖还没有打开就结束了。"金伯利的员工们这样评价。

他的另外一个习惯是通常会在前一天晚上考虑好第二天的工作安排,最初早饭是在员工餐厅吃,他坐在最前面,一边吃饭一边布置当天的工作。饭吃完了,当天的工作基本也处理完毕。随着公司规模越来越大,员工数量越来越多,由全体员工参加的早餐会形式难以继续维持,董留生便改由副总裁级别的高管参加。

董留生说:"我喜欢在办公室睡觉,早晨很早就醒了,这样不影响别人睡觉,也方便想事情。后来就是几个副总裁陪我一起吃早饭,实际不算是吃饭,就是安排工作。饭吃完,活也干完,这样不挺好吗?"

董留生对待这方面业务的态度,令金伯利最早的质检员工程绿英至今记忆犹新:"我 2006 年就来到公司,做质检这么多年,他对这一块工作很尊重,对我们这些专业的人很尊重。他从来不会下这样的指令——把钻石级别人为拉高一点,其实拉高一点对整个公司的效益特别明显,而且不会出现大的风险,但在这方面,他从来没给过我们任何一个暗示。"

金伯利不希望在成品钻的质检等级上去迷惑消费者。负责这方面业务的张建兰说,她接触过行业中其他公司的一些货,与金伯利相同品质的东西,对方一般定出的等级会稍微高一些。这里涉及第三方质检站或商业检测机构,由于各质检站之间存在竞争,因此面对一些钻石公司客户时,或许会按照对方的要求将钻石定到某个等级,比如有的企业会对质检员说:"你能给我出证书,就在你这里做鉴定,给不了那我就去别的质检站。"

至于市面上各种商业型检测机构,它们出具的证书太乱,可能更得加以注意。换句话说,金伯利对产品质量的要求会比同行更加严格。据张建兰从业内人士处了解到,相关质监部门对金伯利产品的定级也是比较认可的。

之所以这么严格,要缘于董留生早早就定下的规矩和传统。在金伯利的质检部门,通常是老同事带新同事,所有人执行的都是同一个标准,因此这套流程和习惯就一直延续了下来。在理论上,钻石等级越高,售价相应也越高。但作为为产品质量把关的最关键环节,一旦因这方面的瑕疵被市场所诟病,那无疑是得不偿失的。

这事关金伯利的名誉,也触及了董留生的底线。张建兰记得董留生说过这样一句话,"分到质检部的员工性格都偏沉稳一点,性子太活泼的是待不住的。"的确,就像互联网公司的程序员是生活在代码里,这些做质检的员工就是生活在石头里。他们与一颗一颗的石头打交道,金伯利在无数的小石头上建立起一座辉煌璀璨的大厦。

也许,在敬业和律己上,1000个金伯利员工的眼中是同一个董留生。但在具体对待他们的时候,不同的人则会看到不同的侧面。董留生对身边工作人员的要求很高,他的每一任助理,都会被要求跟随程绿英学习钻石方面的专业知识,包括理论知识和实际操作。

程绿英十分明白老板的用心:这些助理虽然另有职责,但毕竟身处这个行业,多懂些专业知识方便展开工作。从2006年就来到公司的程绿英,作为质检部门的资深员工,对老板也有着额外的体会:

"就算我干了这么多年,认识老板这么多年,说实话对他还是有点怕。是出于尊敬,也出于敬畏,多少有这个感觉。不过话说回来,这么多年也没有被老板特别批评过,即便犯了错,他也是以比较亲近的方式对待你,告诉你应该怎么做。"

在涉及自身职务的调整上,程绿英对董留生仍持有同样的看法。程绿英在2010年曾被任命为部门负责人,不过2013年又被从这个岗位上撤了下来。程绿英认为此举是因自己不能适应公司的发展需求——在专业技术上,她没有任何问题,足以起到表率作用。但从组织管理角度而言,她却并不擅长。

程绿英说:"当时这个决定,我是可以理解的。老板没有特别批评我,也没有调换岗位,还是让我做熟悉的业务。冲这一点,我一直心存感激。"

董留生当然在工作中骂过人,这一点他自己并没有否认。与此同时,他也向员工们展示着如上所述的宽容一面。

蒋燕燕是能够真切体会到这点的金伯利高管之一。她 2014 年加入公司，就在同一年，金伯利旗下的凯仑（KELLAN）子品牌宣告创立。蒋燕燕起初便负责运营该品牌，两年后她才回到公司总部任职。

"我看到过董事长大发雷霆的样子，一般都是工作上的事。他是这样的，如果你不是主观要犯这个错误，他可以容忍。但如果他和你沟通过很多遍，你还是犯这个错误，他会觉得你是不是无可救药，就很生气。再或者，碰到一些原则性的问题，他也会大发脾气。"

蒋燕燕举了一个自己的例子：2016 年回到总部的第一年，当时由于不知道该做多少库存，结果把账面库存做得有点高。董留生并没有过于生气，他告诉蒋燕燕，你大概算一算，每年几个旺季，大概要配多少货。配多了，会浪费公司资金；配少了，又不够卖。所幸那年销售情况非常好，所有库存被顺利消化掉，加盟商们把货挑得几乎不剩。

董留生一下子又变得很高兴。从此之后，蒋燕燕再没出现过这方面的问题。她能够充分理解董留生，因为这位老板所有的商业手段均来自直觉和经验，他记忆中的某个数字可能不太准确，但方向是不会错的。

蒋燕燕说："他不会因为这件事情，就觉得你是一个坏人。他知道你不是主观上要犯这个错误，这才是最关键的。"

也许外人可能会认为，董留生这样的大老板是比较理性的，像一台机器在商场上杀伐决断，但熟悉其秉性的人都知道，其实他也经常感情用事。金伯利内部流传着一句话，叫"老板吃软不吃硬"，意思是说董留生很感性。如果你和他硬杠，他一定不会做任何退让；如果他心里对你有感情，则会比较包容。蒋燕燕甚至表示，在很多事情的处理上，他们觉得老板太讲感情了，钱反而是不太计较的东西。

在一定程度上，2012年可以看作金伯利的一个发展节点。经历了几年狂飙突进般的扩张，它的增长速度有所放缓。从那时起，行业的竞争变得更加激烈。部分金伯利员工明显察觉到，除了上海、山东、江苏和浙江等地的珠宝钻石品牌迅速增多。

行业的繁荣在诱惑着更多后来者，国内居民消费水平和消费观念的进一步升级，也促使更多品牌挤入这个赛道淘金。对众多玩家们来说，竞争在各个层面打响，包括品牌意识、价格、服务等，以往能以较高价格拿下的金伯利钻石，越来越需要与同价位的更多"大牌"直接博弈。如何继续抓住消费者们的喜好成为摆在董留生和他庞大钻石帝国面前的一道新课题。

众所周知，金伯利的经营重心是在国内，国内市场集中了其绝大多数的线下门店。海外市场的门店更多是以展示性质的方式存在。董留生早早便打进了比利时安特卫普，在那里的人气水涨船高，也打进了北美加拿大，进一步向西方世界展示来自中国的钻石艺术。

如果说，目前金伯利在国内称得上行业前列，那不能否认的是，其在国际上距离顶级的殿堂尚有若干距离。这是如今的现状，也是10年前60岁的董留生希望突破的地方。为了实现这个远大目标，至少那时的他仍选择留在一线继续战斗。

"没有哪个企业发展到这么大是一帆风顺的。"蒋燕燕说，"金伯利后期经营过程中遇到过很多问题，包括曾有同行专门针对金伯利发起价格战等。"当遇到困难的时候，董留生性格中坚韧的一面就会体现出来，他总能化解自己的负面情绪，紧接着想到一个新点子，带领公司把眼前的危机摆平。

每逢这种情况，董留生总会说自己运气比较好，能够化险为夷。但接近他的人几乎都有这样的判断：董留生之所以能够成为董留生，很大程度上归因于他年轻时养成的某种个性，促使他在最困难的时候触底反弹。这是他们老板的最特别之处。

"我认为他就是人中龙凤，别看只有小学文化，但他的很多理念不仅是从个人成长阅历中获得的，也来自他本身性格里的东西。"栗娅蕾如此评价。

多年之后，当金伯利的员工们谈论起董留生的成功时，他们列举出了种种因素。一个大企业家、一个大家长、一个父亲，等他们讨论完毕，留在每个人心目中的大多是这样几个标签和擦之不去的痕迹。但只有极少数的人明白，从一个无名小城不足100平方米门店起步的金伯利究竟倾注了董留生多少精力和心血。

在金伯利如日中天，身边的人纷纷打算奔赴这个钻石帝国以外的广阔天地，想要去拼事业，想要自己成为老板时，董留生给了他们支持和希望，但并没有告诉他们——当老板没有那么简单，你们没有体会过我一夜白头的感觉，没有体会过我剥掉三层皮的感觉，也没有体会过我半夜起来看石头的感觉。

而这些，是后来那个成为上海滩"钻石大王"、走在安特卫普大街上被人高喊"Big Boss"，并从比利时皇室手中接过勋章的董留生所必须要付出的代价。

无论如何，10年之前的金伯利所面临的，是一个正在迅速变化的行业环境。它既享受着王者的荣耀，也遭受着外部的冲击，在钻石江湖的大潮中起起伏伏。它的老船长——董留生，屹立在船头指挥着这艘大船迎接风浪、驶过暗礁，寻找着一片平静之海。

而这时候，远在比利时的"采购员"董留长，对当地的生活越来越适应。作为一个中国人,他成了当地人熟识的"老外"。他观察着当地人的生活习惯,学着比利时人喝一个上午的啤酒,学着他们周末放下工作,和认识的华人去海边摸鱼、一起爬山。

他也无须再为如何吃饭发愁,当地的中餐馆越来越多,自己在比利时也有了房子,周六买菜、周日做饭。当地的唐人街上,起初仅有几千名华人,2010年之后人数开始迅猛增加,后来达到数万。

用钱上的紧张也大为缓解,他最早在比利时时,每年只能兑换2000比利时法郎,这个限额在扎根多年后也大大提高。

董留生更是展现出了他生活中的一面——据身边人透露,他在比利时和加拿大的家中,家具与上海、深圳的几乎完全一样,"可能都是在国内买了运过去的,他也不嫌枯燥。"

这对董氏兄弟在国外经历的种种,某种意义上已不再是他们个人的生活琐碎,这些生活状态上的变化,已逐渐成为金伯利这艘巨轮出海征程的细微缩影。这两者是何其的相似:最开始都是一无所有,经历一番风吹浪打之后,他们终于将锚牢牢钉在了大洋彼岸挑剔而丰饶的土地之上。

然而这一切并不是终章,马上将有更高潮的故事等待上演。

就在2014年金伯利第一次在香港国际珠宝展上亮相时,其旗下首个定位年轻时尚的钻石品牌——凯仑于当年9月在上海四川北路开了首家旗舰店。凯仑品牌的推出是金伯利基于获取年轻一代消费者的考虑。

彼时这家钻石公司成立已有19年,较高的单价和更加符合成熟人群的款式设计,让金伯利在这个市场如鱼得水。但随着年轻消费群体尤其是"Z世代"(统计称目前该人群数量已达2.6亿)的崛起,他们的消费习惯和观念在重塑着整个消费市场的固有格局,也冲击着钻石零售市场。

据业内相关统计,截至2018年,"千禧一代"和"Z世代"的群体对国内钻石消费贡献率高达 80%，而美国仅为 50%。年轻群体的消费市场日益多元化，钻石不再是仅仅象征爱情，亲情、友情乃至自我奖励都成为他们购买钻石的潜在因素。消费克拉数的提升，也带动客单价稳步上升。

中国珠宝玉石行业协会发布的数据显示，2017 年我国人均珠宝消费量为 54.11 美元，低于同期美国的 306.7 美元和日本的 180.2 美元。由此可见，国内珠宝钻石市场仍有很大的提升空间。

金伯利自然也注意到了这一趋势，或许在年轻一代的心目之中，这个品牌看上去多少有点老气，并不十分符合他们的审美，价位相较他们的消费能力也偏高。因此，要争夺庞大的年轻消费人群，那就必须要做出改变。

这相当于金伯利在钻石领域的二次创业，也是新的业务增长点。市场蛋糕固然诱人，能否顺利吃到，还在考验着老将董留生和他的团队。

处于行业变局中的金伯利，很快又迎来发展史上的另一个重要里程碑，那就是参加 2015 年巴塞尔国际钟表珠宝展。该博览会被誉为钟表珠宝界的"奥斯卡"，这是金伯利在寻求国际影响力征途中的关键性事件，其一系列高级珠宝产品在这一舞台上相继亮相，让更多的业内外人士记住了品牌的名字。

如果说 2008 年成为安特卫普钻交所会员让金伯利获得参与国际钻石交易的资格，那么登陆巴塞尔国际钟表珠宝展上获得的荣耀是这家中国钻石公司在业内获得更多话语权的重要标志。

董留生在一定程度上实现了把金伯利带到世界面前并成为一个名牌的愿望。他为之已战斗 20 年时间。这当然不是终点，但它的确是大大提振金伯利上下士气的重要一役，似乎评价它提升了整个品牌的气质，也并不为过。

对内再次创业，对外继续征程。进入"后增长时代"的金伯利，这一时期可谓动作频频，令每个牵涉到的人都感到紧张和振奋。然而，此刻这家创业超过20年的公司，就如同它老当益壮的掌门人一样，虽然仍极具战斗力，但不得不对个人和公司的未来做出考虑。

很快，董留生做出了决定，那就是召回远在加拿大的年轻的儿子，他需要董搏尽快走上继承者的道路，为家族、为公司提供新的发展思路和可能性。

在海外学习和生活了十数年的董搏，终于回到了父辈一手创立的商业王国之中。尽管他此前已经以一个观察者的身份观摩许久，并且也进入过公司实习，但这些身份与他将要承担起的重任不可同日而语。

这个原本对钻石没有多少兴趣，对商业世界也没多少偏好，最大理想是做一名飞行员的年轻人，似乎在既定的命运面前冷静下来。无论是出于家族责任还是自己的事业心，他最终主动接受了这一安排，自此成为金伯利继董留生之后的二号人物。

系统的海外教育、开阔的国际视野以及年轻一代的灵活锐利，这是董搏相较于父辈的明显差异之处。他成长于一个新时代，或许对父亲早年的筚路蓝缕难以想象，他正在努力接手的亦是一个体系已相当完备、各方面均行驶在正轨上的成熟公司。

他或许还有很多新鲜的想法，对钻石行业和国内暗流涌动的商业社会，正形成着自己的理解。他俨然是金伯利未来最大的X元素，一切皆有可能。但毋庸讳言，要真正掌舵一家这样的巨大航船，年轻人尚需经受更多的磨炼。

这个过程中，会有碰撞，会有和解，甚至也会有犹豫、徘徊，不过这些都是企业传承的必经之路，是这位年轻的金伯利总裁必须跨越的一道高槛。

总之，不管内外何种的变化，彼时的金伯利仍处在它的高光时期。在国内珠宝钻石市场上，除了少数港资老品牌占据着相当的市场地位，民营钻石公司中金伯利已是重量级。

不过，那时候的董留生距他进入"几十年来最开心、最纯粹的一种状态"尚有几年时间——这个状态是陈怡静评价今天的董留生时所说。在彻底放手给新一代之前，这位劳碌的老板还有很多事情要做。

第六章

征途

钻石是女人最好的朋友。

——玛丽莲·梦露

很多年以前,当董留生还是凉马董村的一个孤儿的时候,他一直在寻找一条通往未来的道路。那条路虚无缥缈、模糊漫长。他有时候能看到方向,有时候却什么都看不到。

一个偶然的机会,他走出了凉马董村,走出了尉氏,改变了命运。

很多年来,金伯利也一直在寻找自己的路径。虽然已经证明了自己,但是时代已然巨变,探路者需要继续走在"无人区",深一脚浅一脚地探寻。

董留生要往前走,金伯利同样如此。

严格来说,金伯利并不是直到 2014 年才想到设立一个子品牌来主攻年轻人市场。一些熟知内情的人表示,其实凯仑早在 2009 年就挂牌营业,这是金伯利在这个品牌上的第一次尝试。

凯仑是董搏的英文名,其定位是年轻、时尚,价位要比金伯利主品牌稍低。它希望做成珠宝行业的一个潮牌。

2009 年,还没有"潮牌"这样的概念。董留生当时的构想也不是十分清晰,仅是打算在金伯利之外再试水一个子品牌,像那些国际大牌一样。

董留生最开始决定在河南市场做实验。凯仑当时设计的是一个橘色 LOGO,比较前卫,看上去极其夸张。但就和主品牌的区别而言,差异并不算大,包括店面装修、定价、货品乃至品牌定位,凯仑尚未以明显独立的形象示人。

"凯仑第一次启动的时候,在郑州搞过一次'小太庙'的宣传活动,他(董留生)有这样的情结。那时候还是以我们老加盟商为班底,并且只有做得好的、他信赖的加盟商才有资格去做这个新品牌。"李保强说。

在加盟商参与运作一段时间之后,凯仑项目采取了直营模式,原先

金伯利钻石集团总裁董搏大学毕业照

橘色的LOGO形象改为了蓝色，开始由公司层面负责人事、财务以及运营等工作。尽管花了一番大力气，这次试水在持续两年的时间后，仍以全部撤店而告终。

当时金伯利已在全国市场迅速扩张，品牌知名度也蒸蒸日上，但河南的消费者似乎对它的子品牌并不买账。他们更熟悉和更信任的仍然是"金伯利"，至于新推出的不知名牌子，并不在多数人的考虑范围之内。

这次失利在金伯利内部引发思考和争论——到底是哪里出了问题？在李保强看来，至少在加盟商这个环节就出现了掣肘。

第六章 征途

这里不得不再次提到金伯利的营销模式——金伯利采取的是"总部+加盟商"的形式，总部拥有品牌产权，授权给全国各地加盟商使用，各加盟商从总部进货，并负责在各自门店销售。过去多年，金伯利以加盟商为主，后来也增加了直营体系（如开设直营门店），不过加盟商在整个营销体系中仍占有举足轻重的地位。

在这个模式中，公司总部是轻资产的，例如其员工规模常年控制在150人左右，负责品牌授权、配货、加盟商资质审核、产品质检以及品牌建设等。而冲在市场一线拼杀的，自然是庞大的各加盟商门店。在金伯利这个体系中，总部对加盟商拥有绝对的话语权，并不会出现某个大加盟商左右市场或垄断的情形。在加盟商们面前，董留生本人也几乎享有无上的影响力。他们就像一艘艘星际小船，紧紧围列在金伯利这艘巨大的母舰身边。

因此，当董留生想做凯仑品牌时，这些加盟商纷纷选择了跟进。用李保强的话说，"他呼啦啦一招手，说大家一块儿做。既然这么说了，过去的情分都在，面子上抹不开（那就开始做）。"

相比金伯利主品牌，那时开设一家凯仑门店的投入并不高，这或许也是导致部分加盟商不太重视的原因之一。对这些靠主品牌已经活得很滋润的加盟店老板而言，很难让他们保持做第一家店时的劲头和动力，更遑论投120%的力量去推进这件事，比如没有派出手下最能干的经理或店长去经营凯仑门店等。一时间，"先做做看"，这个模棱两可的表态成为不少加盟商内心的真实想法。

为了能让新品牌尽快打响，董留生赋予凯仑相当的自主权，它拥有一个独立的团队。此外，由于内部人才较短缺，金伯利还不惜花费重金从外部聘请高管负责带队攻坚。

但那位公认能力很强，同时个性十足的外来高管，最终并没能让凯仑品牌一炮而红，不得不黯然离职。此后高层人事频繁发生变动，"人越换，和这个品牌当初的定位就越跑偏"，这也成为凯仑折戟的一大诱因。

凯仑此次的失利还有一个重要原因，那就是所在的区域市场——河南。

统计数据显示，河南省 2009 年 GDP 达到 1.9 万亿，在国内各省份中排在广东、江苏、山东和浙江之后。虽然排名看似较为靠前，但实质上河南并非珠宝钻石这类奢侈品的消费大省，更不是所谓潮牌或流行消费趋势会率先出现的地区。

一言以蔽之，这里不是一个理想的时尚之都。从消费能力上来说，当年省内城镇居民人均可支配收入为 1.4 万元，在这样一个地区试水钻石新品牌的压力可见一斑。

在这样的市场背景下，容易出现的一个场景是：起初有一些加盟商是有意愿参与凯仑项目的，他们会表态说这个牌子"形象好""定位好"，开会做报告时觉得一切均在可控范围内，而一旦真正要到某个县级市进驻商场时就会遇到困难，往往是商场对这个品牌没有认知，即使表明这是金伯利旗下的时尚轻奢品牌，对方也没那么买账。

因此，在如何开拓凯仑的市场上，金伯利内部后来一度出现两种声音，双方互相争执、莫衷一是。一种是"农村包围城市"的路线，这与凯仑最初的策略类似；另一种则是由金伯利出面，首先进驻一线城市的高档商圈，培养一定时间之后再进入低线城市，以自上而下的方式占领市场。

在董博的经验总结中，他认为，起初拿特别潮的货品到河南卖确实不太合适。不只是当时，即便到今天做出类似的决策也需要谨慎。

"大城市与三线城市、县级市卖的货品都不一样。按照大城市消费者的购买能力，他们可以买一个吊坠平时戴，但如果放到河南（郑州还好一些），或再往下的城市，可能不会花四五千买个饰品这么戴。"

他说，由于收入相对较低，当地消费者的习惯是攒钱去买一个大件。他们更多是基于婚嫁需求，往往结婚时才会买一个比较贵的婚戒，平时则不会轻易去碰这类商品。这番总结的确带来了启发，当凯仑项目2014年重新启动时，金伯利便将门店地址选在了上海。

金伯利再次在凯仑上押宝，是出于迫切的现实考虑。有接近公司高层的人士透露，有时候能够感受到公司核心决策者对这个项目的内心纠结。一方面，金伯利创立的初衷是要做最好的钻石产品，所以从采购、生产到质检出品，董留生几乎全部制定了相当严格的标准。

经过多年发展，金伯利这三个字已在市场上深入人心，有了稳定的客户群体。而另一方面，整个市场环境在迅速变化，新的年轻消费群体占比越来越大，哪怕是再传统的钻石"老字号"也无法忽视这一变化。

因此金伯利需要推出相适应的产品，在品牌定位、价格以及营销策略等方面，突破原有的格局。革新总是困难的，但金伯利不得不如此，最终它下定决心要将凯仑品牌拉起来。

这一次董留生选的将，同样是一个空降派——在2014年加入公司的蒋燕燕。

这个由她带领的凯仑团队，办公地位于上海市闵行区新梅广场。在董留生授意下，凯仑在新梅广场租下四分之一楼层用于开张。

为了使品牌看上去焕然一新，还特意找到香港一家设计公司重新设计视觉形象，按照当时比较流行的审美取向，将品牌形象敲定为蓝白色。

然而，重新设计LOGO不难，难的是怎么样让这个新品牌快速获得市场认可。

"新牌子没有那么好做，刚开始的时候一家店每个月营业额只有几万元，很惨淡。不光是货卖得少，有的门店开业时连营业员都缺，凯仑第一批营业员都是卖黄金的阿姨，很老的那种。那会儿我自己还干过备用店长呢。"蒋燕燕说。

半年时间过后，生意逐渐有了起色。到 2015 年情人节，凯仑在浦东新区的一家门店当天营业额就达到六七万，这让店员们感到十分兴奋，"特别开心，从来没有卖过那么多钱。"

在此期间，凯仑的门店数量也逐渐增多，最多时一度开到十四五家，包括商场店、街边店等。这些店当中，做得不错的每个月营业额可以达到十几万元，而上述浦东新区的门店由于地理位置优越，人流密集，最多可以做到 30 多万。

作为团队负责人，蒋燕燕对于如何做好钻石销售有自己的理解。按照她的经验，珠宝钻石和其他商品不同，它不是快消品，也不是人人都能轻易入手的。各钻石品牌之间，产品的风格也大不相同，各自都有相应的客群市场。因此，购买钻石是一个从印象到消费的心理过程，在这个过程中，店员导购的角色就非常重要。

金伯利高管们对这方面的认知并非一蹴而就。恰恰相反，尤其在过去几年市场行情非常火爆的时候，金伯利对门店营业员或导购的系统培训是比较少的，因为面对蜂拥进来抢购的买家，任何销售技巧和专业知识的讲解都是多余的。生意看上去就是那么好做，店员们自然无须更多培训。

而且，当时招聘店员或导购的标准也比较主观，只要长得好看就能入职。这些状况随着钻石消费市场的变迁才得到改善，消费者越来越重视品牌效应，金伯利也希望将自身的理念传递出去，"让门店的员工面对客户时，有可说的地方"，这便对每一个店员均提出了更高的要求。以至于近几年不仅对店员的培训学习大大加码，招聘的门槛也提升到大专以上学历，且直营店和加盟店均执行同样的标准。

"我经常跟店员们说，我自己站过柜台卖过货，所以体会更深刻一些。一般来说，卖黄金是不需要技术的，比如上海的老凤祥和北京的菜百，基本都是年龄偏长的消费者去买，导购有一定的口头表达能力就足以应对。而凯仑这样的钻石品牌，产品比较单一，又讲究审美和情感因素，比如要说服客户在人生重要的时刻选择这个牌子，作为他们感情生活的某一种见证，这对销售技巧的要求就更高。培养这种能力其实是有难度的，要把一个店员从不会说变成会说，从业余地说变成很专业地说，同时还要培养他的审美能力，需要花费很多时间。"

金伯利众多门店中那些做得不错的营业员，大多都经历了磨炼的过程。"这个是需要周期的，店员不是说单纯来挣钱，而是形成了对品牌的感情"，在这样的成长模式下，尤其是金伯利直营店的店员，其综合素质均相对较高，且队伍也更为稳定。在如今位于上海的30家金伯利直营店中（其中金伯利20家，凯仑10家），大部分店长都是这样成长起来的，他们刚进来时什么都不会，后来个个变得能说会道。不仅会说，还具备了一定的管理技巧。

相比金伯利主品牌，作为新品牌凯仑门店的店员，所经受的历练可能要更为复杂困难。因为主品牌有品牌基础，有稳定的客群，也有较高的知名度，在招聘营业员时往往难度并不高。这些新店员进来，营业额相对容易做到一个较高的水平。

凯仑起步时面临的情形则相反，由于品牌辨识度不高，首先招聘人员上就存在难度。有人甚至如此调侃：和凯仑相比，金伯利店员连外表都要更好看一些。在招进来之后，凯仑店员的素质整体也不如主品牌，因此所需要培养的周期也更长。

尽管困难重重，其间也波折不断，但把年轻消费群体这个补充性市场做好，是金伯利和董留生敲定的未来战略。在这个意义上，凯仑被寄予了厚望，这一次它不能再轻易走向失败。

蒋燕燕在2016年回到金伯利总部任职，凯仑品牌交由他人负责。与2009年初次试水时略有不同的是，重启后的凯仑似乎没有获得那么强的独立地位。它没有从金伯利中独立出来成为一家自主经营的子公司。

就凯仑而言，保持独立形象可能会少受到主品牌的影响，但金伯利的高层显然另有考虑。据董博分析，凯仑重启后的市场环境与10年前大为不同，10年前它应该作为一个独立子公司去运营。但从2014年之后的情况看，由于市面上新品牌层出不穷，如果要再推一个新牌子，仅靠一己之力是无法让消费者高效率地去认知它。

因此，依靠一棵大树就显得格外重要，凯仑可以借助金伯利的影响力去获得关注度，能够让市场尽快了解到这是金伯利旗下的时尚年轻品牌。在凭借直觉打天下的董留生看来，也许这是最合适的发展方式。

为了打动目标消费者，重启之后的凯仑的确铆足了劲，准备在市场上大干一番。

作为一个瞄准当时18—35岁"千禧一代"和"Z世代"的品牌，凯仑提出的关键词是"真实、勇敢、个性、优雅"，标榜坚定独立，又倡导个性自由。在产品设计上，讲究简约、质感和玩味，大胆尝试多元化风格，满足不同年龄段和不同场合的佩戴需要。在材质上，除钻石以外，还逐渐引入了红蓝宝石、珍珠等多种珠宝材质。

随着消费者口味的不断变化，以及钻石工艺的演进，凯仑也希望在工艺层面做出革新，以更加符合市场的需求。例如，它的产品多采取手工拉丝、手工劈花、彩色K金和内壁工艺等。

具体来说，拉丝工艺是指使首饰表面上形成线纹，起到装饰效果的一种工艺。这种工艺能够很好地体现首饰的质感和独特的光泽，让首饰更加美观。

手工劈花又叫錾花工艺，即使用钢制的各种形状的錾子，用小锤将钢錾花纹锤在过火后的条块状金银的表面。錾花工艺用錾、抢等方法雕刻图案花纹，全部用手工的方式，打造出来的图案花纹有深有浅，富有艺术感染力。

彩色K金，即当需要改变首饰表面的颜色，以求达到特殊的效果时，比如要求18K黄金首饰像足金那样金黄，而18K白色黄金首饰（白K金）却要像铂金一样纯白。这就需要对金属首饰进行表面处理——电镀，使金属首饰表面更加美观。金属首饰电镀分为本色电镀和异色电镀。异色电镀指电镀的颜色及成分与首饰金属基材的颜色和成分都不相同。

内壁工艺，指的是传统工艺下处理的戒指内部棱角比较分明，导致佩戴感觉僵硬，在出汗时特别不舒服。凯仑希望通过内壁镂空和圆抛技术，可以使佩戴者感觉轻松自如，没有普通戒指的负担。

凯仑如今旗下拥有异次元系列、心轮系列、玩趣系列、珍珠少女系列等几十种经典系列。按照官方表态，其所有产品在全球范围沿用统一的服务标准，即"四保三专属"服务：保真、保质、保养、保修和刻字、改款、定制专属服务。

除此之外，为了更加贴近年轻消费者，凯仑在营销策略上较金伯利更为灵活，推出例如沙龙、生日礼赠、美甲、插花等一系列线下活动，以赢得目标客群的喜爱。

凯仑是金伯利品牌战略延伸的关键一步，身上的担子自然不轻松。不过，由于一开始采取的是直营店模式，因此它的扩张速度算不上很快。整个金伯利上上下下，都在期待着这个新品牌能够早日挑起大梁，在主品牌成立已有20多年之际，它能够在另一片广阔市场上同样攻城略地。

2019年底，这种不急不缓的发展状况在金伯利内部受到更多关注，一些人注意到靠直营来做凯仑确实有点慢，毕竟整个公司的资源仍是倾向于主品牌。

正如前文所述，做主品牌容易起量，比如一家店的月销售额从10万元做到50万元并非一件难事。但对凯仑而言，做到这点仍有较大压力。面对这种局面，考虑走加盟商的道路便成为另一种选择。

对凯仑品牌始终关注的蒋燕燕，就曾思索过这方面问题。她也倾向于与更多加盟商展开合作，看市场能否迅速起来。一个很现实的问题是，如果凯仑的门店数量太少，达不到规模基数，那么广告投放和代言人宣传等手段很难使得边际收益最大。选择与加盟商合作，或许会是一个破局解题的办法。

然而，这种策略亦招致疑虑，其中韦庆霖的看法很具有代表性。那就是，他认为如果再采取加盟商模式，从金伯利全国各地的加盟商队伍中挑选适合的加入，靠"农村包围城市"的打法，这就和10年前的情况没实质不同。要知道，凯仑当年失利的教训是很深刻的，回头路好不好走，现如今不能不慎重考虑。

从过去几年的情况来看，金伯利高层做好凯仑的决心很大，在市场占有率逐步提高的过程中，也不断产生着实际问题以待纠偏和矫正。

这些问题，包括公司上下层之间的信息不够对称、思路不够统一以及机制不健全等问题都亟待解决。商业社会中一家公司出现种种情况并不稀奇，关键是从掌舵者的判断到团队的执行，相应的调整要及时迅速，否则便容易陷入被动境地。

身处门店一线，直面形形色色的消费者需求，王义瑞的感知可谓最直接。"像我负责的凯仑钻石五角场店，感觉在售的产品和金伯利的差异化不明显。就是说，我们柜台上有的产品，金伯利那儿几乎也有。况且，凯仑的价格并不占优势，1克拉最便宜的也要七八万、十几万，这个价格在金伯利门店也能买到。两个品牌价格算得上有差异的，主要是50分的钻石产品。"

言外之意，凯仑与金伯利的产品款式太接近，价格又不比后者便宜多少。这有点像是左右手互搏，消费者在两个品牌间选择时，品牌相对弱势的凯仑就很难讨到便宜。

王义瑞举例说，在以前，金伯利向客户推荐产品时会着重强调保值和传承的概念。但年轻一代消费者通常不会考虑这些因素，他们结婚选钻石的预算基本在两三万左右，如果要买1克拉的钻石，预算可能在六七万。

为了帮助凯仑走量，店长们有时候就会考虑，这些拿着六七万预算打算购买金伯利钻石的消费者，是不是可以导流给附近的凯仑门店，毕竟两个品牌1克拉钻石的价格，相差并不算大。

这当然是店长们理想的想法，消费者能否接受导流，谁都不能保证。有接近董留生父子的金伯利人士透露，其实他们曾反映过类似问题，并且获得过正面的反馈。

按照高层的意见，两个品牌的钻石从采购环节就应当做出区分，从源头控制好价格。例如新型冠状病毒肺炎疫情暴发后，因为不便再从比利时采购，长期负责这项工作的董留长换成从上海钻交所挑货，董搏也去过那里几次，并特意嘱咐董留长，让其从源头上控制价格。从实际的市场情况看，可能是由于整个链路比较长，并没能及时在销售终端反映出来。

至于两者的款式，他们同样反映过相似度太大，建议做出明显的区分。为此，董留生也下决心在凯仑内部单独成立了一个研发设计部，由其独立研发、独立设计，给予很大的空间。

但由于金伯利内部机制的原因，当最终负责定款的人同时面对主品牌和凯仑提交的设计方案时，往往还是会偏向于前者。显然，这并不利于让问题得到彻底解决。

"我感觉老板的初衷是对的，但是最终没有落实好，可能时间再长一点就会看出变化。"王义瑞说。

除上述之外，关于凯仑产品的风格取向，同样是讨论的焦点之一。

一段时期内，凯仑旗下产品主打的是爱情婚庆风，而不是纯粹的饰品。理论上讲，年轻一代消费者对钻戒的需求必定是多样的，并非集中在婚嫁层面。这也是珠宝钻石从业者们之所以对这个市场如此乐观的重要原因。

但实际上，由于预算总体有限，长期以来年轻消费者出于婚嫁需求来购买钻石，在全部交易中仍占到很大比重。这是一块诱人的蛋糕，是一门心思主攻这个市场，还是大胆推陈出新尝试其他类型是摆在金伯利管理层和凯仑设计师面前的一道选择题。

金伯利内部对此曾有过两种声音。一种是参照潘多拉和施华洛世奇等品牌，它们没有过多高单价的货品，其大克拉钻戒便是主打婚庆市场，这条路走得也不错；另一种声音是凯仑应当对产品类型多做出尝试，但面临的一个问题是，由于凯仑考虑重新采用加盟商发展模式，即利用金伯利现有加盟商的资金、资源和渠道等,来尽快弥补主品牌的市场空缺,然而多数加盟商集中在三四线城市,这些地方对时尚的包容性没有那么强,没有那么敏感,其最主要的市场可能还是基于婚嫁需求,转一圈又回到老路上。

或许更令人棘手的一个状况是,鉴于三四线城市对黄金的传统旺盛需求,那里的凯仑门店为吸引更多人流,店内还要划出专门区域设立黄金或K金的专柜,甚至还销售其他品类。这对于竭力想在年轻消费者心中树立起品牌形象的凯仑来说,某种程度上不啻一种干扰。

无论金伯利的决策者们沙盘推演做得如何理想,比如上述状况在开始阶段是允许存在的,随着市场的开拓和稳固,会逐步收紧这个口子,令凯仑的市场形象变得更纯粹。但这一进程在结束之前,它的影响就是一直存在的。

它似乎在提醒着每一位进店的消费者:我们这个品牌是要做潮流时尚的钻石饰品,但这里也售卖黄金贵金属——于是整个画风就显得有点突兀。如果再考虑到凯仑的款式和价格,那么短期内它是否还具备强大的市场竞争力,便成为要迫切观察的问题。

那么凯仑究竟该走哪条路?是以牺牲一点品牌力为代价(比如掺着卖黄金),大干快上铺开摊子去挣快钱,还是不考虑短期盈利,优先去培养消费者对这个品牌的认知?这的确在考验着董留生和金伯利上下的智慧。

所幸的是,从凯仑后来重新提出的品牌口号和品牌故事中可以发现一些端倪。这句"点亮你的生活,闪耀源自非凡的自我",很明显强调的是女性独立自我和悦己的概念,这与以往的婚嫁取向完全不搭界,似乎也在暗示着凯仑项目未来将要走的路。

"现在需要创新，比如凯仑品牌，可以把主品牌没有的元素都放进去，甩手放给年轻一代（董搏）去试试。原来没有做过的，没有尝试过的，尤其是在互联网时代，可以让他们去大胆闯一闯。"

李保强对年轻的金伯利总裁充满期待，他本人经历过公司早期的辉煌时代，如今凯仑俨然就是助推整个金伯利钻石帝国的二级火箭，他同样有理由相信，这将是另一段值得书写的精彩剧集。

如前文所述，金伯利故事里跳不过去的篇章还有巴塞尔国际钟表珠宝展。这距离凯仑项目重启仅过去1年多时间。

巴塞尔国际钟表珠宝展期间与时任世界钻石交易所联盟终身荣誉主席以色列钻石交易所主席西蒙·施尼泽先生一家

2015年3月首次受邀亮相巴塞尔国际钟表珠宝展，对金伯利远大征途的重要性不言而喻，因此也被视为一场真正的成人礼。

此后几年间，金伯利又多次登上这个业界最高舞台。林强说，金伯利参加巴塞尔国际钟表珠宝展是中国钻石品牌走向世界的一个标志性事件。他本人也远赴现场观摩过一两次金伯利参展的情况，每当看到展览方给予金伯利和董留生的礼遇和重视，都令他这个从事钻石行业多年的人感到十分振奋。

甚至在首次参展后的3个月，当时到访上海的比利时国王菲利普及王后玛蒂尔德还特意抽时间会见董留生。金伯利一时风头无两。

金伯利2015年参展时拿出的是"Our Story"高级珠宝系列，该系列希望秉承东方文化的传承与创新，以中国元素诠释当代高级珠宝，以一系列充满东方神韵的原创设计珠宝解读东方情结与东方时尚，诠释国风雅韵，讲述中国与珠宝的故事。

参展当晚，"金伯利之夜"晚宴隆重举行，那些以往习惯了游逛西方品牌的各界人士从这个东方来客身上感受到精美绝伦的异域之美，金伯利一举成为巴塞尔国际钟表珠宝展上耀眼的中国民族品牌之星。

最早进入公司做会展业务的韦庆霖对这一幕记忆犹新。金伯利的会展部成立于2013年初，主要职责就是负责海外办展。那正是国内珠宝钻石行业上升的时期，金伯利门店规模扩张至700多家，正雄心勃勃地为提升国际影响力而努力。

作为办展新兵，韦庆霖和同事们先是在2014年5月拿上海珠宝展练了次手，这是会展部的第一次办展实操，接着9月到香港再次实战，再之后的重头戏就是2015年的巴塞尔国际钟表珠宝展。

"那是我们第一次去巴塞尔，这个地区位于德国、瑞士和法国交界，我们在的地方刚好是德语区，因为都不懂德语，老板还特意派了个人过来帮忙。"

在这支"出海军团"的出色发挥下，金伯利最终在这届展览会上大获丰收，以至于展会结束当天的晚上，会展部的员工们一下子如释重负，大家举杯痛饮，最后每个人都喝得烂醉如泥。

王义瑞说，在参加巴塞尔国际钟表珠宝展后的那两年，能明显感觉到公司又上升了一个台阶。能在这样规格的展会上亮相的自然都是最能代表金伯利水准的大件展品，这让他们在向客户推荐公司的产品时内心充满了底气。而这时的金伯利，也悄然成为能够代表内地钻石行业最高艺术水准的公司之一。

以首次参加巴塞尔国际钟表珠宝展为契机，金伯利在成立20周年之际推出全新品牌形象和品牌理念。当年12月，其豪掷重金打造了一个全新广告大片《月光女神》，拍摄团队远赴法国诺曼底、枫丹白露宫。镜头中，"一位白衣公主穿越奢华的中世纪古堡、静谧的森林、壮美的海崖、宽广的大海，追寻指引她的光芒，最终与月光女神合为一体。"

12月31日，《月光女神》在中央电视台、东方卫视跨年晚会（新年特别节目）全球首播。那一瞬间，早年新乡开设第一家门店时的紧巴状况，那狭窄的办公区、稚嫩的营业员以及拉女模特来壮门面的场景，似乎再次在董留生的脑海中闪过。20年倏忽间，一家乡土钻石公司陡然脱胎换骨。

就艺术水准而言，"月光女神"堪称金伯利那个时期的代表作。从参数上看，这款豪华钻石项链主钻25.05克拉，颜色D级（完全无色），净度LC级（无瑕），切工3EX（完美），达到了钻石鉴定的最高级别。该作品共使用高品质钻石1877粒，总计108.123克拉，项链总重达396.71克，可谓极尽奢华。

月光女神（2015）

　　设计师以海上明月为创意灵感，用近 2000 颗钻石和 25.05 克拉的顶级圆钻打造出纯净奢华的明月造型，通过颇具匠心的设计，将灵动注入其中，仿若月光女神那深邃迷人、纯净无瑕的优雅风范。"作品淋漓尽致地展示了钻石的璀璨光芒与生命力，正如清纯极致的表面却流露着奢华高贵的气质。"

"月光女神"的设计者，正是朱文俊。

这个作品的出炉源自董留生亲自对朱文俊下的一道任务。当时金伯利将一整块未经设计加工的钻石买回来，希望将它变成能够登上国际顶级殿堂的精美展品，董留生明确告诉设计师："这个做出来是要拍广告片的。"

接到这项任务的朱文俊一时陷入思考，她想起金伯利2009年推出的一款名为"珠穆朗玛"的钻石作品，这款钻石主钻10.02克拉，颜色D级、

珠穆朗玛（2009）

净度 IF 级（内无瑕级）。整套作品镶嵌了 883 颗钻石，总重 30.7668 克拉。整体看上去，主钻纯净透明，犹如一滴坠入凡尘的天使之泪，凝结成千年不变的纯真。883 颗钻石排列出一道弧线，灵动飘逸，诱人心魄，以最自然的纯粹，诠释出一种传世的韵味。最后这款作品被制作成 TVC 广告，团队特意到云南玉龙雪山进行拍摄，是当时金伯利的一款精品力作。

"月光女神的主钻是 25.05 克拉，这比'珠穆朗玛'的石头还大，那这个作品一定不能弱于它。"朱文俊说，"那会儿其实压力蛮大的，记得一共设计出了 6 个方案，然后在会议室用投影放，公司的高管们坐在那里投票。当时老板看了一轮后问我，朱文俊你喜欢哪一个？我说我自己倾向于'月光女神'的方案，老板大声说'好！就这件作品了'，最后这么定了下来。至于我的设计思路，是感觉这颗钻石够大，颜色、净度都很好，品质算得上顶级，把它比作月亮很适合，这样海上之明月的创意就形成了。"

为进一步验证决策效果，在管理层拍板定下设计方案后，"月光女神"还在金伯利内部一项设计比赛中匿名参赛，由专门的评选委员会对其进行打分（实际上并不参与最后评奖），最终其凭借优秀的设计效果胜出。看到这样的结果，扛了许久压力的朱文俊终于长长吐出一口气。

"月光女神"从此成为金伯利钻石藏馆里的一块招牌，持续散发着别具一格的魅力。与它诞生于同一年的另外一件作品也在业内斩获大奖，那就是由黄玮一手打造的"往事碎片"。

这款钻石的灵感来源于破碎的青花瓷，是黄玮在某个深圳展会上看到一些青花瓷碎片后有感而发。当时她觉得这件展品很漂亮，透露着一种历史的悠久感，后来正好赶上 2015 年的香港 JMA 国际珠宝设计大赛，她便以这个充满中国风元素的创意提交了设计图，没想到最后一举拿下该项赛事的冠军。

对参加业内的这些比赛，黄玮并不陌生。珠宝钻石界每年都会固定举办几个大赛，金伯利往往非常支持设计师们走出去参赛。按照老规矩，获奖作品的版权归公司，奖金归个人，董留生还会给予额外奖励。

但这次参赛却一度令黄玮为如何设计大费脑筋：她需要在初选入围的20件设计图纸中占据一个名额，之后才有资格制作成成品去参加最终的决赛。

对钻石设计师来说，灵感是件很微妙的事情。如果没有感觉，思维一旦被卡住，那就会毫无头绪；如果偶尔灵光乍现，抓住那个稍纵即逝的感觉，或许问题就迎刃而解。

在总结自己寻找灵感的经验时，黄玮说，其实都是从细节里发现。例如每年的各种艺术展，自己有时间都会去逛一逛，去之前并不会带着明显的目的，看到某处迸发出什么意念时就存在脑子里。虽然它还没有形成一件作品，但日后如果设计这个方向的作品时，这个点就可以提取出来使用。

又比如，在逛街的时候会很自然地去注意行人身上佩戴的饰品，看对方适不适合款式。有时甚至还想走上前去提醒对方一番。而如果看到有人佩戴的饰品很漂亮，自己也会眼前一亮，留下印象。此外，在买书、买衣服，或者逛别的品牌门店时，都会习惯性地多看看，留意别人家的款式和工艺等，看是否能有所启发。

"你越是刻意地去找灵感，越是找不到。我们这样的是已经渗透到日常生活，成为职业习惯了。"

正是这个到处留心的良好习惯，让黄玮很早就"储存"下参加香港大赛的灵感来源——破碎的青花瓷，剩下要做的就是在这个方向下推进，画出最终的图纸。

这当然不是一件易事。为了把这个充满灵性的设计方向落地,她不得不一遍遍地画图,一稿不满意就再画一稿。到最后,连她自己都记不清楚画了几版才达到预期。

"比如一个项链的设计,首先要确定外形想要长的还是圆的,要异形的还是常规的,怎么才能呈现出最佳的效果。很可能刚开始设计成圆的,又觉得有点笨重所以想重新设计;也可能设计得太过异形,又觉得与中国的对称美、古典元素不太搭配。最终我设计了一个比较修长的样式,拉长整个身形,效果看起来不错,佩戴也比较合适。大的形状确定之后,再确定里面的每一个元素。当时摆每一片青花瓷的时候,也是尝试了很多种。原本在深圳那个展会上拍过很多照片,包括青花瓷的瓷片外形等,但发现把这些复制到作品上并不合适,从大小比例到样式,还需要我进行一些改动。"

黄玮继续沉浸在讲述中:"学艺术的都知道点线面要相结合,只有这几个要素的比例达到特别完美的时候,这件作品才算成功。比如青花瓷是一个片,整个项链的线条感是一个线,那些点缀的碎钻是点,我要做的就是找到它们的最优组合。一直尝试很多种摆法之后,最后才试到自认为最佳的效果。"

制成后的"往事碎片"果然令人叫好不迭。"晶莹的碎片,却记载着历史的幽婉,那些刻在时间烙印中的碎瓷片,在百年后,闪烁着往事的光芒。"

等到2016年的巴塞尔国际钟表珠宝展,金伯利携主题为"中国·韵"的系列展品亮相,希望以中国元素作为创意语言,以现代眼光挖掘能生动反映当今生活气息的中国本土文化元素,充分表现中国元素的独特韵

往事碎片（2015）

味。就在这个系列所选取的中国元素中，一件青花瓷样式的作品成为代表之一，"素胚勾勒出青花，艳丽而古朴，犹如水墨画般明净素雅。古老的文明赋予了青花瓷千年的神韵，多元文化的交融，演绎出了美轮美奂的艺术作品，彰显着传统文化的博大与深邃。晶莹细腻的瓷片，穿越了沧桑,记载着历史的幽婉,在这里,述说着她们最初的容颜。"

这些大件展品的成功,意味着金伯利在钻石设计和制作工艺上取得了长足进步。虽然长久以来这是一个国外玩家占主导地位的行业,但它却通过设计上的巧思,将钻石和中国传统文化十分贴切地融合在一起,为全球钻石艺术填补上了关键的东方拼图。

2019年,金伯利的钻石收藏库中迎来另一个精品系列——"守护"。该系列是为金伯利当年的保护濒危动物主题所作,其中一件是根据一条濒临灭种的鱼的造型来设计的,它的设计师仍然是黄玮。

黄玮给这个作品起了个比较深情的名字,叫"余生共舞"。这既是一件命题作品,对她个人来说也是难度非常大的一次挑战。

为了找到鱼在水里游动的一瞬间的感觉,黄玮先是在网上查询各种资料,然后到各种水族馆仔细观察。在她看来,这件作品首先要在形态上给人以美感,让看到的人能够产生共鸣。虽然无法实际看到濒危鱼类到底长什么样,但如果能深入了解类似鱼类的游动规律,包括鱼尾、鱼鳍动态的规律,对于在作品中如何呈现这条鱼游起来时的最美状态,也是大有帮助的。

她开始动手画一些草图,不过最开始鱼是从前往后游,还是从上往下游,吃不太准。经过多番比较,她决定将鱼画成头往前游,尾巴绕一圈猛一甩的感觉。解决了这个问题,接下来就是如何表现鱼尾和鱼鳍层层叠叠的状态。

找到这个美感需要尝试很多次,如果层次太多,会显得有点累赘;如果层次太少,看上去又有点单薄,显示不出它游动的感觉。另外还有鱼鳞的表达，是选用珐琅去展现，还是用镶嵌去展现，一度令黄玮十分纠结。

由于这件作品是手镯和项链配套搭配而成，黄玮决定这两部分使用不同的工艺，一个采用珐琅，一个采用镶嵌，这样可以充分利用不同工艺去营造出独特的美感。

总的来说，"余生共舞"和"往事碎片"这两套作品的最后呈现，均得益于黄玮通过常年观察所形成的设计习惯和思路，那就是提炼某一个元素去艺术性地表现整体，比如一枚破碎的青花瓷片和一条鱼游动时的感觉。

"从我自己的角度来说，比较喜欢生动一点的动植物，像建筑风那样的硬朗感会少一点，更多的是偏向和缓的中国风。因为我看不到真正濒危的鱼类，这就需要艺术有一个提升或变化的过程，借助某个特定元素去设计。"

她举例说，自己还曾设计过一款凤冠作品，考虑到真正结婚时使用的凤冠是相当复杂的，如何把它的造型提炼成钻石款，让消费者一看就有凤冠的感觉，但又不能复杂到真的做一顶凤冠，这就很考验提炼的能力。最终，她在仔细观摩一番各式凤冠之后，凭借敏锐的洞察力找到了其中某些代表性元素，并完美地将它变成了一件珠宝钻石作品。

个体的成功，离不开背后机制发挥的作用。多年以来，这也是金伯利内部宽松的设计氛围所带来的结果。高层不会轻易干涉设计师的想法，并鼓励设计师互相切磋思路，同时创造条件让他们走出去或观摩或参赛，最大可能地打开视野。正是这些因素形成的化学反应，促使金伯利在钻石艺术上更进一步。

这一时期金伯利在大件展品上的突破同样表现在了小件的商业款上。

作为一家商业钻石公司，作品获得名誉上的赞赏固然重要，能够在市场上被追捧更是值得追求的事。

除了先前的爆款"晴思"，金伯利还诞生了若干在市场上反响很好的商业款。"往事碎片"的延伸款就是其中之一，设计师们从中选取部分青花瓷碎片制作成小件产品，销售状况也十分好。但事实上，要摸准展品和商业款之间的微妙关系，即便对设计师本人来说都并非一件有把握的事情。

更多情况下，金伯利的设计师们是穿梭在两者织就的"艺"和"术"世界中，或头脑清晰地寻求平衡，或同样为二者的背离感到疑惑，如果实在无法破解，便也摇摇头一笑了之。

黄玮觉得，"晴思"的持续火热相对还比较好理解。它的设计亮点在侧面，有两个可以对在一起的心形，寓意比较好。扭臂的造型也好看，样式柔和。后来在原款基础上增加了车花片，加上露金边的设计，让整件看起来显得略大一些。本身有寓意，价位又合适，性价比又高，可能花8000元就能买到价值2万元的产品的感觉，买家自然愿意掏腰包买单。

但也有一些卖得相当好的商业款，连黄玮也说不清楚它的道道。"有款龙凤对戒我就搞不明白，在销量榜上它排得很靠前，不过以设计师的眼光来看，它的设计有点繁琐（可能在艺术层面算不上精品）。"

秘诀也许同样是寓意和性价比。首先龙和凤十分契合中国传统婚庆的理念，而且该款钻石采取镂空设计，比较轻，再者对戒中女戒的主石并不是一颗单的石头，这样性价比更高，当各个点都如此契合时，似乎打动终端消费者使销量走高便自然而然。

虽然卖得好，但金伯利仍然希望从中总结到点什么，以便更准确地摸准市场的脉。"越来越感觉到，现在的年轻消费者不光是看价位——

性价比固然重要,但他们情感诉求的比重一直在提升。因此,目前我们就在考虑往这方面多发展一点。"

黄玮举了一个印象深刻的例子,比如有一款名为"幸福时刻"的婚庆钻戒,当时的设计构想是和时间节点有关,比如旅游途中求婚的节点,或是婚礼上最美好的节点,总之是这种甜蜜的时刻都可以,以此作为设计初衷。

设计师们认为,婚戒毕竟讲究的是情感寄托,消费者都希望能体现这种唯一感,因此最后呈现出来的作品就需要精准表达出这个意思。于是,这款钻戒采用了一个类似表盘的设计方案,在内涵上,指针可以指向那些重要的时间点。

对正徜徉在爱情和婚姻中的年轻消费者来说,这样的理念无疑是很能打动人的,能够帮助他们记录下最甜美的一刻。或许这也可以解释,为什么在金伯利众多钻戒款式中,情感寓意更为丰富的婚戒往往是销量排在前面的类型。

"就像上面说过的,这种商业款正好符合消费者想要的几个点,他们就会更加愿意去买。大到一件展品,小到一枚戒指,甚至一个小吊坠,对我们来说都是从设计理念开始,接下来是草图、正稿、起版,流程都是完全一样,可能只是作品大小的问题。外人或许觉得这些商业款不起眼,但有时候就多一个圈,或者在圈上加一个小坠子,只有我们设计师自己知道,这其中包含了很多情感上的点。并且,这个点是从哪里提取的,也只有我们自己知道。这时候给它加上个相应的叙述文案,可能是个不错的做法。"

与其他很多行业类似，作为从业者个体，对所处行业和工作必然有着千差万别的看法。印钞厂员工未必都觉得印制纸钞的过程有多么神圣，从事钻石行业的人，可能也并非每个人都将其视为地球千百万年来的馈赠，从而顶礼膜拜。

它或许就是一块石头，抛开所谓文化和营销策略，在专业的鉴定人员眼里，无非是根据其材质、净度、颜色等划分为不同的等级，他们并不太会去在意一款钻石被人为赋予的种种意义。但钻石这个东西足够美妙，尽管地球上遍布碳元素，尽管不同时期总有针对它的各种质疑，但它确实成功地将文化意义这些概念和一个产业紧密结合在一起，从而催生出一个巨大的全球消费市场。

置身在这个市场中的从业者，他们所做的一切便有了丰富的意义，谁越能够适应行业的这个特性，谁越可能取得商业上的成功。

不可否认，摸爬滚打多年的金伯利取得了这种成功。在董留生早年创下"一天卖3个克拉钻"的年代，买家可能连克拉钻究竟是什么都不清楚，对钻石的一些基本概念比如100分、颜色、净度等更是不太懂。到后来配货部成立的时候，那时的货品款式简简单单，买家对这方面的要求也并不高。但现在，任何一个人都可以在互联网上轻松搜索到钻石的所谓4C标准，买卖双方之间的信息匹配逐渐平衡。

消费者对款式设计的要求越来越高，钻石也是越买越大。而金伯利内部同样在求变，比如最初经典的四爪造型卖得很好，某个时间突然发现销量转跌，就会讨论总结是否是市场需求出现了变化，消费者是否更加追求款式的多样化等。

从一开始主做婚戒的定位，到逐渐向年轻化发展，如今金伯利的货品库可谓种类繁多。栗娅蕾坦陈，在三四年前，公司配货部的很多货品她自己都看不太上，但现在情形大为改观。

钻石的款式变得新颖多样，货品量较以往好了不少，"听深圳同事说公司在那边有几万个版的版房，可以做出各种各样的款式"，客户来挑货时再也听不到那些抱怨种类不够的声音。相反，近几年当他们来挑选货品时，配货部拿出来的货品种类往往令人感到眼花缭乱。

金伯利的钻石款式之所以如此多，与它的"六保"政策不无关系。这项政策中的一条是保换，即全国任何一个消费者，均可以免费异地不限次数调换。

有金伯利员工表示，当年提出这项政策可能是考虑到老客户有换新的需要，也是抓住女性消费者喜欢尝试新款的心理，这就使得公司需要不断研发新的款式去满足这样的需求，造成款式越来越多，"据说最多能有10万款"。

相比较而言，金伯利的这种多款式策略和一些国际知名大牌并不相同。比如蒂芙尼、卡地亚以及梵克雅宝，它们每年推出的产品就比较少，一个系列可能就那么几件，并且各自的品牌印记比较明显，每当消费者看到某款产品，很容易能和相应的品牌联系起来。

除此之外，与几家大的港资珠宝钻石品牌相比，金伯利也不像前者会将部分项目设计外包出去，而品牌商做外包目前在业内似乎已司空见惯，董留生执掌下的金伯利仍主张将一切把握在自己手中。

这种主导的感觉应该是董留生喜欢的，他习惯了亲力亲为，对自己无法掌控的外部势力保持着谨慎，他相信金伯利有从0到1将一件钻石作品做成的能力，这种打法自然让他显得有点另类。

款式繁多和坚持不做外包，支撑着金伯利在新的市场环境中竞争。它是有效的，不过即使以内部人士的眼光来看，款式多样可以为消费者提供更多选择，但也意味着市场推广的力量会被分散，因此他们隐约也透露出求新求变的紧张感。这种紧张感，对保持和提升金伯利的未来竞争力可能大有益处。

产品款式过多产生的直接结果之一，就是不太能被消费者所记忆。当他们看到这样的一款钻石，也许并不能在第一时间和金伯利联系起来，品牌效应没能得到彰显。比如梵克雅宝，它为人熟知的造型是四叶草，卡地亚的是豹子形状，蒂芙尼则是钉子造型。它们几十年、上百年一直沿用这样的基本设计，单靠几个款式就可以做到老幼通吃，其余无非是钻加在左边还是右边，是满钻还是半钻，外表稍微改变一下，但大体还是能够一眼看出来。

金伯利在这方面要弱一些。这固然要考虑到现实情况：金伯利在全国有数百家门店，每个门店的货品少说有四五百件，有的能达到七八百甚至上千件，如果像国外品牌那样只做一两个款式去供应全国市场，是很不现实的。

在当前品牌高度还无法与之比拟的情况下，生硬地去仿照对方在店里就放几件精品或经典款，不考虑中国市场数量庞大的普通消费者的需求，确实不合时宜。不过，尽管如此，金伯利并未固守现有的模式，仍然试图做出改变。如果外界一提到金伯利，第一印象永远是"它家款式挺多，但没什么具体印象"，恐怕这并非每个金伯利人所追求的目标。

从 2018 年开始，金伯利提出打造 DNA 系列，以改善外界对其品牌感知力不足的现状。所谓 DNA，就是专属的印记和符号。其实金伯利在货源、设计、制作工艺等方面具备自己的优势，在售后政策方面，上述提到的"六保"政策更是业界首家，也曾一度为业内所效仿，这都是其进一步打造市场辨识度和提升品牌形象的底气。

通过这样内涵 DNA 的钻石作品，金伯利希望能够让消费者代代传承——这听上去是个想得太美好的目标，并且按照国人的消费心理和传统，诸如翡翠黄金等才是值得代际传承的贵重物件，钻石似乎并不在此列。况且，自我意识浓厚的年轻一代消费者，选购钻石时更不会过多注重传承这一因素，金伯利的这个愿景无论如何都有点虚幻。但董留生正是那个牌桌上不循常理的玩家，他设下了目标，做出了决定，那么金伯利就需要全力以赴。

在具体执行上，要给每件作品烙上 DNA，要做的一件事就是清晰精准的客户画像，然后有针对性地去生产。有已离开金伯利的员工，从局外人的视角回过头去看，表达过他们内心的一些思考和体会。

在把年轻一代消费者（尤其 95 后和 00 后）放在更重要的客群位置之前，金伯利长期以来主要面向的是中高收入人群。

有人问过董留生，你为什么只做这个目标群体的生意？

董留生回答得很干脆："你想一想，是妈妈有钱还是小孩有钱？"

这代表了一定时期内金伯利对市场客群的态度。当然，随着市场环境和自身战略的变化，目前金伯利已经做出相应的调整。这样的调整十分必要，如果没有及时把年轻消费者抓住，那么金伯利推行的以旧换新等售后政策就可能打折扣——这些年轻人的第一件钻戒不是从金伯利买的，又何来之后的"以旧换新"呢？

从全行业看，目前市面上一些大牌珠宝钻石品牌，都开始走下沉道路以争夺低线市场的年轻消费者。其产品线划分得很细，比如所谓高端、中端，再比如针对七八线小城市家庭妇女的，每个产品线针对一波特定的人群，一条一条非常详细。

为了向公司高层反馈这样的行业趋势，一位资深员工曾在离职前给董留生发过一条很长的短信,其中就提到希望能把产品线再细化一下,(即使是面向年轻消费者)要把具体年龄段的画像画出来,然后有针对性地做研发。如果考虑到自己做不过来,可以把部分项目交给外面的团队去做,由金伯利把控主要流程即可。

这条短信并没有得到回应。也许董留生压根没有看到(他不太喜欢鼓捣手机、电脑这些,也几乎不主动给人发信息),也许他有自己的考虑。

回顾金伯利20多年的发展历史,从货源选择到成品出厂,董留生对每个环节的把关都很严格。尤其设计和工艺制作,金伯利走的并不是假手他人的路数,也不希望将自己变成一个贴牌品牌商的角色。

这与某些业内大牌公司的做法迥异,它们通常是提出项目需求,由下游承接公司负责从设计到制作的全部流程,最后择优选用。在这个链条上,上游的品牌商即使有自己的研发团队,也仍然选择将项目外包,凭借强大的品牌力,将研发设计成本和打版、制作等费用转嫁给下游制造商,从头到尾"不承担一分钱"。

这是一个"宽进严出"的全案服务模式。在品牌商面前,多如牛毛的下游工作室或制造商使出浑身解数,希望能拿到对方给出的外包订单。当然也有一些无力供养研发团队的小品牌商,更是这个模式的常客,往往是打包一个价格全权交由外面团队来做。在品牌方圈定的合作名单中,下游公司们各自提供创意和供货,互相展开竞争,最后由上游唯一的"老板"敲定选用谁家的方案。

有了解相关情况的业内人士透露,比如某个知名钻石品牌就经常给整个深圳水贝商圈发出设计指引,提出下一季要做某某系列,符合条件的外部团队就开始准备并提交设计稿。选定几家的方案后,由制造商负责打版,完成之后将这些作品全部匿名编号,由品牌方的各个部门负责人进行评分投票,甚至还有线下的加盟商投票,最后由老板参酌做出决定。整个流程下来,品牌方所做的无非是提供设计指引,费用上则全部由外包方承担,而只有方案被选上,那些下游公司才能拿到单量,维持运转。

金伯利却完全不参与这样的游戏。自己所坚持的与行业所流行的,究竟孰优孰劣,或许仁者见仁、智者见智。客观上来说,外包模式有其在成本、人力以及创意广度上的优点,但金伯利并不具备(也不打算培养)这方面的基因。它有一套自己所熟悉的从业规则,这套规则打过胜仗,也在不断接受着考验,它的效用相信市场会给出最终的答案。

令金伯利不少内部人产生紧张感的,不仅体现在品牌高度和外包与否上,还有若干频频被提及的方面。

"我是从一个员工的角度来说这个问题,金伯利做的是钻石,产品相对单一。而我们的产品基本不涉及彩钻和异型钻等,因此在钻石中又是单一的。可以这么说,是专注到极致。可一旦专注到极致,无论横向还是纵深发展,就很难打开。这是个人感觉比较大的挑战。"程绿英直言不讳地说道。

另外,从外围的环境来看,当前不比20年前,更不比10年前。10年前是珠宝行业发展的黄金时代,而现在竞争压力要大许多。为应对这种情况,一些知名品牌走上多元化发展路线,相比之下,金伯利的产品面便显得更窄一些。

既然金伯利对多元化的战略并不感冒,那么在员工们看来,就需要把产品和服务做得更加极致,以专和精来取胜。事实上,这两项的确也是金伯利所擅长的地方,但在实际执行中似乎仍然有较大的提升空间。

"比如说'六保'服务是我们最先提出的,其中最有特色的是'异地保换'这个政策,后来很多公司纷纷效仿我们。按道理说,做服务就要做到别人难以超越，你可以模仿但始终超不过我，但目前有的公司可能比我们做得还好。应该说，原先提出这项政策的人初衷是好的，但也许没想到后期会出现一些问题，并且公司也没有很好地去解决它们，这就导致服务没有做到极致。我觉得这涉及品牌信誉，一旦没做好，消费者心目中的品牌形象就会打折扣，成为一个减分项。"

这里插几句相关的解释，金伯利保换政策指的是，例如消费者买了一枚几千元的钻戒，日后又想买一款价位更高的产品，那么他先前买的钻戒可以原价抵充，再支付差价便可拿下那款价格更高的钻戒。显然，在理论上金伯利的钻石是非常保值的。

但程绿英认为，之所以会出现打折扣的状况，并非系统和技术层面的原因，而是掺杂了很多人为的因素，导致局面复杂化。这使得"六保"政策俨然成了一柄双刃剑，刚开始时富有成效，是显著的业绩增长点，但越往后各种风险都跳了出来，产品卖得越多，越存在高的风险。

她解释说，按照公司现行的"异地保换"政策，消费者到门店调换时需要提供发票、钻石证书及身份证等。提供发票很正常，但证书和身份证似乎没有太大必要，一定程度上给消费者带来困扰，提高了换货的门槛。

"谁买个戒指会一直留着证书呢，我戴 20 年难道就要保留 20 年的证书？假如证书丢了，公司又不补发，那人家怎么去调换呢？"至于身份证，其初衷是为了验证前去调换的消费者身份，但这带来的一个问题是，如果买家将钻戒赠送给他人，那么不出具购买者的身份证就很难调换。

还有更"苛刻"的条款是，如果消费者在佩戴过程中不慎将钻石损坏，几乎也就无法享受保换政策。除此之外，假如有人是从二手交易平台买到的金伯利钻戒，那么同样无法享受"异地保换"。

但实际上，上述这些认证问题在技术上均不难解决，只要有钻石编号，后台就完全可以追溯验证。因此，一项非常有创意的售后政策，如果被附加了不必要的条件，导致不能顺畅地进行，那么之前的承诺很可能会招致普遍的抱怨。

程绿英提出："只要是你的产品，且消费者是以合法途径获得的就应该无条件提供保换等售后服务。对消费者而言，他无须去考虑中间的种种认证环节，这是卖家内部的事情，重要的是服务的结果。如果做不到宣传时的'以旧换新'，或者只是停留在有限的执行层面，从长远看是非常不利的。"

除了这些硬性条件的不便，"异地保换"在加盟商层面可能也会触发反弹。假如一名消费者在 A 地门店提了货，然后拿到 B 地门店去调换，由于金伯利的加盟商体系是各区域负责制，由此产生的业绩如何划定，也是一件颇为微妙而头疼的事情。

加盟商层面还牵涉到一个问题，那就是金伯利钻石的二手交易环节是割裂状态，这对保换政策的执行同样带来困扰。而钻石无法自由流通则和金伯利与加盟商之间的旧饰回收政策有关。

就当前现状而言，金伯利从加盟商手中回收旧饰的通道并不顺畅，也就是说加盟商拿到消费者前来调换的旧货，却无法顺利被金伯利回收，由此产生的产品堆压或损失，可能就要由加盟商自己来承担。这无疑是加盟商所不愿意看到的。

"比如说一个消费者拿两三万元的克拉钻去调换，但加盟商门店不确定金伯利回不回收，那它就不敢给消费者调换。万一不收了，很可能就砸在自己手里。再比如，消费者花 3000 元买了一个钻戒，现在想花 3500 元再买一件新的，500 元的差价加盟商可能赚不到钱，加上公司又不能回收，那么以旧换新就实施不了。这种情况很常见，有消费者就想加一两百元换个新的，加盟商当然积极性不高。"这种情况下，钻石交易无法通过官方渠道实现循环，加盟商可能不得不另寻其他办法，无形中对金伯利的整个交易体系也形成冲击。

"为什么加盟商不把旧饰送到公司，这要找下原因。"程绿英说，"有很多好政策走着走着可能就走偏了。如果加盟商可以拿旧饰到公司换钱或者当钱来使用，能赚到一定的利润，那么金伯利的钻石便具备了半货币属性，能够实现合理的流通，这是有好处的。总裁（董搏）多次提到过要提升服务，究竟应该如何提升服务？一些表面的做法是不够的，比如接客户时开一辆好车，在客房放一瓶花、一包绿植，这些对客户来说可能不痛不痒，关键还是要在产品的服务上下实质功夫。只有这样，才能在消费者心目中提升信任感，既把原有的客户留住，也便于去获取新的消费者。否则现在市场竞争如此激烈，实际上已有不少加盟商反映过，很多跟了金伯利十几年、二十几年的老客户开始去买其他品牌，这需要引起足够的重视。"

老兵韦庆霖同样对这个问题有切身的感受。他说，公司经历了一段时期的高速增长后，最近五六年反而"比较难"，是时候总结经验，弥补发展过程中的不足了。

据他透露，金伯利曾在2016—2017年推出一个认证系统，消费者到店进行调换时先是要提供身份证等证件，然后由店员录入该系统进行验证。然而整个流程比较麻烦，一圈下来可能需要等待半个小时，体验感非常不好。这个原本用于打击不规范交易的系统，反而让消费者感到苦恼。韦庆霖觉得，与其验证流程由门店费时费力去进行，不如将其做成一个开放系统，由消费者自己上传证件信息，门店确认验证结果即可，这样效率可以大大提高。

他还举出例子来佐证现行规定的不便，比如有消费者给妻子买了枚钻戒，过段时间后两人离婚，妻子如果拿着这枚钻戒去调换，根据规定还需要提供离婚证——这是个非常奇怪的规定。"人家去调换肯定就是打算再消费的，这条规定是给双方增加了障碍，自己把这个新的消费行为给封上了，那么生意估计也就飞了。"

除此之外，正如程绿英所言，消费者无须操心金伯利内部系统的认证，只要是合法渠道获得的钻石，就适用于保换政策。韦庆霖也认为，这涉及大企业与个人之间的沟通问题。在普通消费者的认知中，只要市面上流出去的钻石是你公司的，产品是真的，那么公司就应当提供所承诺的服务。

这里可能会出现一种极端情况：消费者的交易行为并不是和目前门店发生的（比如从一些已关张的加盟店购买的），公司会觉得从哪家店买的就由哪家店提供服务，因为金伯利不是直接面向 C 端①的（直营店除外），它是由庞大的加盟商体系来完成销售的，所以消费者也应当通过合法的上游门店进行调换。这时候消费者若到不同的门店调换货，便只能抱怨而归。

按照公司的规定，逻辑是谁卖的谁换，但实际执行中容易出现偏差。我觉得应该是这样，不管这个东西是谁买走的，后来是谁持有的，只要有原始凭证就可以。毕竟，作为金伯利是没办法监测门店的货是什么时间点卖出去的，比如某店从公司进了 400 件货，这家店在 2020 年 1 月 1

---

① C 端：指消费者、个人用户端。

日之前一直正常营业，那么这个时间点前卖出的货就都是合法有效的。消费者从这里购买时，门店开了发票、签了合同，出具了购买凭证，这就好比互联网上的会员数据一样（随时可查验），其实有没有身份证都无所谓了。

令韦庆霖略感到担忧的是，如果公司的售后政策执行不好，会直接影响到市场信心。这不仅体现在消费者身上，加盟商门店同样会受到波及，最后可能形成连锁反应：消费者的认可度降低，加盟商对品牌的信心出现动摇，市场份额随之减少，继而整个品牌的生命力受到威胁。

再一个，经常被所接触的金伯利高管或员工们提及的，就是公司对线上、线下渠道的态度，以及由此带来的发展路线碰撞。

长期以来，在董留生主导下，金伯利一直奉行的是线下实体门店销售。采取这种策略无可厚非，由于钻石属于高价产品，围绕它的消费习惯也是顾客进店实际感受，详细对比样式、颜色和尺寸等，最后慎重做出购买决定。尤其在传统零售和互联网初兴的时代，不到店实地考察一番就下单购买，这更是难以想象的。

然而随着移动互联网时代汹涌袭来，以及"新零售"理念的影响日益加深，人、货、场三要素被进一步解构，这对包括钻石消费在内的整个零售市场，都产生了颠覆性的影响。一言以蔽之，传统的进店买钻石不再是消费者的唯一选择，越来越多的钻石公司走到线上，顾客在网上逛店、网上下单，就像买其他商品一样。即使是"老成持重"的金伯利，也很难避免这股潮流的冲击，在线上线下孰轻孰重的问题上时有争论，并且仍在进行摸索。

"首先首饰这个行业很特殊，它不像快消品，我在网上花个几十元买个吃的、喝的，即使体验不好也没什么。但首饰钻石这些，如果上万元买回来不喜欢怎么办？我一直觉得，（金伯利）应该利用互联网，但不能让整个销售都依赖互联网。尤其我们的产品定位比较高端，不是说随便花一两万就能买，要是花10万买个钻戒，最好还是到店里了解下这个牌子，了解下钻戒背后的故事，享受下这个购买的过程。"董搏谈起这个问题时说道。

此外，董搏还有其他考虑，在金伯利销售体系中，加盟商占的比例较高。如果完全采取直营模式，线上销售容易做到步调一致，无论从直营门店还是线上渠道购买均无所谓。但一旦涉及众多加盟商，那就不得不考虑各个地区加盟商的感受。他们或许会认为，线上销售是不是意味着总部要跟加盟店抢饭吃，此举无疑会在方方面面带来额外压力。

要知道，金伯利之所以能做到今天的成绩，加盟商在过去20多年中立下过汗马功劳，且并非依靠线上销售。金伯利的很多加盟店位于三线城市，一方面城市规模不大，另一方面这些门店往往都是开了一二十年，当地人对其已十分熟悉。对他们而言，是否开放线上购买渠道，没什么太大关系。

之所以对线上销售保持谨慎，还有一个因素——划不来账。据金伯利内部观察测算，天猫等主流电商平台上几个首饰品牌的销量其实没那么高，开放线上渠道似乎更多是投放了一个广告。

"我们研究过，要在线上赚钱真的很难，它的销售数据光鲜亮丽，动不动多少亿，但实际上平台要拿费用，带货的主播也要拿费用。而且，线上做珠宝不能放太贵的，那金伯利基本上没什么可以放上去，线上销售的价格要非常低，要足够优惠，通常直播就是这样的形式。所以算下来，把钱花到线上就是做个广告。当然，如果金伯利想做这样的宣传，也可以做个线上带货直播之类的。"

董搏没有否认公司内部对这个问题的纠结。事实上，过去20多年金伯利一直对外宣称的是注重线下体验，尤其在董留生亲掌一线的时期，金伯利对于线上销售是明确反对的，这是因为一些门店采取折扣形式来进行线上销售，相当于破坏了总部制定的游戏规则，甚至有的门店倒卖回收旧钻戒，对整个销售体系造成了不好的影响。

他表示，后来也不断考虑要不要移到线上，对此颇为踌躇。无法说服自己的原因林林总总，市场上能观察到的一个直观场景是：现在很多消费者购买钻戒前，习惯先到线上电商平台里搜一下，这时平台就变成了搜索引擎，起到的也只是广告效果，对实际销售作用有限。按照预计，即使将金伯利销售整体搬到线上，1年时间内也无法带来太大变化。因此，公司高层对线上模式总有点意兴阑珊。

关于线上销售曾带来的漏洞效应，已在公司干了15年的栗娅蕾了解比较多。她介绍称，前几年出现过在网上倒卖旧饰的情形，大意是有人以较低的价格从网上买来金伯利的旧钻戒，然后又以原价到门店去冲抵调换更贵的钻石，相当于他可以用很少的钱就换到一款价值更高的货。当时有部分门店卷入其中，对整个线下销售都带来了冲击。

"这种情况后来就不行了，因为这个持有者的身份证和购物小票等信息都不相符，漏洞被补上了。"栗娅蕾说，"购买合同上会明确规定，不允许从网上交易。从逻辑上说，如果产品是从正规门店买的，货品信息都是对的，这才能够享受相应的服务。我们并不是免费调换，而是实行同等价位以上的调换政策，就是要补差价来获得更贵的产品。金伯利没有在网上开店，一些所谓的网上店铺也未经官方认证，如果顾客是从互联网上做的交易，那作为第三方的顾客的权益是得不到保障的。道理很简单，这件货品从门店一手卖出的时候，登记的购买信息并不是顾客本人的，倘若不是当时的购买者亲自来调换，门店则不予调换。"

或许这也是金伯利之所以一度对线上销售保持戒备，对调换货要求如此严格的重要原因，那些通过别的交易方式拿到的产品，被和从官方渠道买来的产品区分开来，不能够享受到"六保"等售后服务。尽管他们也考虑到过一些特殊情况，比如亲戚之间的赠予、客户过世（门店可能认识继承人，但就是因为票证问题无法为对方调换）等，并且相应做出过调整（如对之前保换的措辞进行修改，让门店店员在具体操作时灵活处理），但对彼时的金伯利而言，优先级更高的举措仍然是堵住不规范的二手交易市场，以便其能够追踪到产品"最核心的一些东西"，否则市场上倒卖来倒卖去，最后货是从哪里出去的都没办法知道。

诚然，珠宝钻石是个比较特殊的行业，金伯利看重的仍然是线下体验环节，而这也正是其过去多年非常擅长的地方。顾客们从线下门店购买，门店出具小票，日后消费者再凭票证回店调换。这种模式下，虽然互联网给行业营销带来巨大的冲击，但考虑到这一套线下操作，实体门店似乎更加符合金伯利的实际情况。

犹豫和徘徊之下，凯仑成为一个"折中"的试验场。据了解，金伯利的线上尝试在2019年"双十一"之前，这次试水并不涉及主品牌，而是由凯仑在天猫和京东开设旗舰店，以此充当整个公司的急先锋。此外，微信的限时精品店也被列入考虑，此举既可以测试线上运营能力，也可以积累更多线上经验，假如效果委实不理想，可以马上下线，对各方也"好交代"。

不过正是出于上述种种考虑，这些尝试都不深入，多是作为一个展示平台，上面的货品也不多。一个月下来，也许只能卖出寥寥数单，其中还包括调换货的。不仅销售数据"惨淡"，人手配置上也堪称极简，甚至由外包公司参与运营。由此看来，这几个平台更像是几个阵地，只是暂时"潜伏"在线上，等待时机成熟时再发力。

有接近董搏的人士对此称，这个局面反而算是"一件好事"，因为他的心理预期低，原本不指望掀起多大声浪，要是稍微赚到一点钱便更开心。总之，金伯利的这种线上策略可进可退，不会过于冒险，主动权仍然被牢牢握在了自己手中。

除倾向于将主战场保留在线下的声音外，其实并不乏对线上持更开放态度者。

王义瑞就觉得，把渠道扩充到线上是件好事，这对品牌是强有力的推广，而并非单纯的广告效果。大部分客户可以在进店前先从网上了解信息，特别是年轻消费者喜欢先做功课，然后再有目的性地来到线下门店，直接表示要对比哪些款式、了解过哪些牌子，这种成交的概率往往会更高。

而如果消费者直接从网上下单，然后到门店提货，只要做好利益分配，那么门店肯定也是愿意的。王义瑞认为，市面上一些竞争品牌在线上就做得有声有色，比如所谓网上定制，它的门店通常看不到几个客户，但进店的都是线上了解过或者是支付了定金前来定制的，相当于是线上给线下引流。上海五角场就有类似的店铺，每个月营业额能达到六七十万，实际上这些门店的位置并不比金伯利和凯仑好，但业绩的确有得一拼。

言外之意，过去的金伯利有点像小城街角的早餐店或理发馆，来来去去的主顾都是熟人,在这片一亩三分地的地方,把这些人服务好即可。然而,在如今移动互联网和新零售的大潮面前,这种昔日无往不利的模式就显得有点"古板",为了更好地在市场上立足,就需要果断的革新。

负责市场部门的金鑫也认为应当多去学习,尤其现在讲求互联网思维,催生了更多渠道、更多推广和营销方式,如果不加以适应学习,很可能会被潮流所淘汰。

金鑫直言,其实金伯利和董留生都是与时俱进、自我成长的类型,这种品格造就了公司过去的成功。"30年前,老板抓住了改革开放的红利,把公司带到了高速发展的阶段。30年后,他开始要沉下心来,要精耕细作,经营得更加扎实。

这几十年中,不只是金伯利,很多企业都是在经营过程中逐步成长,说那些企业家刚上来就有多大能力,也未见得。他们都是在当时的社会和商业环境下,成长为时代的佼佼者。当时代发生改变,过去的野蛮式增长不可持续,势必就要与时俱进。"

金鑫同样谈到了加盟商这个绕不过的话题。她认为目前这个群体面临的状况是,要么一些加盟店老板岁数大了,要么是他们习惯了传统的坐店模式(等着客人上门),在经营上不想做出大的改变。总之在互联网时代,不仅是金伯利总部,包括这些加盟商都需要及早适应潮流,时时绷紧这根弦。

在2020年年中接受采访时,这位在市场部门一线指挥的负责人承认,金伯利的确不做线上,但各门店可以在线上做运营和推广,然后从线上给线下导流,最后在实体店成交。由于钻石毕竟是高价值产品,线上很难作为这一品类的主流销售渠道。与此同时,按照公司当前的规定,这些线上推广并不能涉及销售行为,否则就会招致总部的禁令和打击。

金鑫分析称，现在线上流量变得越来越贵，即使门店做一个小程序想从线上销售，大概率也很难引来流量。因为从目前情况看，一些涉及商场经营的大型互联网平台，几乎已把流量全部吞食掉。想从它们口中扯下一块流量洼地，难度太高了，反而会让开发线上系统的成本白白消耗掉。

"疫情的时候我们推出过微店，就是考虑到大家都没办法出门逛街，打算尝试一下，看能不能引一些流量进来。"不难想到，这次尝试并没能带来多大爆炸性的成果。

人人都知道要拥抱变化，要适应互联网时代，但一家公司好比一艘汪洋中的大船，转向、调头这些基本动作要受到不同方向力的掣肘。如果应对不当，不仅完不成既定动作，甚至会适得其反。对所有的金伯利人来说，无论是对挺进线上持迟疑态度，抑或是充满信心，他们大多都提到了加盟商体系，似乎这是一个关键的症结，不解决好它，一切讨论便都缺乏实质意义。

"金伯利的门店都是区域性门店，它不能辐射全国。可以把这个区域想象成一个县城，门店覆盖的是这方圆二三十千米的消费客群，只服务这个群体。"金鑫说，如果一些门店希望通过线上销售来扩大其营业额，它很可能会在价格上让更多利以提高竞争力，但另外的加盟商就不愿意干了——你把价格拉这么低，那我的生意还怎么做？除了价格，如果某地门店在网上开了直营店，它面临的将是全国的消费客群，即使其再强调做的是区域市场，实质上争夺的还是全国流量。作为消费者来说，可能看到山西出现一家金伯利店，江苏也出现一家，河北也出现一家，大家卖的是同样的产品、同样的价格，江苏可以发货到山西，山西也可以发货到江苏，那么各店之间的区别在哪里呢？这容易对消费者造成认知上的困扰。

因此换句话说，从金伯利总部到各加盟门店，仍对线下的服务性功能看得很重。每一个区域，每一家店，每一个老板，都有相对固定的客群池，并且不希望这些池子之间是互通的。在这样的经营闭环中，大家方能相安无事。

显然，这是一个各方利益错综复杂的局，在考验着金伯利上下的破局能力。

有没有技术手段可以解决这个问题？答案值得探讨。有员工提出一个可行性的做法，即由总部在线上负责收款，线下负责提货和售后服务，在哪个店提的货，算哪个店的业绩。当然也可以送货上门，最后根据消费者的收货地址或者下单时的 LBS 定位[①]，来决定利益的分配。当该门店去总部进货时，之前线上交易的金额便可以冲抵货款。此举意味着由公司总部支付成本去给加盟店引流，促使各地门店做大营业额，随后反向推动加盟店与总部之间批发额的增加。这在一定程度上打通了线上线下，有助于解决各地加盟商利益分配的问题。

这一做法相当于把金伯利变成一家面向 C 端的公司，可谓大胆和激进。以往它的定位并非零售商，而是批发商，通过将货批发给加盟商来赚钱。直接面向 C 端的，也是加盟商。金鑫对此的顾虑在于，如果总部直接面向 C 端，那么人力、资源、资金等方面均要加大投入，且投入量将是巨大的。由于金伯利产品更迭速度很快，不像一些品牌全品类就几十、上百款，尤其某些常规款可以不停地卖，金伯利产品则高达上万款，想要做好这么多款式的上线、更新和服务，对多年来总部人数仅一二百人

---

① LBS 定位：是指利用各类型的定位技术来获取定位设备当前的所在位置，通过移动互联网向定位设备提供信息资源和基础服务。

的金伯利而言将是一个新的挑战。此外,还要加强与加盟商的了解沟通:一方面要避免各加盟店恶性竞争,另一方面也要避免让对方产生总部要蚕食其客户的想法。

没有一场革新不需要付出成本,关键是随后的收益是否也是巨大的。从消费者的体验出发,从消费者的便利性出发,尝试接近互联网,不排除会给金伯利带来新的发展机遇。理论上看,一家旨在做2B[①]生意的钻石公司,如何才能让B端[②]满意?最有效的方法,就是让C端满意。只要C端满意,B端自然也会满意。如果通过线上渠道为C端消费者提供了更便捷的服务,将其导入各加盟店并促使销售额增加,这样一个良性循环便生成了,金伯利也会是受益者。

按照金鑫进一步的乐观猜想,如果多提供给消费者一个线上选品的平台,方便其随时挑选想要的,可以规避以往消费者从当地门店找不到其满意款的情况,从而提高消费体验。线上所搜集的消费者购买数据越多,例如某个区域的消费习惯、消费者年龄、消费金额、消费款式等,金伯利对该地区消费客群的把握也会越精准。未来在产品研发和配货方面,也都可以做到更加有针对性。

前景是美好的。从与金伯利不少人士的接触中可以隐约察觉到,尽管无法精准获悉最高层的战略构想,但其纷纷认为,身为总裁的董搏其实对互联网并不排斥,"他是伴随着互联网长大的,肯定知道线上做生意的好处。之所以还没有大力做这件事,可能和公司多年来一直沿用下

---

① 2B:指一种商业模式,主要涉及企业之间的交易。
② B端:代表企业用户商家。

董留生（左四）与董搏（左五）

来的打法有关。这需要老板点头。"有人甚至觉得，在董搏逐渐走向台前的时代，金伯利应该在此传承之际做出一些革命性的事情。

从年龄上来说，在商海浮沉几十年的董留生，如今年已七旬。和所有从改革开放成长起来的第一代企业家一样，董留生和金伯利正面临更新换代的考验。而作为90后的董搏，是正在接棒的那个，这一棒的重要

第六章 征途　281

性自然不言而喻。

2016年是个分水岭，这一年董搏正式回到金伯利，成为公司"二号人物"的角色。

"说心里话，一开始我对钻石行业没什么感觉。男孩嘛，一般从小都喜欢车，我还喜欢电子类的东西，买过很多电子产品。但从工作角度来说，一旦你融入之后就很难离开它。当时觉得，反正对这个东西也能接受，就从国外回来了。"他平静地说。

在周围人眼中，或许大多都认为这是一个富二代轻松接班的剧本。家族公司是现成的，回来就可以高枕无忧，所有人都会围着他团团转。然而这只能是通俗电视剧里的俗套剧情，在面对真正紧张刺激的商场博弈时，大概没什么人可以做到轻轻松松。据在董搏身边工作过的员工透露，其实总裁很辛苦，由于所处的位置很特殊，各种有形或无形的东西都压着他，他必须做出表率给所有人看。在董事长交给他的使命面前，他没有退路。

也许是要有意释放肩上的压力，董搏坦言，自己先是把这个作为一份工作来看。他不是那种天天抱着石头看的管理者，而是用自己的方式获取信息、形成决策。

"商业上的事情挺好玩的，可以和不同的人打交道，当然也有压力，但不觉得是难以承受那种。毕竟这个企业已经25年了，它有一套完整的运作体系，我考虑的是把自己该做的事情做好。"2020年，董搏有一次说。

在他的判断中，当前体系是比较适合金伯利发展需求的，加上本身不是上市企业，外部约束相对较少，因而不需要做出大的改变。当然，这并不意味着万事大吉，这个年轻人也在逐渐发现并力所能及地解决着问题。

在金伯利担任要职之后，对内推行电子化改革，对外积极赴海外参加行业顶级展览，董搏希望在有限的时间内带来一些新东西。某种程度上说，他之于金伯利，并不是一个"革命派"，而是一个"改良派"，通过对现行机制的修补和矫正，推动革新成果的实现。

于是，一幅令人印象深刻的画面出现在外界面前：站在年轻儿子身边的是饱经世事的董留生；而居于跃跃欲试的总裁之上的则是仍一言九鼎的董事长，以及他充满期许的复杂目光。

而身为妻子和下属的陈怡静，则有她的视角。她说，董搏是个比较佛系的人，不是那种脾气比较暴的性格，就像温水一样煮不开。虽然也想做出成绩，但他认为任何事情都不能操之过急。尤其在刚回来的那段时间，有很多加盟商或身边的人给他进言，认为公司应该如何如何，比如产品款式应该更洋气点、应该找代言人等，董搏当时听了不置可否，而是逐步去理清各方面的利害关系，慢慢消化后再做出决定。

"每年都会遇到不同的问题，"董搏在接受采访时说。如果要找出这位年轻总裁当时认为最急迫的事情，那就是向电子化办公的转变。

"拿总部来说，更多的变化是抛开纸质的办公方式。比如以前员工请假，先把请假条交给经理，然后交给副总，最后再传回来，传着传着就不知道传到哪里去了。现在变成在系统里提交申请，自动跳到下一级，大家都能看到进展，最后完成审批。我觉得这样方便许多，节省了大量时间，也很环保。再比如客户管理，以前靠的是比较土的办法，由人工一一去帮客户解答，费时费力。现在全部实现电脑化处理，线上提交需求，审核之后立即就能提供服务。"

身处当前的移动互联网时代，董搏希望通过类似的改革，让金伯利这样一家非常传统的公司，显得没那么落伍。他承认，时代变了，但金伯利可能尚未整体意识到这种变化。他所做的并非要与科技公司相比，而是希望朝着这个方向努力。

在这个过程中，困难或阻碍不可避免。董搏举了一个例子说，有一年公司举行年会，当时做了小程序来供与会者使用。参会者通过微信扫码可以查看年会流程、背景资料和座位号等信息，但有一些比较年长的人提出异议，表示用不来。董搏则告诉他们，那没有办法，你要适应，我们不能还是用纸那一套。

如果这些人只是在这个小活动上表示异议，我觉得没什么，但要是长期持这种态度，我无法接受。时代就是这样，我们都要往前挪，不可能一直原地踏步。在金伯利，不可能上万号人总等着你一个。

"另外包括一些门店，老一辈做了十几、二十年，年龄都六七十了，也到了新老交替的时候。他们靠传统的方式做得不错，所以觉得保持老样子挺好。至于电子化和信息化这类东西，没有必要，也接受不了。怎么给他们灌输一些新思想，改变他们固有的观念，这是我面临的问题。"

相比而言，技术上革新的难度还不至于令人生畏，处理起来更感棘手的在于人事层面。

长期接受西方教育、在西方社会环境中成长起来的董搏，在这方面尤其需要时间去适应和磨炼。陈怡静对此颇有体会，"国内做事的方式有时与国外不同，国外是很直接的，有什么说什么，交代完毕你去做就可以了。但在国内，有些事情需要靠'智慧'去解决，你需要忍耐一些事情，不能直接表述内心最真实的感受。"

不能诉诸法律，不能苛求合同，这或许是商场上处理一些人事问题的"老大难"。在金伯利，很多加盟商的身份是多重的，他们既是总部对接的B端销售渠道，也是董留生的战友故旧、董搏的亲戚长辈，这些人跟随金伯利多年，他们的影响或角色并非可以简单概括。

这些加盟商会有自己的经营思路，会有对金伯利的看法，会有对市场的判断，在处理过程中压抑自己的一些想法，去容忍和权衡，便成为董搏不得不学习的一堂课。显然，这位年轻的总裁或许可以利用总裁身份去履行职责，但要真正做到游刃有余并非易事。

这时候，能给董搏提点并一锤定音的只能是董留生。

在将部分一线管理工作移交出去之后，金伯利的创始人并没有完全放手。这不能简单地解释为"恋权"，毕竟是他从无到有一手创办了这家公司，其中甘苦只有自知。可以说，金伯利是董留生的另外一个"儿子"，他同样需要为之负起责任。

当年在董搏未明确要返回公司时，董留生曾短暂考虑过是否上市的问题，但最终没有成行。有知情员工表示，一个重要原因就在于上市意味着金伯利将变成公众公司，迎来众多的外部股东，这是董留生内心不忍心看到的。因此，董留生全身心地扑在了工作上，每天只睡三四个小时，"在公司住的时间比在家还长"，他已经习惯了这样的工作和生活。

父子两代人之间是存在巨大差异的。

蒋燕燕说，老板属于创一代，喜欢事必躬亲。他是从做营业员开始的，自己管店、自己进货、自己卖货。后来公司发展起来之后，他又担任第一任厂长、第一任客户部经理，公司这些部门都是他创立的，所有业务他都非常熟悉。很多特殊时候，老板的直觉都非常敏锐，难题到他那儿都不是事儿，总能想出各种"歪点子"。他的经验，是从长期实战中总结出来的。

"这几年他慢慢退出日常管理，但一些部门会议还会去听一听，当看到什么环节没做好时，会让他们去改正。可以说，我们所有人都是他教的。老板从来不看PPT，不需要写很详细的工作汇报，包括财务部门给他的报表都是自己算账。他有自己的一套计算方法，怎么看盈利、亏损，什么产品怎么定价都非常清楚。日常通过和你交流，或者去看看库存情况，把货拿出来看一看，他就能从细节中发现有没有问题。"

董搏则完全不同。在金伯利上下的眼中，这位年轻总裁是受过西方教育的，更喜欢现代化的企业管理方法。比如，他会要求相关负责人每月做PPT汇报，要有十分详尽的数据分析，以数据作为决策的重要根据，让数据来说话。

如果说董留生推行的是一种开放式的管理，通过和各种人聊，再结合自己的经验做出判断，那么董搏所希望达到的就是更加系统化的管理模式。

外人还可以从一些具体事例上，体会到这对父子在营销策略上的不同。比如，在董留生直接掌舵的时期，金伯利的品牌宣传渠道均以央视为主，几大卫视为辅。其中，央视一度成为金伯利露脸最多的平台。接近董留生的人士称，或许这是出于老板对电视媒体的偏爱，认为这是最适合金伯利的宣传渠道，而能够覆盖全国的央视频道更是不能错过。多年以来，这已成为他的一种惯性思维模式。

与此大相径庭的是，2021年7月，金伯利正式宣布艺人彭于晏成为品牌创立26年来首位品牌代言人。与董留生熟悉的在电视上打广告相比，这个思路似乎发生了明显变化。而在此之前，金伯利曾在2020年就尝试过与明星合作，当时也是考虑到整个珠宝钻石业几乎都有代言人，金伯利若再不有所变化可能会失去相当一部分的年轻消费者。尽管找明星代言是否真正适合金伯利在部分员工心中仍存有疑问（他们顾虑这是粉丝的非理性消费，而非真正出于对品牌的认可，可能会影响品牌调性），但至少此举突破了过去多年的传统，让外界看到一个不一样的金伯利。

"其实董搏也很清楚，公司仍然需要董事长。董事长是个很有智慧的人，他知道什么时候该退，什么时候该进。像这两年，他管的事情的确比较少了，但对公司还是有一种依依不舍的感情。我对董搏说过，要理解自己父亲的心情，毕竟这是他一砖一瓦建立起来的公司，而且也是第一次交班，从来没有过这方面经验，所以要慢慢适应。从这几年看，我觉得两个人的磨合是有进步的。"陈怡静说。

无疑，这样的磨合对保持金伯利的稳定和进一步创新，大有裨益。董搏从刚回来时的认为父亲有意掣肘，到敢于去沟通一些事情，到能以更委婉周到的方式让董留生接受自己的想法，再到凭借在一些项目上的不错表现受到夸奖，双方均经历了一个意义非凡的过程。这个过程中有争吵，有妥协，更有互相的理解。只有迈过这艰难的一步，接近而立之年的金伯利，才能没有包袱地去继续未来的远大征途。

这是碰撞，更是传承。

第七章
一个好人

如果每一个刹那都淳珍宝爱，都充满热诚与美，都有创造的力，那么，生命就会有钻石的美好、钻石的光芒了。

——林清玄

董留生曾经读过一篇林清玄的短文,叫《活的钻石》——

一个孩子问我:"叔叔,这个世界上有没有比钻石更有价值的东西?"

我问他:"你怎么会问这个问题呢?"

他说:"因为报纸上刊登了一个模特儿穿着一件镶满钻石的礼服,听说价值是一亿呢!"

我说:"有呀!这个世界上所有活着的钻石都比钻石珍贵而且有价值。"

"钻石不是矿物吗?怎么会有活的钻石呢?"

我告诉孩子,凡是有价值的、生长着的事物,我们都可以叫它是活的钻石。像我们可以说花是活的钻石、爱是活的钻石、智慧是活的钻石、一个孩子是活的钻石。我摸摸孩子的头说:"你也是活的钻石呀,如果用克拉来算,你的价值也超过一亿呢!"

孩子不可置信地看着我,从他的眼神中,我看到了价值的混乱。

但是价值确实是容易混乱的,许多人误以为钻石的价值是真实的,反而不相信世间有许多事物,其价值犹在钻石之上。就像毒品,每次当警方查获大批的海洛因或安非他命,新闻报道常说:"此次查获的毒品,价值五亿四千万元。"这使我们读后感到混乱,因为毒品在不吸毒的人眼中根本是一文不值的,甚至会伤身害命,怎么会有那么高的"价值"?

钻石虽然不是毒品,它的价值与价钱是值得思考的。钻石作为一种石头,它的价值是中立的,它的光芒,是因为附加的价值而显现。

如果是以钻石来表达坚贞,钻石就变得有价值。

如果是以钻石来炫耀自己的虚荣,则钻石是一文不值的。

如果是以钻石参加慈善的义卖,去救助那些贫苦的众生,钻石就变得有价值。

如果把钻石收藏于柜中，甚至无缘见天日，则钻石是一文不值的。

有了好的附加价值，使钻石活了起来。

变成虚荣与炫耀的工具，钻石就死去了。

不只是钻石，所有无生命的、被认定为珍宝的事物皆是如此，玉石、翡翠、珍珠、琥珀、琉璃、黄金、珊瑚等，并没有真正的价值。

事物的价值是因为"意义"而确定的，意义则是由于"心的态度"而确立的。

如果我们真能确立以心为主的人格与风格，来延伸人生的意义与价值，就会显现生命的诚意，使生活的一切都得到宝爱与珍惜。每一朵花、每一个观点、每一段历程都变成"活的钻石"，每一分爱、每一次思维、每一次成长都以"克拉"来计算。

在这无常的世界，每一步都迈向空无的人间，重要的是"活"，而不是"钻石"。

每时每刻都是活生生的，都走向活的方向，都有完全的活。如果每一个刹那都淳珍宝爱，都充满热诚与美，都有创造的力，那么，生命就会有钻石的美好、钻石的光芒了。

"有了好的附加价值，使钻石活了起来。"董留生深刻地认同这句话。钻石本身是没有生命的，也是没有意义的，拥有钻石的人、使用钻石的人赋予钻石什么样的生命和意义，钻石就拥有了什么样的生命和意义。

董留生曾在《猎富》一书中讨论"商人是什么人"。他在书中说：

财富本身并不具备道德意义，只有使用它的人才会使它变得道德或者失德。先贤们从不反对人们追求财富，恰恰相反，如果财富能够使人们逼近自由与幸福，他们是一直持鼓励态度的，"虽执鞭之士，吾亦为之"。他们所反对的是"为富不仁"，因为"不仁"之人掌握了财富，就有更多的力量去做"不仁"的事；只有让仁者掌握了财富，才可以造福更多的人，才可以为整个社会和时代提供福祉。

金伯利已经接近而立之年，董留生早已不再是凉马董村穷困的村童。他已经成了富豪。他努力地想让自己的财富拥有意义。

财富的意义在于帮助他人。

首先要帮助的人，是公司的员工。

帮助员工最好的方式，则是帮助他们成长。

蒋燕燕说，董留生本质上是比较重感情的人，所以他才会带领那么多加盟商跟着公司发财，他是希望别人好的。不像有的老板很计较，就想着自己，可能司机跟着他一辈子，最后还是个开车的。

"我有见过别的老板，司机跟着他20年，还是挣着最低工资，给他开着车，20年还是司机。但是我们老板不会，司机跟他两三年，一定给他出路。以前有一个司机走的时候他给了司机20万元。这是个真实的故事，很短暂的司机。他希望他有好的出路。他给点钱，你作为创业基金，让你启动，让你也去做个老板，或者过得小富即安的。"

董留生的好几个司机都在各自的家乡开了店，成了金伯利的加盟商。蒋燕燕说："他对人的照顾方面确实是很好的，他总是希望自己多照顾别人一点。他能够照顾好身边的这些人。"

金伯利市场部负责人金鑫说，他刚进金伯利的时候，第一印象就是一家非常有社会责任的企业；第二感受是非常注重企业的持续性发展，注重品牌的经营思路跟理念；第三感受就是对于企业员工的爱护也好，要求也好，责任也好，做得非常的用心。这一点的话，每一个员工可能在公司待的年数越长，体会得越深。

"随着年龄的增长，随着你重新踏入到更多的其他社会岗位，再回想企业所带给你的东西时，你会发现，金伯利带给你的个人生存价值，个人成长价值，远远高于你未来的社会经验角度，这种财富是非常可贵的。

"老板以前一直讲一句话，既然父母把你送到金伯利来，我们就希望你在金伯利能够有所成长，对你，对你的父母，对你的家人，要负责任。在家，你是父母的小孩；在公司，公司同样要承担起对你成长的一些责任。

"公司一直是把个人的素养跟德育放在前面，工作能力放在后面。我们讲的正确的价值观也好，道德观也好，如果你都不能有一个正向的认识，即便工作能力再强，公司也不会要。这就是我所认识到的，我们公司的价值，这些是很多企业不会去考量的。"

曾经跟在董留生身边的于建春有一次说，他觉得老板（董留生）的爱心泛滥，不管是对公司的员工或者是对加盟商，包括最近这十几年的时间做的一些慈善。

"金伯利是有家文化的，尤其是最近10多年的时间里面，因为他（董留生）的年龄也大一点，公司里都是一些年轻的小伙子小姑娘，他把大家当孩子一样，特别亲，包括很多加盟商一提起他，就说大哥怎么样……"

"他就像个大家长，一呼百应。"有一次董留生打电话给于建春，约他去公司谈事情。事儿说完了，董留生话锋一转，说："主要是快一个月没见你了，你来吧，让我看看你又长胖点儿了没？"于建春听了心里一阵热乎。

"有大家长的概念，确实是特别好，所以公司员工谁有点儿什么事了，不只是工作上的事，家里、个人有些什么事（以前公司也有生大病的员工，家里出现什么问题了），他只要知道，都能处理得特别棒。"

深圳工厂的周洵献，是被大家庭温暖过的人。在公司拍的慈善视频里，他执意要鞠躬感谢金伯利。

一位叫张建兰的普通员工印象最深刻的是她发现自己的老板非常节俭，穿的衣服就那么两件，而且是很便宜、很随意的那种。

"我觉得我们老板社会责任心比较强，你看我们公司做过很多的公益活动。老板也很照顾老乡，公司很多同事都是从河南招过来的。"

董留生不是那种喜欢高调的人，他做人低调，做事业低调，做慈善也低调。

"人生的路都是坎坷着走过来的，我对我的结局还算满意。我这一生，就是低调做人，你那么高调干什么，不吹牛别人都知道你，你吹牛干什么。如果没碰到钻石行业，我可能会是老实的农民，外人说你会当农民？你小子肯定还会干什么的。"

他说："现在我特别喜欢清静，有天晚上跟小杨、司机去外滩喝茶去，吵得我耳朵疼，我说走，赶快回去。清静惯了，家里安安静静，深圳那地方也安安静静。我喜欢安安静静，可能与年龄有关系。晚上，11点前肯定睡觉，有时候睡得晚了，晚上就睡四五个小时，就这么短，我觉得挺好。早上起来工作多好，人们睡觉，你在那工作，清清静静的。再一个住办公室，起来就能干活。"

他说，现在的生活规律是一样的，早上起来以后吃完早餐，去办公室把事情处理完，然后去买菜，厨师做饭，吃完饭，中午睡一会儿，下午1点左右就到公司，休息40分钟，工作1个小时后开始游泳，游泳以后再买菜。开玩笑说是给两个孙子打工，自己在家庭中的地位降低了，"现在是老四，两个孙子是老大，儿子跟儿媳妇是老二，我太太老三，我老四。"

董留生曾在一篇讨论杨朱的文章中说："我们的历史容易忽略那些最珍贵的人与事，留下的往往功利。杨朱是被历史忽略的人，他从来不动员人们用当下去赌未来，更不鼓励人们为了赢在中国而放弃当下的珍贵。他觉得当下的东西最值得珍视，做好眼前事，怜惜身边人，好好活着，从容安乐，是他整个人生的重中之重。"

"老吾老""幼吾幼"之后，董留生"以及人之老"，"以及人之幼"。

他最早能想到的，是那些曾经帮助过他的乡亲。那些人在最穷困的时候，你一口他一口饭，喂活了董留生。他感恩那些人。

上海钻交所总裁林强曾说，董留生有一颗感恩的心。

"他的成功我个人认为在于他的谦虚好学，善于吸收新知识、新东西。因为一般做到像董先生这样的大老板，见面时你听他说就行了，别人很难有发言的机会，给人的感觉是好为人师。但董先生不是，他是很谦虚地听别人说，开口都是要跟别人学习，你指点指点我，反正把自己摆到学生的位置，这点是很难得的。我相信也因为这点促成了他的成功。因为能做到这么大规模的钻石企业，不可能只靠一个人的力量，他善于听取别人的意见，还非常知道感恩，多少年前人家给他出个主意，他还记得，想起来还去感谢对方，这些都是我的亲身经历，我觉得这都是非常可敬的优点。"

在金伯利慈善25周年纪录片中，董留生说："很多人问我什么最重要，我的回答几十年一直没变，那就是家乡跟故土。"

程绿英也说:"我能感觉到老板的故乡情特别深,尤其是在对待我们河南人这方面。如果是河南人来应聘,只要不是表现得特别差,都会留下来。这可能就是老乡情的那种。"

金伯利的慈善行为很多与董留生的故乡尉氏相关——

2006年在河南开封投资兴建两所金伯利希望小学,并在多所学校设立金伯利贫困学生奖学金。

2009年9月,由董留生捐资1400万元兴建的金伯利希望中学在河南省尉氏县破土动工。

2011年7月,由董留生捐资1400万元兴建的河南省尉氏县南曹乡金伯利希望中学落成典礼,在一片欢腾声中隆重举行。校方还为董留生颁发了"终身名誉校长"聘书,以赞扬董留生一直以来为家乡教育事业做出的贡献。

2013年1月7日,金伯利钻石向尉氏县人民医院捐资100万元,改善医院医疗环境,为更多人提供更好的医疗服务。慈善捐赠仪式在尉氏县人民医院4楼举行。金伯利钻石董事长、尉氏县县领导、医院领导等出席了本次捐赠仪式。同行的还有比利时特邀嘉宾戴明哲先生、欧伯斯先生,以及比利时驻上海总领事林佳夕女士和她的医生丈夫田亚伯先生。

2014年12月,金伯利战略入股中原银行。中原银行召开成立大会,金伯利钻石作为股东参加会议。"成长不忘感恩,责任承担使命,金伯利钻石在自身健康、持续、快速发展的同时,坚持'寓义于利',战略入股中原银行,主动承担起更多的社会责任。"

2015年6月23日,金伯利钻石董事长董留生携50万元现金专程赶回家乡,为一名罹患白血病的6岁儿童罗家宏和一个面对"爹死娘嫁爷病奶傻"的身世凄惨的尉氏县南曹乡砖楼村10岁的马翱洋捐款。

董留生与受资助孩子在一起

2016年4月，金伯利钻石向河南省三个困难学生的家庭慈善捐赠60万元，为贫困学生和家庭献上一份爱心。

2017年7月，"梦想起航·臻爱闪耀"金伯利希望小学慈善捐赠暨"典藏盛世"高级珠宝传奇巡演在河南举行，金伯利钻石再度以感恩回归的姿态温馨献礼中原大地。总裁董搏先生代表金伯利钻石集团致辞，他表示：企业发展壮大离不开社会和家乡的大力支持，金伯利钻石始终不忘将"心系家乡，心系社会"的感恩文化渗透到企业文化之中，"饮水思源，知恩报德"一直是所有金伯利人的处世理念。此次，金伯利携爱回归故乡河南，希望通过微薄之力为祖国下一代编织一个美丽绚烂的"钻石梦"，通过这所全日制公立寄宿希望小学让更多孩子享有同等受教育的机会，拥有一个健康快乐的童年，这是金伯利钻石的殷切期盼，也是董事长董留生先生最大的心愿。

提及"钻石梦"，金伯利钻石集团总裁董搏是这样阐释的："金伯利的钻石梦是祖国伟大复兴中国梦的一部分，金伯利何其有幸能够为社会、为下一代贡献微薄的力量，助力他们去积极开拓和缔造属于自己的璀璨人生和钻石梦。"

2017年7月20日上午，金伯利希望小学奠基仪式在河南尉氏县希望小学校址举行。

2017年11月23日上午，金伯利钻石尉氏县捐资助学捐赠仪式在河南省开封尉氏县金沙湾国际酒店中华厅隆重举行，金伯利钻石捐资1000万元成立助学助教基金。此次捐赠仪式成立的金伯利钻石尉氏县助学助教基金将全部用于尉氏县的助学助教工作，拟设立贫困生助学金、优秀生奖学金、优秀教师奖励金、特困教师帮助金等四个款项，为尉氏县教育事业全面发展注入活力、增添动力。

董搏代表金伯利钻石集团致辞。对于再次回到故土河南尉氏县，他表示：金伯利钻石集团能有今天的成就离不开家乡人民的支持与厚爱，企业发展壮大当不忘知恩报德。此次捐资1000万元成立尉氏县助学助教基金，是金伯利钻石继7月捐资兴建金伯利希望小学之后又一慈善举措，旨在助力莘莘学子和教育工作者开启更加璀璨闪耀的人生，同时他也呼吁媒体和社会各界共同关注这笔爱心基金，善款虽有限，但金伯利钻石对教育助学的追求不会停止。

据媒体报道，2018年9月16日上午，金伯利希望小学落成交接仪式在隆重的国歌声中正式举行。郁钧剑先生、李树建先生、郎军立先生、董留生先生、董搏先生等相关领导和嘉宾，现场媒体以及几百名师生代表出席了此次仪式。此次落成的金伯利希望小学是金伯利钻石集团捐资1500万元兴建的第四座希望小学，于2017年7月举行奠基，历时1年多的时间筹建并落成。

受赠方代表尉氏县常务副县长黄文建先生表示：金伯利希望小学的落成体现了金伯利钻石的社会责任和奉献意识。我们也会全力支持金伯利希望小学的各项工作，使金伯利希望小学成为儿童们健康成长的摇篮。

同样据当地媒体报道，2020年5月16日，位于河南省开封市尉氏县南曹乡的金伯利大道举行了隆重的通车仪式。金伯利钻石集团董事长董留生先生和集团总裁董搏先生莅临现场，作为从尉氏县走出来的成功企业家，董留生先生有着浓厚的家乡情结，富贵不忘桑梓、倾情回报家乡，此次捐建的金伯利大道寄托了董留生先生及董搏先生对家乡深厚的感情。恰逢金伯利钻石集团成立25周年，这条大道的开通意义非凡，既是对金伯利钻石25周年的献礼，也预示着南曹乡多了一条"出路"。

金伯利大道连接了南曹乡何庄村至凉马董村，全长2200米，宽6米，道路两旁的树木郁郁葱葱，一片生机盎然。南曹乡党委书记杨小保先生在典礼上表示，金伯利大道的竣工通车对于改善交通状况、解决群众出行难、拉动经济发展具有十分重要的意义。

关于那条路，董搏印象极为深刻。他有一次接受访问说："前段时间（2020年）回去修路，通车有一个落成典礼的简单仪式。父亲给村子里修过几次路，印象深的一次应该是2000年，还是2001年，过年回老家，应该是大年初一，下大雪，开着小轿车进村。那时候的路是坑洼的土路，再加上下雪，车子很快被卡在两棵树中间了，需要推车，很长时间才把车弄出来，修路的起因就是这么来的。之后回去就不用走坑洼的路了。"

董留生与受资助孩子在一起

除此之外,金伯利的慈善行为还集中于救灾的文化资助——

2010年,凭借对社会慈善事业的贡献,金伯利钻石董事长董留生位列《2010胡润慈善榜》第36名、《2010福布斯中国慈善榜》第45名。

2012年8月30日,金伯利钻石全程赞助大型原创豫剧《苏武牧羊》全国巡演,拉开金伯利钻石弘扬民族文化,推广国粹经典的序幕。

2016年5月9日,金伯利钻石赞助《把心交给祖国——吕其明作品专场音乐会》,将优秀文化与艺术创作相结合,创造更多璀璨瑰丽的艺术作品,为优秀文化的发展和传承贡献自己的力量。

2016年7月,金伯利钻石80万赞助《中国当代战地军歌》唱片的录制,弘扬军旅文化。

2017年4月16日，中国唯一一档利用国家力量为普通大众实现"团圆梦"的大型服务类节目《等着我》最新一期在央视CCTV-1综合频道晚8点播出。金伯利钻石集团总裁董搏代表金伯利钻石集团董事长董留生先生向栏目组"爱心"缘梦基金捐赠50万元，帮助抗战老兵完成心愿，让爱不再等待。

那一期《等着我》老兵寻人的故事深深打动着现场和电视机前的观众们。故事的主人公王飞吼是一位抗战老兵，今年87岁。他来寻找曾经在抗日战争时期救过自己的刘嫂后人。当初如果没有刘嫂，13岁的王飞吼可能早已不在人世。70多年来，王飞吼一直无法释怀，想在有生之年寻找到恩人的后人。

同样作为老兵的儿子，董搏深知老兵为国家和社会做出的卓越贡献，在现场也深深为王飞吼老人的故事所感动。同时受同样身为老兵的父亲，金伯利钻石集团董事长董留生委托，当场捐赠爱心缘梦基金50万元，助力八旬抗战老兵寻找恩人，帮助他完成心愿，早日缘梦。

2017年11月，中国—东盟艺术学院成立大会在成都大学召开，全国政协委员、著名男高音歌唱家郁钧剑先生担任学院首任院长。冯骥才、陈凯歌、郭达、黄宏、高希希、胡玫、刘劲、殷秀梅、张也、左青等几十位著名艺术家和教育家出席，并担任学院顾问、学术委员会成员、客座教授，现场星光熠熠。

媒体报道说，金伯利钻石集团董事长董留生先生出席会议，金伯利钻石集团总裁董搏先生代表公司向郁钧剑博爱基金会捐赠500万元人民币，用于设立"中国—东盟艺术学院郁钧剑奖学金"，积极融入国家"一带一路"战略，打造中国东盟人文合作新平台。"中国—东盟艺术学院郁钧剑奖学金"的设立不仅营造了有利于人才创作、生活的良好环境，

董留生与董搏参加中国—东盟艺术学院成立大会

还将促进协同培养具有国际视野和国际竞争力的艺术人才，打造"一带一路"艺术教育与交流合作高地。

董留生不是那种靠慈善博取名望的人，他希望能够帮助到那些曾经帮助过他的人，帮助那些急需帮助的人。

老排长帮助过他，他感谢老排长。他的朋友郁钧剑说："董哥很讲情义，我们有一次去香港，他还把老排长请去了香港。我印象当中他给老排长买了房子。"

家乡人帮助过他，他也要帮助家乡。小时候他没怎么读过书，文化程度不高，他知道家乡的孩子需要读书，他就建希望小学。他知道家乡人需要好的医疗条件，他就资助医院。

南曹乡金伯利希望中学校长王浩在"金伯利慈善25周年"纪录片中说："我很欣慰地见证了无数学生在这里成人、成才，我代表每一位学生向关注南曹教育事业发展的朋友们表达深深的敬意。"

尉氏三中的一位校长说："金伯利奖学金所带来的公益示范效应和良好的社会效应，已经在孩子们那里结出了累累硕果。我希望有更多像金伯利一样的企业加入这个行列来。"

尉氏县人民医院院长金鹏说："公共卫生事业是造福全县人民的巨大系统工程，在新型冠状病毒肺炎疫情期间，我们更加深刻地感受到了这一点，但同时公共卫生事业是投入巨大的，医疗事业是等不起的事业，希望有更多像金伯利一样的企业，对我们的医疗事业、公共卫生事业给予更大的支持和帮助。"

这些人所感谢的不仅仅是金伯利提供的钱，更感谢的是董留生提供的示范。有了示范，就会有跟随的人；有了行动，就会衍生意义。

董搏有一次告诉访问者，父亲（董留生）在家乡做了很多慈善，他是从那个地方走出来的，所以他觉得要帮助这些跟他有过联系的人，毕竟没有家乡也就没有他。他更多的是资助家乡的教育，建设希望小学、希望中学。董搏觉得把慈善放在教育上面对未来也是好的，因为它是可以持续的，可以真正培养出对社会有用的人才。（其他人补充说，金伯利对家乡的慈善主要在教育和医疗事业上，比如给医院捐一些自助设备，捐钱，包括村里有人遇到重大疾病、没有钱医疗的也会给予帮助。）

接受金伯利捐助的白血病儿童罗家宏，2020年时上小学三年级，情况比之前生病时候好很多，人也变得开朗了，经常和小朋友们一起玩。他说，自己的梦想是当一名厨师，想用自己的双手做出世界上最好吃的食物，给爸妈吃，给大家吃。

还想对镜头后关心他的所有人说一声："谢谢大家，我会好好学习天天向上，将来做一个对社会有用的人。"

没有一个家乡不喜欢这种不忘桑梓情的企业家。尉氏喜欢董留生这样的人，尉氏县委书记梁东雁说尉氏欢迎更多的企业家们像金伯利一样用爱心和公益回馈家乡，共同把家乡建设得更好。

董留生的好友郁钧剑如今是中国 – 东盟艺术学院院长，他在金伯利慈善25周年纪录片中说，金伯利教育基金的价值，不仅仅在于通过企业的力量让艺术教育和文化传播加速，它更让文化艺术教育在新时代下，有了更广阔和更深层次的创新空间。

董搏说："从捐资助学到扶危济困，多年来，我们走过一条有金伯利特色的公益之路，未来我们将继续努力，为我们共同生活的家园，为慈善公益事业贡献出更多的力量。"

董搏的妻子陈怡静有一次说："我希望金伯利成长为一家对社会有贡献的公司，其实可能每个人都这么说，但是金伯利要做的事情还有很多，我也经常跟董搏沟通，作为决策者可能眼光要放得更长远，格局要比别人更高一些。金伯利需要在方方面面成长为对社会有用的且有贡献的公司。我们公司可能作为纳税大户是对社会有贡献的一个方式，但是很多方面，例如说慈善也是一个方面，都是对社会有贡献的方式。我们还需要更多的方式。这个是董搏自己需要去慢慢做的事情。

"我们希望'金伯利'不是冷冰冰的三个字，是更有生命力且有生命延续动力的一家公司。像老板是公司的创始人，他的使命是让整个公司维持下去。他首先要维持经营，要给员工发工资，保证每个人的温饱，公司要更好更强，等等。可能我的目标是要做到中国的前十，我顾不了那么多,我就是按照这个目标冲,但当你冲到了这个程度以后,你就需要做更多的事情,让'金伯利'三个字更有意义,更有生命的动力,而不是我们就是一个卖钻石的,别的什么都不做,卖钻石之外,我们也在做很多的事情,比如慈善事业。"

什么样的慈善是真善?

李敖的《北京法源寺》中,有一段法源寺大和尚与康有为关于"善"进行的一番对答。

和尚说:"判定善的真伪,要从他做出来的看。做出来的是善,我们就与人为善,认为那是善;如果他没做,只是他想去行善。说去行善,就都不算。我认为唐太宗做了,不管是后悔后做了、还是忏悔后做了、还是为了女人寡妇做了、还是为了收揽民心做了,不管是什么理由,他做了。你就很难说他是伪善。只能说他动机复杂、纯度不够而已。"

康有为则认为:"谈到一个人的善,要追问到他本来的心迹,要看他心迹是不是为善。存心善,才算善,哪怕是转出恶果,仍旧无损于他的善行;相反的,存心恶,便算恶,尽管转出善果,仍旧不能不说是伪善。"

董留生的慈善首先是存心善,但他也追求善果。善果才是慈善的目标,如果存心善,但没有结出善果,慈善就失去了意义。

克洛福德在《金钱传》中说,金钱能激起我们和更高境界相连的能量。

"行善可以使一个礼物从物质世界转到精神世界。物质世界中,财产的所有权是分解明确的,是谁的就是谁的;而精神世界中,应该是所有人都来分享自然的恩赐。在这个意义上讲,慈善之举就像是为了祈求丰饶而举行的各种仪式,这些仪式把那些用来供奉的东西还回精神世界。"

董留生拥有一个丰饶的精神世界。

对于董留生来说,慈善只是一种行为,而非目标。他只是想成为一个好人，一个自己想成为的人。他不是那种四处捐款、种树的高调好人，他只想从身边开始，帮助到他能够帮助的人。

他希望他的人生像是"活的钻石"，既能自我完善，也能用光芒照亮周围。

"如果每一个刹那都淳珍宝爱，都充满热诚与美，都有创造的力，那么，生命就会有钻石的美好、钻石的光芒了。"

时光之眼（2019）

往事碎片（2015）

结语
"钻石胡子"归来

> 不知道有一种钻石般的精确
> 掌握着它们的意志和行程。
>
> ——博尔赫斯

电话铃声打断了他的沉思。

一个老外的电话。多年以后,他甚至记不得对方的名字。

"董先生,对不起,'钻石胡子'丢了……"

他心中一惊,却依旧保持镇定。"钻石胡子"可是他们的得意之作,在珠宝展上失窃,可不是件小事情。

"怎么丢的?"他问。

"被人偷了……"那个老外满心忐忑地答道。

"偷就偷了呗。"董留生说。老祖宗说过:"往者不可谏,来者犹可追。"这么多年来所经历的一切,已经让他学会了不为已经发生的不愉快烦恼。"钻石胡子"丢了,那就丢了吧。

那个老外顿了一会儿，说道："保险公司把钱赔了。"

董留生心说，我们投了那么低的保，保险公司能赔多少钱？

"不要了，好兄弟，你拿去买酒喝吧。"

在董留生漫长的人生路途当中，"钻石胡子"失窃只是一个小小的插曲。它因为一个偶然而出现，为董留生和金伯利留下了一道深刻的印痕，然后迅速地被新的旅程替代。

多年之后，他甚至忘记了那些名字和细节。他只记得，电话铃响起的时候，他正在沉思。

那时候他时常会陷入沉思，回想起自己走过的半生。前面是一条漫长的路，他拼了命地往前走。一路上他遇到了好多人，有亲人有爱人，有兄弟有敌人，有恩人有仇人……更多的是陌生人，匆匆交汇，一个错身，就变成了模糊的身影……

这一生像什么？有时候他会琢磨。有首英文歌叫 *Like a Rolling Stone*，像一块滚石。

或者，更像是一块滚动的钻石。

2020年的新型冠状病毒肺炎疫情，有时候就像那被偷走的"钻石胡子"。它偷走了人们三年的时间，偷走了一些人的生命和健康，也偷走了一些企业的希望。

金伯利顽强地与之对峙，就像董留生在2008年与金融海啸对峙一样。他以空间对抗时间，以开放对抗封闭，以希望对抗绝望。他看着金伯利和董搏顽强地往前走。

在2020年8月，金伯利钻石荣获BAZZR Jewelry婚戒大选"至臻华美奖"。那年12月3日，金伯利钻石携"守护"系列惊艳亮相2020上海首饰腕表周，金伯利钻石凭借融合中国美学思想和国际品质的工艺技术，获颁"钻石首饰品牌卓越设计奖"，外滩旗舰店荣获"上海珠宝首饰行业品牌形象店"称号。

11天后，12月14日，2020 BAZAAR jewelry极品珠宝夜宴暨2020高级珠宝年度设计大赏，金伯利钻石斩获"年度杰出珠宝设计"大奖。

又过了三天，12月17日，2020年第5届"天工精制"国际时尚珠宝设计大赛颁奖典礼，金伯利钻石荣获"年度杰出企业"称号，高级珠宝"时光之眼""暗香疏影"分别获得钻石组一等奖、最佳工艺制作奖。

这种内在精神持续了下来。在2021年5月，金伯利钻石受邀参加首届中国国际消费者博览会，携50克拉璀璨之作"时光之眼"亮相，向全球展示品牌创新实力。

2022年，"时光之眼"继续"注视"中国国际消费者博览会，一直将目光注视到了未来。

在2023年的，董留生成为"非凡40"得奖者之一。"非凡40"是Informa Markets主办的Jewellery World Awards（JWA）2023年的主题，旨在表彰40位在推动珠宝业过去和未来发展方面做出巨大贡献的杰出人物。金伯利钻石集团董事长董留生获此殊荣，再次彰显了他作为中国知名钻石品牌创始人对行业的卓越贡献。

在晚宴现场，Informa Markets亚洲首席执行官庞大为致辞表示："从'时节之美'系列再到'自然艺境'系列，金伯利钻石每次都能给我们还有世界带来许多非凡魅力的珠宝作品。期待金伯利钻石在展会期间能够带来更多惊喜，也希望未来能有更多的合作与交流。"

上海钻石交易所总裁林强致辞表示："作为钻交所的代表，我们将

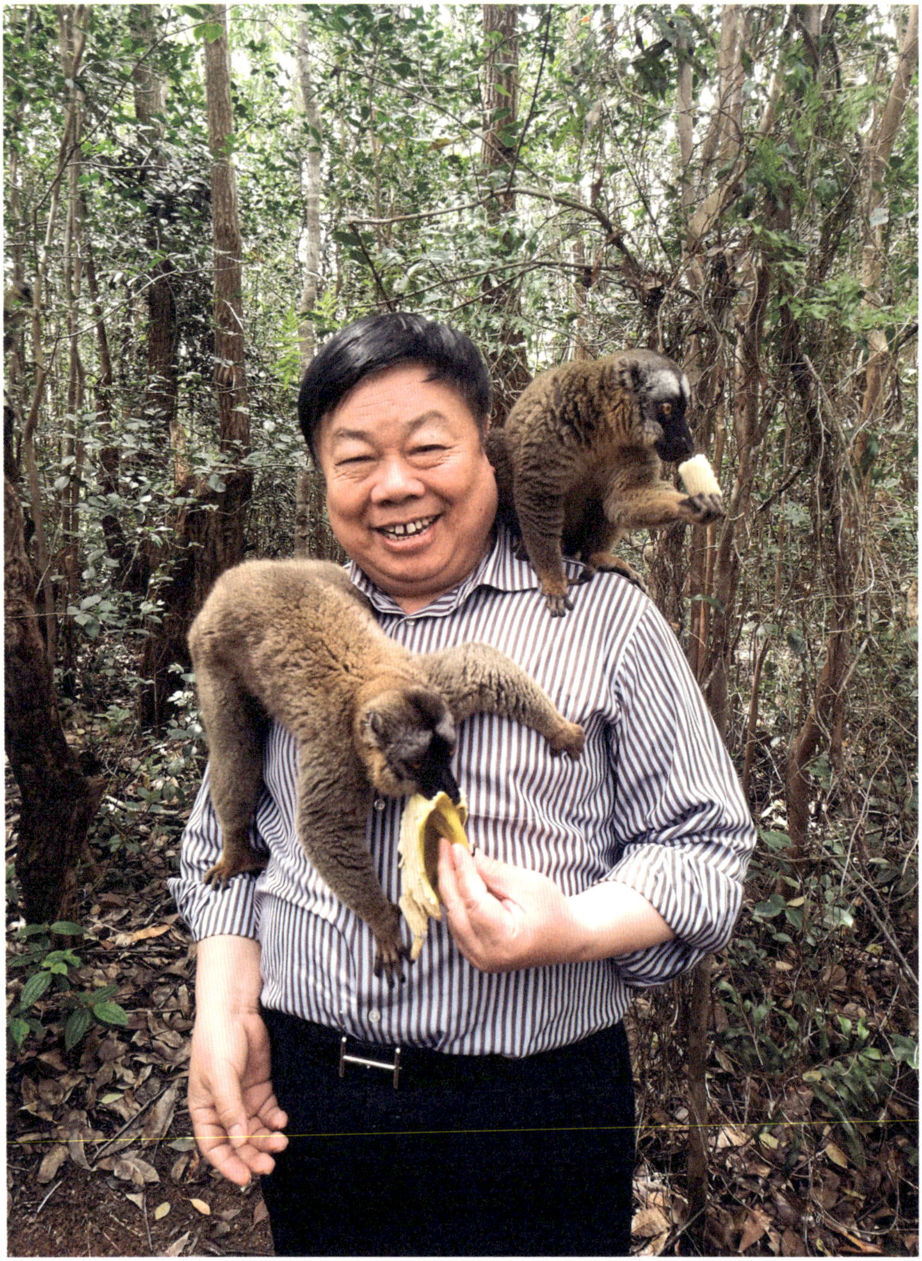

持续关注并支持像金伯利钻石这样卓越的民族品牌，我希望未来，我们可以继续与金伯利钻石和 Informa Markets 携手，共同传承中国特色文化，将中国珠宝业的繁荣和创新精神传递给国际社会。"

金伯利钻石集团总裁董搏向在场的嘉宾表示感谢和欢迎，并表示："在过去的 28 年里，金伯利钻石不曾停止对东方艺术美学的追求，和成为钻石艺术家的美好希冀。未来，金伯利钻石将继续与优秀者同行，坚持多样化的艺术创作表达，不断沉淀品牌实力，以梦为马，继续前行！"

媒体报道称，金伯利钻石与上海钻石交易所合作，见证了中国钻石市场的创新发展历程，随着钻石雨缤纷落下，上海钻石交易所总裁林强和金伯利钻石集团总裁董搏共同开启《钻石中国》纪录片先导片，见证钻石在中国生根发展壮大的波澜历程。

这是一段艰难的、充满挑战却也洋溢着快乐与成就的幸福历程。

在这段历程中，董留生固执地只做钻石，董搏在妥协中寻找突破。全球钻石产业在天然与人工中寻找出路，而路就在人们的中心。

钱穆曾经说过："人生最真切可靠的，应该是他当下的心觉了。但心觉却又最跳脱，最不易把捉。纯由人之内心觉感言，人生俨如一大瀑流，刹那跳动变灭，刻刻不停留。当下现前，倏忽即逝，无法控传，无法凝止。任何人要紧密用心在他的当下现前，便会感此苦。你的心不在奔向未来，即在系恋过去。"

董留生的心系恋过去，那是因为过去是构筑未来的基础。本质上，他的心一直在奔向未来。

在"钻石胡子"失窃之后，他迅速奔向了未来。与此同时，他也系恋过去——金伯利重新制作了"钻石胡子"，用更大、更好的钻石。

如今"钻石胡子"就静静地置于金伯利的钻石博物馆中。射灯照耀着，折射出的灿烂光亮，既是戏剧化的过去，也意味着戏剧化的未来。

年逾七十的董留生有时候会遍览自己的前半生。七十岁，用孔子的说法，"七十而从心所欲不逾矩"，开启最自在的人生。

七十年，对于一个人来说就是漫长的人生，对于漫长的历史来说，宛如沧海一粟。在追求生命意义的道路上，七十年也仿若一瞬。

董留生的大半生，是追求财富的大半生，也是自我实现的大半生。

钱穆说："人生在世，总想获得财富，但财富是身外之物。若说凭于财富，可以满足其他欲望，则一切欲望既是在满足时即消失了，那不还是到头总是一无所得吗？权力更是间接的，地位又是间接的，名誉仍然是间接的。人有了权，有了位，有了名，可以有财富，有享受。孔子说：'君子疾没世而名不称'，那是在另一意义上讲的话。若就名誉本身论，寂寞身后事，身后是非谁管得？满村听说蔡中郎，流芳百世与遗臭万年，在已死者本身论，同样是寂寞，岂不是丝毫声音也进不到他耳朵里了吗？若说建立功业，功业在满足其他多数人欲望，在建立功业者本身，至多因建立功业而获得了财富权力地位与名誉，如上述分析，他又竟何所得呢？而大多数人欲望之满足，岂不还是在获得之同时又消失了？所以人世间一切功业仍还是一个空。"

浩浩荡荡的历史潮流里，湮灭了无数的财富英雄。他们曾经灿烂过、辉煌过、追逐过、叫嚷过，但是没有一个人赢得了与时间的争斗。在漫漫的时间里，他们昙花一现，惊艳地划过苍穹，成为人们逐渐淡漠的谈资。

被历史记住的商人不多，他们都是从昏沉沉的商业故事中超脱出来，形成了自己的商业伦理、商业信仰、商业哲学的人。他们的那些伦理、信仰和哲学如今影响所及，已不拘囿于商业领域，而是影响了整个中国心灵的形成。

年轻一代的中国商人曾经重复过他们的悲剧，在寻找金钱的道路上迷失过信仰，被尘垢遮蔽过内心。但是他们更愿意回归信仰之路，他们大部分人都在努力地找回自我。这个自我我们可以把它叫作"上帝"。在寻找"财神"的过程中，他们的"上帝"丢了……

我曾在一本书中写过，以经商作为一种志业的真正的企业家，在充满权力欲、不义与强力的错综复杂的经济生活中，必须具备三个条件：切实的热情，人与事保持一段距离的判断力以及超越虚荣心的责任感。我提醒每个中国企业的领导者：经营之道不仅仅是从理性上来解决人与人之间的关系，最终还是要回到信仰上来。

但是，我们的财富英雄们该如何回到信仰上来呢？

很多人、很多中国商人不知道自己的人生该向何处去。财富的积累已经完成，但是心灵财富的账单上却是一片空白。想捐款担心被人骂，想挥霍怕被人绑架，想遂了躁动的欲望又担心犯法。疲惫和无聊是最经常的状态，几辈子都无法花完的钱财最终变成了这一世无法摆脱的重负。

财富的信仰没有边界，慈善的行为只是其中之一。至为关键的是要听到内心的召唤，听从善意和耐心的声音，做那些让自己内心安宁的事情。

……

寻找我们的内心，遵循无边界的财富信仰，首先要求我们要对生命、生活、生意有一种觉察力。没有这种觉察力，我们就无法找到我们生意的真正意义，而一旦财富没有被赋予意义、消退了价值，那我们追逐财富的努力就只能是舍本逐末。

生意的真正意义是什么？

所谓生意，从它的字面上理解，就是生的意趣，是生命和生活的意趣，而不是死的意趣，不是硬邦邦的、怯生生的、浑浑噩噩、毫无生趣可言的意趣。如果生意不能给我们提供意趣，那么生意就不是生意，而只是一种生活和精神上的牵羁而已。

生意的结果是财富，但生意的目的不是财富，而是生的意趣；财富如果未被赋予生的意趣，充其量只能成为一个数字，而不能成为一种价值。

价值首先是我们内心的需求，如果它能够影响更多人，依附、容纳了更多人的需求，它就得到了升华，变成了公共的价值。所以，要想使财富获取价值，就需要财富影响更多的人。

如何用财富影响更多的人，是一件仁智互见的事情。但是，只要不违背作为一个个体人和一个社会人的底线，只要其目标所指能称得上"善"，就值得尊敬，值得效仿，值得自己为自己鼓掌。（《猎富》）

这是我们生活中的背景和声音，也是董留生经营金伯利近30年的背景和声音。巨大变化的中国和世界，使得我们的生活，每一天都是崭新的，让我们迫切又充满不安地热爱、憎恨、品尝、吸收这一切。

董留生目睹了很多事物的崛起，也目睹了一些庞然大物般的公司苟延残喘和分崩离析，最后变得行将就木。

他希望金伯利能够不被这种所谓的"周期"束缚，能够在新一代人、新一代思维的驱动下，走出一条崭新的道路。

他的时代终将结束，董搏的时代终将来临。他现下所执拗的，无非是像钱穆说的那样："要寻求一种心习，富于价值观，富于仁慈心，而又不致染上宗教色彩的，而又能实事求是向人类本身就探讨人生知识的，

父与子

而又不是消极与悲观。"

"人能在德性上发出光辉,才始是大人。但德性并不是神奇事,人人具有,人人生活中皆具有见德性。"钱穆说,"人生到这世界来,一张眼,五光十色,斑驳迷离,我们该首先懂得什么要得,什么要不得。其次,要得的便要,要不得的便不要。第三,要得的便该要得充足无缺陷。第四,要得充分圆满具足,到那时便能大,便能有变化。"

我们很难说"钻石胡子"归来之后，企业发展周期的大锁就会打开，但我们确切无疑地晓得，人终究期望自己成为真正的自己，成为自己期待成为的那个人。财富是外物，人追求的是"我"。

钱穆说："你若说，我是一富人，这不可靠。因你或许一旦会变成一穷人。你若定说你是一富人，一旦穷了，这不是失掉了你了吗？纵使不变穷，死了，财帛珠宝，带不进棺材，你仍是失掉了你。当知人之生，天赋以人之性，因其具有了人性，始其成为人，不能说有了财富安乐，始其成为人。于人之中有我，因我在人性中，又有我自己之个性，才始成为我，不是有了财富而始成为我。"

他们是那个时代的代表，是值得尊敬的人。在充满不确定性的未来当中，或许有人会裹足不前，或许有人会倒在路边，或许有人会背弃内心的召唤，但是作为一个整体，一个充满活力、激情与生命力的整体，他们影响了那个时代、改变那个时代。他们将与我们一起迎接美好的明天。

"只有具公心公德的人，才是充实了生命，才可给别人作榜样，我们称他是一个像样人，即有品有德人。只要有人类生存，只要那人生大圈存在，那些像样人，有品有德人，永远把他那样子即'品德'留在人心与人世间。"钱穆说。

"人生过程，只是要做人，从头到尾，人生只是要尽人事，要做人。但做人不能做成一抽象人，须做一具体人。若求做一具体人，则必须做成一自己，即'我'。我之为我，则在我之'品德'上。孟子说：'彼人也，我亦人也，有为者亦若是。'他能做一人，我亦能做一人。抽象说，同是一人。具体说，彼是彼，我是我，其间有不同。做人则该做到尽头处。做人做到尽头，还只是在品德上。此即孟子所谓的'尽性'。尽性便可称完人，所谓'父母全而生之，子全而归之'。全而归之者是完人，完人也即是圣人了。圣人无他异，只是做成了一个人，即自己，即我。即在我之品德上，确然完成了一人样子。"

能力越大，责任越大。在这样的期待当中，做成有品有德的像样人，做成自己，做成"我"，是中国企业家的追求。

这追求是具体的，而不是抽象的；是基于品德之上的，而不是基于财富之上的。这样的追求，无边无沿，无穷无尽，终我们一生，找不到限制我们努力的边界。

能够去做这样的努力，也算是董留生一代人的一种福分吧。

能够走在这样的道路上，见证一个陆离的时代，毋庸置疑，是一件幸运的事。

时代走得太快，没有背影，但我们可以看到董留生他们奔向未来的背影。这些背影在牵引着我们，向前，向未来。

他们是这个时代的金伯利岩，是商业文明的母岩，在碰撞中孕育，在平静中激烈，在沉默中呐喊。

也许他们混沌的声音，终会响彻天空。